A ARTE DA INSUBORDINAÇÃO

A ARTE DA INSUBORDINAÇÃO

COMO DISCORDAR E DESAFIAR DE MANEIRA EFICIENTE

TODD B. KASHDAN

Tradução
Jennifer Ann Koppe

Planeta ESTRATÉGIA

Copyright © Todd Kashdan, Ph.D., 2022
Esta edição foi publicada em acordo com Avery, um selo do Penguin Publishing Group, uma divisão da Penguin Random House LLC.
Copyright © Editora Planeta do Brasil, 2025
Todos os direitos reservados.
Título original: *The Art of Insubordination: How to dissent & defy effectively*

Preparação: Valquíria Matiolli
Revisão: Laura Folgueira e Gleice Couto
Projeto gráfico e diagramação: Negrito Produção Editorial
Capa: Gabriela Pires

CIP-BRASIL. CATALOGAÇÃO NA PUBLICAÇÃO
Angélica Ilacqua CRB-8/7057

Kashdan, Todd
  A arte da insubordinação : como discordar e desafiar de maneira eficiente / Todd Kashdan ; tradução de Jennifer Ann Koppe. – São Paulo : Planeta do Brasil, 2025.
  240 p. : il.

  ISBN 978-85-422-3325-4
  Título original: The Art of Insubordination: How to dissent & defy effectively

  1. Dissidentes 2. Pensamento criativo 3. Conformidade 4. Negócios
5. Liderança I. Título II. Koppe, Jennifer Ann

25-0688   CDD 303.32

Índices para catálogo sistemático:
1. Dissidentes

Ao escolher este livro, você está apoiando o manejo responsável das florestas do mundo, e outras fontes controladas

2025
Todos os direitos desta edição reservados à
Editora Planeta do Brasil Ltda.
Rua Bela Cintra, 986, 4º andar – Consolação
São Paulo – SP – 01415-002
www.planetadelivros.com.br
faleconosco@editoraplaneta.com.br

Às minhas três filhas, Raven, Chloe e Violet.

Minha esperança é que vocês tenham o poder de se rebelar contra toda norma, regra, ordem e figura de autoridade que justifique a insubordinação e vivam a vida em seus próprios termos. Uma das minhas ambições de vida é garantir que isso aconteça.

SUMÁRIO

Prefácio Este livro é para você?   9

PARTE I CELEBRANDO A INSUBORDINAÇÃO

1 A importância crítica de dar uma estrelinha na biblioteca   13

2 As coisas estranhas que fazemos para sermos amados   25
Como estamos programados para nos encaixar

3 Os renegados arrasam   43
Por que a rebelião de princípios é tão importante

PARTE II O LIVRO DE RECEITAS DOS INCONFORMISTAS

4 Fale de forma persuasiva   63
Como conquistar uma audiência de conformistas céticos

5 Atraia pessoas que o apoiem   79
Como aliviar um pouco da pressão enquanto desafia
o *status quo*

6 Construa sua fortaleza mental 95
Como lidar com as emoções negativas e as dores
da rejeição ao se rebelar

7 Vença com responsabilidade 119
Como evitar a hipocrisia moral se e quando você
se tornar a nova maioria

PARTE III CANALIZANDO A DESOBEDIÊNCIA

8 Engaje o ultrajante 139
Como superar as barreiras que nos impedem
de dar atenção a ideias não convencionais

9 Extraia sabedoria dos "esquisitões" 159
Como cultivar culturas que acolham os rebeldes
em ambientes coletivos

10 Criando filhos insubordinados 175
Estratégias baseadas em evidências para treinar
a próxima geração de heróis em potencial

EPÍLOGO Preparando sua próxima obra-prima de rebeldia 193
Como usar o livro de receitas do inconformista

AGRADECIMENTOS 197

NOTAS 201

PREFÁCIO

ESTE LIVRO
É PARA VOCÊ?

Este livro é para quem acredita que pelo menos alguns elementos da sabedoria e da prática convencionais requerem melhorias urgentes. É para quem deseja ver mais justiça no mundo. Mais liberdade. Mais estabilidade financeira. Mais propósito. Mais comunidade. Mais *humanidade*. É para qualquer um que entenda o valor da não conformidade e reconheça que precisamos desesperadamente de livres pensadores dispostos a romper com normas inúteis em prol do progresso (ah, sim, e também é um livro para pessoas que não se levam *muito* a sério e acham que não há problema em rir, xingar e se divertir um pouco enquanto mudam o mundo).

PARTE I

CELEBRANDO A INSUBORDINAÇÃO

CAPÍTULO 1

A IMPORTÂNCIA CRÍTICA DE DAR UMA ESTRELINHA NA BIBLIOTECA

Apesar do que você aprendeu no ensino médio, Charles Darwin não inventou a teoria da evolução.[1] Ok, talvez ele tenha inventado, mas não sozinho. No prefácio de *A origem das espécies por meio da seleção natural*,[2] o livro de título desajeitado que mudaria o mundo, Darwin listou trinta homens que anteriormente reuniram coragem para questionar ortodoxias intelectuais e religiosas sobre a natureza.

Esses personagens pagaram um preço alto por sua ousadia. Você já ouviu falar de Abu Uthman Amr ibn Bahr al-Kinani al-Fuqaimi al--Basri (apelidado de Al-Jahiz)? Boa sorte para encontrar um ímã de geladeira dele. Estudiosos muçulmanos referem-se a Al-Jahiz como "o pai da teoria da evolução", e por uma boa razão: ele chegou à noção de "sobrevivência dos mais aptos" mil anos antes de Darwin, no ano de 860. Al-Jahiz se perguntou por que certos animais importados da África e da Ásia para o que hoje é o Iraque se adaptaram facilmente ao novo ambiente, enquanto outros contraíram doenças e morreram.[3] Sua recompensa por essa descoberta biológica foi ser preso e banido de sua terra natal. E ele teve sorte. O principal governante muçulmano de Bagdá ficou completamente ensandecido com o rico patrono que financiava a pesquisa de Al-Jahiz. Oficiais militares prenderam o patrono de Al-Jahiz[4] e o executaram dentro de uma dama de ferro[5] (um caixão de metal carregado de espinhos que empalava as vítimas quando as portas se fechavam).

Seria de se pensar que os cientistas entenderiam a dica e manteriam suas teorias estranhas e perigosas para si mesmos. Cerca de setecentos anos depois, em 1500, um cientista francês chamado Bernard Palissy ousou questionar a proclamação da Igreja Católica de que a Terra tinha apenas alguns milhares de anos. Observando que as marés e os ventos exigiam longos períodos para alterar visivelmente a paisagem, Palissy argumentou que nosso planeta era muito mais antigo do que alguns milhares de anos (o quanto mais velho, ele se recusou a dizer). Palissy também propôs que um elefante há milhares de anos não seria o mesmo que um elefante hoje. Esse conceito de transformação de espécies ao longo de gerações era uma heresia. Suas recompensas: várias prisões, uma onda de açoites e a destruição de seus livros. Ah, e eles o queimaram na fogueira.

Outros na lista de Darwin[6] receberam melhor tratamento – as autoridades os pouparam da morte ou do ostracismo –, mas ninguém diria que a vida deles foi só sombra e água fresca. Eles foram denunciados como infiéis. Monitorados pela polícia. Renegados pela família. Censurados. Agredidos fisicamente. Ameaçados de morte. Tudo por duvidar das afirmações bíblicas[7] de que animais e humanos foram *realmente* criados em seis dias, de que Deus era *realmente* a única força responsável pela evolução destes e de que os humanos eram *realmente* o zênite das realizações de Deus (um degrau abaixo dos anjos). Questionar as crenças ortodoxas fez deles estranhos, uma ameaça, hereges merecedores de tortura e morte.

Uso os predecessores de Darwin como exemplo para destacar o preço que muitos dissidentes, desviantes, revolucionários, rebeldes e discrepantes, se não a maioria deles, pagam pelo progresso, que às vezes acontece por acaso de maneira feliz, mas mais frequentemente uma pessoa corajosa desafia as normas sociais. Alguém percebeu que a ortodoxia existente, de alguma forma pequena ou grande, era insalubre, estagnada ou mesmo perigosa, e defendeu uma ideia contrária.[8] E algum membro da maioria decidiu dar a novas ideias uma recepção justa em vez do dedo do meio. Na maioria das vezes, a dissidência produz progresso. Declarando a dissidência como ilegal, você diminui a velocidade da evolução cultural.[9]

Os predecessores de Darwin são importantes porque inspiram uma pergunta: por que ele teve sucesso enquanto eles falharam? Sim, Darwin recebeu cartas de ódio, e trolls anônimos do século XIX o chamaram de pagão, mas suas ideias encontraram um grande público. Os maiores cientistas europeus do século XIX o elegeram membro da Royal Society, a mais antiga academia científica existente, e lhe concederam a prestigiosa Medalha Real por sua pesquisa explicando a formação de recifes de coral. Leitores populares adoraram seu livro de aventuras de viagem, elegantemente intitulado *Narrative of the Surveying Voyages of His Majesty's Ships* Adventure *and* Beagle, *between the Years 1826 and 1836* [Narrativa das viagens topográficas dos navios de Sua Majestade, *Aventura* e *Beagle*, entre os anos de 1826 e 1836]. Em um mundo sem o Travel Channel e a *National Geographic*, o livro de Darwin despertou a imaginação e animou muitas conversas à mesa de jantar. Se naquele tempo existissem outdoors de rodovias, o que não existiam, o rosto de Darwin os teria adornado, vendendo tênis e achocolatado. Então por que sua insubordinação[10] foi muito mais eficaz do que a de outros pensadores de mentalidade semelhante ao redor do mundo e ao longo dos séculos?

Uma resposta completa a essa pergunta encheria muitos livros, exigindo uma extensa análise histórica tanto de Darwin quanto de seus predecessores. Mas podemos levantar algumas possibilidades interessantes recorrendo à psicologia social. Nas últimas décadas, pesquisadores, ao estudar vários assuntos – emoção, autorregulação, criatividade, persuasão, influência minoritária, conflito intergrupal, psicologia política, dinâmica de grupo –, revelaram como podemos diferir e discordar com sucesso.[11] A ciência também nos ajudou a entender como os membros da maioria podem se tornar receptivos aos dissidentes, aumentando as chances de que as ideias valiosas, mas subversivas dos insubordinados, criem raízes.

Darwin não tinha o benefício desse conhecimento, mas seguiu intuitivamente uma série de estratégias de insubordinação bem-sucedidas.[12] Nós sabemos, por exemplo, que os dissidentes aumentam as chances de convencer outros se medirem cuidadosamente os preconceitos da sociedade e calibrarem seu discurso e suas ações de acordo com isso. Darwin entendeu o quão provocativo seria sugerir que a vida provinha de algo diferente da centelha divina de Deus. Seu próprio avô, Erasmus Darwin, viu o Vaticano proibir seus livros por articularem uma teoria da evolução. Para preservar sua saúde mental, o jovem Darwin esboçou sua teoria da evolução e então esperou não dois, nem cinco, nem dez, mas quinze anos antes de publicá-la. Só aí, depois de outra obra controversa, *Vestígios da história natural da criação*, se tornar uma sensação internacional, ele acreditou que a sociedade estava finalmente pronta – ou tão pronta como jamais estaria – para digerir ideias tão controversas quanto às suas. "Na minha opinião", escreveu ele, *Vestígios* "prestou um excelente serviço, removendo o preconceito [...] preparando o terreno para a recepção de visões análogas".[13]

Psicólogos enfatizam como é importante para os rebeldes de princípios comunicarem-se de maneiras que ajudem a superar a resistência emocional dos ouvintes.[14] Darwin pensou em como fortalecer seu argumento. Ele escreveu em um estilo acessível, sem jargões,[15] compreensível para todos os leitores, não apenas cientistas. Baseou-se em analogias como ilustrações.[16] Os leitores vitorianos se deliciavam com as vívidas descrições de Darwin de "cães sem pelos" e "pombos com pés emplumados". Eles aprenderam sobre a socialização das formigas escravas com as mestras, o que acontecia quando galinhas jovens perdiam o medo de cães e gatos (não era bonito) e os feitos da engenharia das abelhas. Além de entreter seus leitores, Darwin os envolveu como participantes usando frases como "podemos ver", "podemos entender" e "devemos encontrar". Ele pediu para o leitor se comprometer, colocando questões como: "O que agora devemos dizer a esses vários fatos?". Não era um videogame interativo, mas, para os padrões da época, era bastante convincente.

Pesquisadores que estudam dissidências bem-sucedidas descobriram que os aliados desempenham um papel crítico na promoção de ideias não convencionais.[17] Aqui Darwin realmente brilhou. Um ano antes de publicar *A origem das espécies*, ele recebeu um manuscrito de Alfred Russel Wallace delineando uma teoria concorrente da evolução. Tendo adiado a publicação de seu livro, Darwin temia que apenas Wallace recebesse o crédito pela descoberta da evolução. Para fazer valer sua própria reivindicação, Darwin permitiu que amigos assumissem o comando e marcassem uma apresentação em uma próxima reunião pública. A reunião contou com o manuscrito de Wallace e uma carta com carimbo de data e hora mostrando que Darwin chegou às suas conclusões primeiro. Nem Darwin, nem Wallace estavam presentes, mas a infantaria de quatro homens de Darwin, composta por colegas cientistas – Charles Lyell, Joseph Dalton Hooker, Asa Gray e Thomas Henry Huxley (esse último conhecido como "buldogue de Darwin") –, lutou bravamente em seu nome, emprestando a credibilidade deles à sua teoria. Darwin era um orador inexpressivo. Seus amigos, porém, eram habilidosos o suficiente para debater os críticos e conquistar especialistas e leigos.

Darwin implantou estratégias específicas para vender com sucesso sua teoria para a maioria e mudar radicalmente a forma como as pessoas hoje pensam sobre as origens do comportamento humano. Essas estratégias, combinadas com pesquisas posteriores, podem ajudar os inconformistas em nosso meio a se tornarem mais resilientes, persuasivos e eficazes na mobilização de outros. Sei disso porque na última década eu conduzi, colaborei com e sintetizei estudos que exploram como pessoas com novas ideias podem se tornar corajosas. Desenhei estratégias práticas para defender ideias que outros consideram estranhas, ameaçadoras ou simplesmente malucas. Ensinei essas estratégias para executivos corporativos, oficiais de inteligência do governo, líderes financeiros globais e outras pessoas proeminentes em todo o mundo. Essas intervenções funcionam, e estudos publicados fornecem evidências científicas que explicam o porquê disso. Com um pouco de esforço extra, todos nós podemos ter mais sucesso em nossos esforços para ajudar os membros da maioria incrédula a superar sua resistência interna e dar uma chance à mudança, sejam nossas ideias pequenos refinamentos da sabedoria convencional, sejam elas desvios revolucionários, como foram as de Darwin.

É claro que o sucesso ou o fracasso de uma ideia subversiva depende de mais do que seus méritos. Nós, humanos, somos criaturas tribais[18] que frequentemente sacrificam o raciocínio sólido para reforçar nossas afiliações de grupo, quais sejam: com partidos políticos, times esportivos, religiões, gêneros, grupos raciais, países de origem ou gêneros musicais. O pensamento tribal nos leva a aplicar uma "penalidade de novidade" aos pensadores não ortodoxos, principalmente se os percebermos como diferentes ou desconhecidos. Para preparar o caminho para uma insubordinação mais bem-sucedida, meus colegas e eu criamos estratégias baseadas em pesquisas para ajudar as pessoas a pensar com mais flexibilidade quando confrontadas com ideias desconhecidas – e, portanto, potencialmente angustiantes. Essas estratégias impulsionam a tolerância e o discurso civil, criando ambientes onde os inconformistas possam florescer e os membros da maioria consigam extrair mais valor do pensamento divergente.

Os rebeldes de princípios são mais relevantes agora do que em qualquer outro momento da memória recente. Os notáveis incluem Malala Yousafzai (que arriscou a vida defendendo a educação de meninas no Paquistão), Peter Neufeld e Barry Scheck (que ajudaram a exonerar mais de 375 prisioneiros condenados injustamente nos Estados Unidos) e Alexey Navalny (que cumpriu pena na prisão e enfrentou várias tentativas de assassinato apenas para proteger os votos dos cidadãos da interferência de Vladimir Putin). Cada um deles está se manifestando e exigindo mudanças, assim como inúmeros ativistas menos conhecidos. Mas muitos de nós não estão resistindo com sucesso nem a sociedade está saudando nossa resistência de maneira saudável.

Em 2020, circulou uma foto na internet mostrando uma mulher idosa em um comício segurando uma placa que dizia: "Não acredito que ainda temos que protestar contra essa merda". Muitos de nós podemos simpatizar com esse sentimento. Mas, por mais lentas que as mudanças possam ser, e por mais sombrio que o mundo às vezes possa parecer, não estamos condenados a ver nossas ideias controversas ignoradas, repudiadas ou banidas. Ao aprender a praticar a dissidência e responder a ela de forma mais eficaz, podemos superar o medo e a desconfiança, substituir ideias comumente aceitas por algo superior e construir equipes, organizações e sociedades que funcionem melhor.

A arte da insubordinação é o que os trinta azarados predecessores de Darwin gostariam de ter lido antes de embarcar em suas jornadas solitárias. Escrevi este manual prático para ensinar aos leitores como aumentar suas chances de sucesso como dissidentes,[19] inconformistas, rebeldes ou, como muitas vezes me refiro a eles, insubordinados. Também o escrevi para ajudar os leitores a preparar o terreno para que outros insubordinados em todos os lugares tenham sucesso, quer concordemos com o que eles propõem, quer não. Por mais importantes e válidas que sejam as ideias inconformistas, os insubordinados não podem esperar que o mundo os receba de braços abertos. Se você vai se enfurecer contra o "homem" ou a "máquina", deve pensar no futuro e se proteger com algumas armaduras e armas psicológicas. E deve preparar a si mesmo e aos outros para receber novas ideias de forma mais eficaz, em vez de rejeitá-las imediatamente, como fazemos com frequência.

A arte da insubordinação pode ser visto como um livro de culinária cheio de receitas para colher os benefícios de um bem negligenciado na vida e no local de trabalho. Receitas para permitir a dissidência e adotá-la quando presente. Receitas para expressar efetivamente ideias impopulares e importantes e como melhor defendê-las. Receitas para administrar o desconforto ao tentar se rebelar ou ao interagir com um rebelde. Os capítulos a seguir fornecem "modos de fazer" poderosos para introduzir novidades e mudanças no sistema. Na Parte I, preparo você para se rebelar, ajudando-o a entender por que a maioria de nós resiste a novas ideias e por que a sociedade precisa tão desesperadamente dos rebeldes em nosso meio. A Parte II do livro de receitas – o coração do livro – oferece táticas para promover ideias novas e incomuns. Você aprenderá a se comunicar de forma mais persuasiva, atrair aliados valiosos, perseverar diante da resistência e se comportar com responsabilidade quando suas ideias se tornarem populares. A Parte III do livro de receitas mostra como você pode construir uma sociedade mais receptiva a ideias desafiadoras e que possa aproveitar ao máximo as oportunidades que elas representam. Vou revelar como engajar melhor o ultrajante como indivíduo, como extrair sabedoria de inconformistas em ambientes de equipe e como criar uma geração de crianças insubordinadas em sua capacidade de pai ou educador. A insubordinação importa. Quero levá-lo a olhar o mundo de maneira um pouco diferente, desafiando os outros mais cuidadosa e deliberadamente, e baixando a guarda quando os outros puderem desafiar suas próprias crenças e suposições.

Os céticos podem me acusar de ceder a uma visão excessivamente romântica de insubordinação. O Dicionário Cambridge, afinal, define insubordinação como "a recusa em obedecer a alguém que está em uma posição mais alta do que você e que tem autoridade para lhe dizer o que fazer".[20] Muitas pessoas fazem isso, às vezes de maneiras que não beneficiam a sociedade ou mesmo a prejudicam. A insubordinação *de princípios* é um tipo de desvio destinado a melhorar a sociedade com uma quantidade mínima de danos secundários. Insubordinados com princípios procuram criar impulso para ideias dignas e importantes. Em algum momento, eles decidem conscientemente dar aquele primeiro e desconfortável passo para longe da segurança do rebanho, não para benefício próprio (ou pelo menos não exclusivamente), mas para a humanidade. Quero que mais de nós deem esse passo e que a sociedade se abstenha de nos punir.

DEFININDO A REBELDIA

Nem toda insubordinação é criada de maneira igual. Ao escrever este livro, procurei farejar pessoas que são rebeldes pelas razões erradas. Porque elas são impulsivas. Porque elas não gostam que ninguém lhes diga o que fazer. Porque elas querem atenção. Espero chamar a atenção dos rebeldes com integridade e padrões éticos. "Insubordinado de princípios" é o meu nome para um rebelde inclinado a contribuir para a sociedade, e podemos pensar nisso como uma equação simples:

$$\text{Princípio da insubordinação} = \frac{\text{Desvio} \times (\text{Autenticidade} + \text{Contribuição})}{\text{Pressão social}}$$

Se você não é um nerd em matemática, não se preocupe, porque vamos descomplicar. O **DESVIO** é o elemento mais importante que define a insubordinação de princípios, e é por isso que o posicionei como um multiplicador.

Tenha em mente que estamos falando de um tipo particular de desvio aqui, um que você assume conscientemente. A rebeldia bem-sucedida não vem de um lugar de ignorância, coação, compulsão ou aleatoriedade. Não há nada de impressionante em ser diferente apenas porque você não está prestando atenção aos padrões de comportamento existentes (ignorância), é forçado a discordar (coação), não consegue resistir à tentação de discordar (compulsão ou falta de autocontrole) ou dá pouca atenção ao que você faz em um determinado dia.

Se você conscientemente escolher se rebelar, sua motivação importa. Incluo **AUTENTICIDADE** na definição para garantir que as ações do insubordinado de princípios surjam de convicções profundamente arraigadas em oposição a preferências superficiais. Insubordinados de princípios agem com o coração. Eles não simplesmente entregam o que os outros querem deles, nem imitam aqueles que vieram antes deles. São seguros e poderosos em sua própria singularidade e individualidade. Levando em consideração o quão fácil é para o público farejar a insinceridade, você *deve* ser autêntico para que sua posição contra a autoridade tenha uma chance de sucesso.

Incluo **CONTRIBUIÇÃO** na fórmula para garantir que os insubordinados de princípios criem valor social. Como imagino, a insubordinação de princípios é um ato de bondade e carinho. Aqueles que o realizam não questionam a autoridade de um lugar de desdém (sentindo-se acima da lei), despeito (querendo perturbar a minoria dominante ou poderosa por diversão) ou interesse próprio (como o benefício financeiro do crime). Eles questionam a autoridade porque querem retribuir de alguma forma.

A contribuição é o que distingue a insubordinação com uma causa de suas primas cínicas, destrutivas e superficiais. Implica uma consideração cuidadosa dos danos colaterais que podem surgir ao questionar e atacar a ortodoxia social.

Outro elemento criticamente importante da contribuição é permanecer respeitoso e aberto àqueles que possam discordar. Contribuição não é a província de supremacistas brancos ou assassinos de policiais. Sim, eles são insubordinados, mas suas ideias são inerentemente odiosas e intolerantes, e a história mostra que eles não levam a sociedade a lugar nenhum. Você provavelmente conheceu pessoas de todo o espectro político e membros de várias religiões que abrigam visões de princípios. Esses indivíduos podem ser bem-intencionados em algum nível, mas, se os pontos de vista deles forem intolerantes e fechados, eles não são insubordinados de princípios.

Não vamos esquecer o denominador muito importante em nossa fórmula, **PRESSÃO SOCIAL**. Insubordinação significa pouco sem apostas. O verdadeiro teste de seus princípios é se apegar a eles quando as cartas estiverem contra você. Atos de rebeldia começam com um único e desconfortável passo para longe da segurança do rebanho. Leve a história de Charles Darwin a sério e não subestime os riscos de tornar suas ideias visíveis para o mundo exterior. Você se torna alvo de deturpação, crítica, desprezo e até ódio - uma consequência desagradável da insubordinação de princípios como estou definindo.

Melhor ainda, gostaria que a sociedade recompensasse e encorajasse a insubordinação de princípios como minha mãe e minha avó fizeram por mim. Aos 12 anos, perguntei ao meu rabino por que os judeus podiam comer camarão, mas não atum. Será que Deus realmente tinha tão pouco com que se preocupar a ponto de gastar tempo elaborando regras alimentares dolorosamente específicas? Esse homem instruído me mandou embora sem sequer entreter minha legítima, ainda que provocativa, pergunta (os judeus não podem comer camarão - propositalmente inverti camarão e atum para demonstrar que, independentemente de qual alimento seja considerado blasfemo, a regra é absurda). No caminho para casa, minha mãe manteve o olhar fixo na estrada e me disse: "Continue questionando as regras até obter boas respostas".

Ela morreu no ano seguinte, mas minha avó, que se tornou minha cuidadora, também apreciava a insubordinação. Como uma das primeiras mulheres a trabalhar em Wall Street, ela reconhecia que, embora as figuras de autoridade geralmente tenham sabedoria, devemos julgá-las pelo que fazem, não pelo que dizem. As pessoas se submetem facilmente aos poderosos, ela argumentava. Devemos celebrar os bravos renegados que enfrentam figuras de autoridade em suas equipes, organizações e grupos sociais. E devemos nos esforçar para manifestar essa bravura nós mesmos.

Escrevi este livro em homenagem à minha mãe e avó. Eu o escrevi para encorajar as pessoas que merecem ser ouvidas, mas que estão lutando e talvez até desistindo. A meu ver, não é apenas nosso progresso contínuo que está em jogo mas também, francamente, nossa sanidade. Se ninguém se desviasse dos princípios do roteiro prescrito pela sociedade, a vida civilizada seria menos interessante e inspiradora, além de menos justa, segura e próspera. Seria menos divertida – e engraçada.

Abri com a história de um homem branco morto que sussurrava nos ramos da convenção e era bem-sucedido. Aqui está uma sobre uma mulher branca ainda viva. Certa noite, durante meu primeiro ano na faculdade, alguns amigos e eu estávamos sentados na biblioteca estudando. Em um ponto, enquanto eu lutava para manter o foco, uma linda mulher loura apareceu. Não, ela não estava andando ociosamente pelas estantes em busca de um livro. Estava dando estrelinhas e correndo direto para nós. Quando chegou perto o suficiente, ela parou e fez contato visual comigo. "Me dê esse livro que você está estudando", disse ela, gesticulando com a mão. Perplexo, eu o entreguei. Ela abriu em uma página aleatória e rabiscou algo. "Aqui está. Quando você chegar a este capítulo, me ligue." Antes que eu pudesse responder, ela deu mais algumas estrelinhas e se afastou.

Fiquei boquiaberto. Nesse pequeno ato de insubordinação de princípios, essa mulher quebrou muitas das regras estabelecidas de namoro baseadas em gênero. De um lado, a sociedade há muito tempo ensina as mulheres a esconderem seu ser físico, suprimir seus desejos sexuais e esperar passivamente que os homens se aproximem delas. Por outro, a sociedade aplaude os homens por buscarem com confiança parceiras dispostas. Essa mulher não apenas me convidou para sair como também fez isso da sua maneira única e própria. Ela era *dona* daquele espaço de estudo da biblioteca, me presenteando com uma história que continuo a considerar até hoje. Imagine uma sociedade sem pessoas como ela, que experimentam ideias e práticas não convencionais, mesmo de formas relativamente menores, porque os roteiros sociais existentes parecem sufocantes. Quantas vezes experimentaríamos emoções como curiosidade, inspiração, surpresa, admiração, elevação e euforia sem almas tão ousadas e imaginativas?

Liguei para essa mulher algumas semanas depois. Saímos para um encontro, mas nunca começamos um relacionamento. Um ano se passou. Me transferi para outra faculdade. Durante a semana de orientação, atravessei o pátio principal e lá estava ela novamente – essa incrível mulher das estrelinhas. Caminhei até ela, dei um tapinha em seu ombro e perguntei se ela acharia estranho se estivesse estudando na biblioteca e alguém fizesse ginástica ao seu redor, apenas para dizer "me ligue". Ela sorriu e disse algo como: "Não consigo pensar em outra maneira de convidar um garoto para sair". Saímos de novo e namoramos por mais de um ano. Ela foi a primeira mulher que amei.

Se você tem uma ideia excepcional ou se você se sente um estranho no ninho, exorto-o a falar e se fazer ouvir. Não espere. Não peça permissão aos poderes constituídos. Faça isso agora. Deixe sua marca. Eduque e nos traga iluminação. Mude o mundo. Ouça os outros que procuram fazer o mesmo. Mas, pelo amor de Deus, faça o que Darwin fez. Faça tudo isso de maneira inteligente.

MODO DE FAZER

1. *Seja deliberado e disciplinado.* Se rebeldes famosos como Charles Darwin implantaram estratégias específicas para vender suas teorias para o público convencional, você também pode.
2. *Conheça a diferença entre insubordinação imprudente e de princípios.* Se você está contribuindo para a sociedade e agindo a partir de um lugar de autenticidade, considere sua rebeldia como um princípio.
3. *Não subestime os rebeldes.* A rebeldia baseada em princípios é vital para melhorar a sociedade. Também faz parte do que torna sua vida e a das pessoas ao seu redor rica, divertida e gratificante.

CAPÍTULO 2

AS COISAS ESTRANHAS QUE FAZEMOS PARA SERMOS AMADOS

Como estamos programados para nos encaixar

Como qualquer criança versada em basquete de rua dirá, há uma maneira simples e uma menos simples de arremessar uma bola de basquete da linha de lance livre. A maneira mais simples é lançar por baixo. Você fica a quatro metros de distância da cesta. Ninguém o protege (os outros jogadores ficam parados, esperando você arremessar). Você balança a pedra (como os jogadores profissionais costumam chamar a bola de basquete) para a frente e para trás entre as pernas e a solta de modo que arqueie para cima em direção ao aro. Não é bonito, mas *funciona*. Rick Barry, um dos maiores jogadores da National Basketball Association (NBA) de todos os tempos e membro do Hall da Fama, arremessou lances livres dessa maneira, acertando incríveis 90% de suas tentativas ao longo de uma carreira de dez anos na NBA. Durante suas duas últimas temporadas combinadas, ele acertou 322 lances livres[1] e errou apenas dezenove, uma incrível taxa de sucesso de 94,1%. Em comparação, o maior jogador de basquete da atualidade, LeBron James, errou 132 arremessos de *overhand* (por cima)[2] em uma única temporada, uma taxa de sucesso de 73,1%.

A maneira menos simples (e, de acordo com vários cientistas esportivos,[3] menos eficaz) de arremessar um lance livre é fazê-lo por cima. Você segura a bola com as duas mãos e a levanta até o nível dos olhos, com uma mão segurando a bola por baixo e a outra segurando-a por cima. Olhando atentamente para a cesta, você movimenta o punho que apoia a bola para que ela voe em direção à cesta. Suas mãos trabalham juntas, mas suportam quantidades variadas de peso e realizam tarefas diferentes. Você confia principalmente na mão de arremesso para empurrar a bola com força considerável enquanto usa simultaneamente a que não arremessa como guia. Para uma trajetória ideal, à medida que seu punho se encaixa com a bola rolando suavemente dos dedos, a bola de basquete deve se arquear para cima entre 45 e 52 graus. Se você conseguir que a bola gire para trás, a velocidade e a energia diminuem ao entrar em contato com o aro – permitindo um arremesso mais suave que pode ricochetear na tabela e cair. Eu poderia continuar, mas você entendeu. Quebre a mecânica de um lance livre e isso se torna um experimento físico avassalador. Não é surpresa, então, que muitos jogadores incríveis sejam péssimos nisso. Integrantes do Hall da Fama, Wilt Chamberlain acertou apenas 51,1% das tentativas de lances livres durante sua carreira e Shaquille O'Neal, apenas 52,7%.

Dado o grande sucesso de Rick Barry arremessando lances livres estilo *underhand* (por baixo), seria de se pensar que uma boa parte dos jogadores profissionais e universitários tentaria esse método, especialmente aqueles que, apesar de intermináveis horas de prática, continuam péssimos em arremessar por cima. Mas esse pensamento estaria errado. Em trinta e cinco anos, nem um único time da NBA procurou Rick Barry para pedir conselhos sobre faltas. No basquete universitário, apenas dois jogadores arremessam por baixo, e um deles é o filho de Rick. O mundo do basquete percebe o arremesso por baixo como "coisa de menina" ou "da vovó", por isso os jogadores não se sentem à vontade para fazê-lo. O ex-jogador da NBA Shaquille O'Neal,[4] notório por seu péssimo arremesso de lance livre, proclamou que "preferia acertar 0% de lances livres[5] do que arremessar por baixo. Sou descolado demais para isso". Outro arremessador de lance livre epicamente ruim, Andre Drummond, recusou-se a adotar o arremesso "da vovó" em qualquer situação.[6] "Quero deixar isso claro", disse ele. "Não vou arremessar lances livres por baixo."

A seu favor, Wilt Chamberlain tentou arremessar por baixo durante a temporada de 1962, depois de dez anos de carreira. E foi surpreendentemente bem. Ele teve uma média recorde da liga[7] de 50,4 pontos por jogo naquela temporada e melhorou sua porcentagem de arremessos de lance livre de abismais 38% para não estelares, porém respeitáveis 61%. Em um jogo memorável, ele marcou cem pontos astronômicos,[8] acertando 28 de 32 arremessos de lance livre.[9] Mas, em vez de continuar arremessando lances livres daquela maneira, ele voltou a arremessar por cima. Seu tiro de lance livre diminuiu mais uma vez. Por que ele teria voltado para o que não funcionou? "Eu me senti bobo, como um maricas, atirando por baixo", explicou ele em sua autobiografia.[10] "Eu sei que estava errado. Conheço alguns dos melhores arremessadores de faltas da história que lançaram dessa maneira. Mesmo agora, o melhor arremessador de faltas da NBA, Rick Barry, arremessa por baixo. Mas eu simplesmente não consigo mais."

Pense nisso por um minuto. Jogadores profissionais de basquete recebem quantias exorbitantes para marcar pontos e ganhar jogos. Wilt sacrificou pontos no processo, falhando com companheiros de equipe e decepcionando os torcedores, apenas para evitar parecer tolo. Milhares de jogadores profissionais e universitários já fizeram o mesmo. O jogador médio da NBA arremessa cerca de 75%; os jogadores universitários, cerca de 69%. Não é uma média ruim, mas não é incrível como a de Rick Barry. E essas médias não melhoraram em décadas.[11] Por mais talentosos que fossem, esses jogadores careciam de culhões para contrariar a norma e realizar um simples ato de insubordinação de princípios que melhoraria o desempenho deles.

Não devemos julgar os jogadores de basquete, mesmo porque atos corajosos de inconformismo são tragicamente raros. Conhecemos os nomes de grandes rebeldes e renegados, como Nelson Mandela, Susan B. Anthony, Harriet Tubman, Leonardo da Vinci, Martha Graham e Jesus não apenas por causa do sucesso deles, mas porque estavam entre os relativamente poucos de sua geração a rejeitar o pensamento convencional e perseguir o progresso.

Nas últimas décadas, psicólogos sociais e acadêmicos de outras disciplinas registraram o quão poderosa é realmente nossa tendência à conformidade.[12] Os cientistas investigaram a dinâmica emocional específica que nos leva a realizar atos idiotas e autodestrutivos para sermos amados. Antes de examinarmos como podemos romper com a convenção de forma mais eficaz, devemos olhar mais de perto por que lutamos para reunir coragem para resistir à convenção[13] e por que é uma batalha difícil convencer os outros a questionar normas e práticas desatualizadas e indesejáveis.

A GRANDE IDEIA

Para desobedecer efetivamente, é importante conhecer nosso inimigo: a motivação humana para se encaixar, o desejo de se manter no rebanho, aceitar a sabedoria convencional e não discordar para evitar conflito.

AS VIRTUDES DA "VELHA ESCOLA"

O inimigo pode ser mais sutil do que você pensa. Na verdade, ele pode vencer a *última* pessoa que você pensou que seria vítima dele: você. Outras pessoas agem como lemingues que correriam por um penhasco se isso fosse crença e prática aceitas. Você não. Você lê. Você pergunta. Você critica. Você analisa. Você desafia. Você corre riscos. Você pensa *diferente*.

Eu via o mundo dessa maneira, até encontrar pesquisas de Scott Eidelman, da Universidade do Arkansas, e Chris Crandall, da Universidade do Kansas, sobre como tomamos decisões sobre o valor de ideias ou práticas.[14] Em um estudo, os pesquisadores disseram a diferentes grupos de participantes que a acupuntura existia há 250,[15] 500, mil ou 2 mil anos, respectivamente. Quando os participantes pensaram que a acupuntura existia por um longo período, eles se sentiram mais confiantes de que a acupuntura era "uma boa técnica" e "deveria ser usada para aliviar a dor e restaurar a saúde". Os participantes pensaram ter conduzido uma análise racional dos benefícios da acupuntura. Na verdade, os participantes fizeram julgamentos baseados sobretudo em quão antiga ou amplamente aceita era a prática. O apelo da acupuntura aumentou 18% quando os participantes descobriram que era uma prática antiga, sem informações sobre se funcionava. Por mais habilidosos em pensamento crítico que possamos pensar que somos, os humanos têm uma preferência geral pelo *status quo* arraigado.

Em outro estudo, os pesquisadores disseram a um grupo de participantes que uma pintura foi criada havia um século.[16] Para outro grupo, disseram que tinha apenas cinco anos. Os participantes que acharam a arte mais antiga a julgaram como de melhor qualidade e mais agradável. Em outro estudo, os cidadãos dos Estados Unidos estavam mais inclinados a apoiar o uso de técnicas violentas de interrogatório aprimorado[17] em suspeitos de terrorismo no Oriente Médio se descobrissem que essas técnicas eram uma prática militar padrão havia quarenta anos, e não uma nova prática. Essa descoberta valeu tanto para liberais quanto para conservadores.

Racionalizamos o estado de coisas existente quando sentimos que uma situação indesejável é "psicologicamente real". Considere a estranha mudança mental dos eleitores desde o momento em que um candidato vence uma eleição presidencial até a cerimônia de posse – o primeiro dia de mandato. Em um notável estudo longitudinal, a dra. Kristin Laurin, da Universidade da Colúmbia Britânica, descobriu que mesmo os norte-americanos que não gostavam e não votavam no presidente[18] tinham atitudes cada vez mais positivas em relação a ele. O poder da "realidade psicológica" vai além das eleições. Algo estranho aconteceu em 1954, quando a Suprema Corte dos Estados Unidos declarou a segregação racial inconstitucional. Mesmo os alunos de uma faculdade totalmente negra "inequivocamente contrários à segregação" sentiram atitudes cada vez mais negativas sobre a existência de faculdades totalmente negras[19] *depois*, em comparação com apenas algumas semanas antes, da decisão juridicamente vinculante. A dra. Laurin propôs "que é esse senso de realidade – o reconhecimento de que um estado de coisas é uma parte imediata de suas vidas – que leva as pessoas a racionalizar". Sentir a "realidade psicológica" e as consequências inevitáveis do atual estado de coisas nos leva a trocar a resistência por uma nova tríade de comportamentos de enfrentamento: conformar, racionalizar e legitimar.

> **A GRANDE IDEIA**
>
> As pessoas pressupõem cegamente que o sistema vigente é melhor. Da próxima vez que você quiser convencer alguém de uma ideia ou abordagem, lembre-o de sua longa e célebre história.

POR QUE A MAIORIA DAS PESSOAS NÃO COMEÇA UMA REVOLUÇÃO

Uma coisa é ter um viés de sabedoria estabelecida quando se trata de assuntos como acupuntura, arte ou tortura, que não impactam diretamente nossas vidas. Mas nossa motivação para nos conformarmos é tão poderosa que nos leva a aceitar sistemas ou regimes estabelecidos que nos afetam e, inclusive, nos oprimem. Como candidato presidencial em 2015, Donald Trump expressou desdém pelos imigrantes mexicanos,[20] dizendo: "Quando o México envia seu povo, eles não estão enviando o seu melhor. Eles estão enviando pessoas que têm muitos problemas [...] Eles estão trazendo drogas. Eles estão trazendo o crime. Eles são estupradores". Seria de se pensar que os hispano-americanos que ouvissem isso ficariam chocados (especialmente porque 76% dos hispânicos são mexicanos),[21] mas não ficaram. Mais de um quarto deles concordou com a declaração de Trump.

Uma pesquisa com 6.637 adultos selecionados aleatoriamente nos Estados Unidos descobriu que 33% dos negros relataram ser tratados não pior do que os brancos[22] pelo sistema de justiça criminal. Parece razoável – até você considerar que o sistema de justiça criminal dos Estados Unidos tem uma longa e sórdida história de discriminação contra os negros e que hoje é talvez o exemplo moderno mais claro de racismo institucionalizado. De acordo com quarenta anos de dados apartidários do Departamento de Justiça dos Estados Unidos, o risco de os adultos negros serem presos é quase seis vezes maior[23] do que os brancos. Apesar de representar apenas 13% da população, os negros contam com mais de 33% dos presos estaduais e federais. No entanto, 41% dos negros pesquisados em 2001[24] disseram que são tratados de forma idêntica aos brancos ou que os brancos são os que são tratados injustamente. Pesquisas realizadas desde então produziram descobertas semelhantes.[25]

Se você está tentado a menosprezar negros e hispânicos por rejeitar um sistema que os oprime, faça-me um favor e preste muita atenção aos vieses psicológicos[26] discutidos aqui. Todos nós tendemos a apoiar os sistemas em que operamos, mesmo que eles nos prejudiquem. Desde a sua criação, a disciplina da psicologia tem lutado para explicar essa tendência. Os professores John Jost, da Universidade de Nova York, e Mahzarin Banaji, de Harvard, abriram o caminho ao propor uma teoria da justificação do sistema.[27] Como observaram, as pessoas se sentem internamente em conflito quando os sistemas dos quais fazem parte as tratam com indiferença ou opressão. As pessoas vão a extremos bizarros para racionalizar e proteger um sistema social que as prejudica. Pessoas desfavorecidas costumam fazer tanto quanto (ou mais) para afirmar a validade de um sistema do que aquelas que ocupam posições privilegiadas dentro do mesmo sistema.

Como explicou o dr. Chuma Owuamalam, da Universidade de Nottingham, rejeitar um sistema inteiro é um grande problema, um passo que muitas vezes vai longe demais, mesmo para as pessoas mais desfavorecidas que existem dentro dele. "A alternativa para aceitar um sistema social é rejeitá-lo", escreveu Owuamalam. "Na maioria dos casos, tal rejeição provavelmente será considerada irrealista porque implica uma revolução e uma anarquia que poderiam invocar incerteza e ameaça muito maiores do que a alternativa de lidar com a dissonância. Portanto, as pessoas que investem em suas identidades e interesses de grupo podem optar por explorar todas as opções antes de considerar o papel revolucionário da rejeição do sistema."[28]

Cidadãos com vínculos com o México, alvos dos comentários de Donald Trump, querem acreditar que o lar nos Estados Unidos é um lugar onde se sentem seguros, protegidos e com senso de dignidade. Depois de ter família, amigos e talvez um emprego, deixar os Estados Unidos não é uma opção simples e realista. Uma forte dependência do sistema leva as minorias numéricas em uma sociedade a respeitar o *status quo* e até mesmo aceitar princípios, normas e regras que as oprimem ou prejudicam.

Ao longo do último quarto de século, os psicólogos produziram um grande corpo de pesquisa apoiando a teoria da justificação do sistema, lançando luz sobre nossa tendência de defender e apoiar sistemas opressivos.[29] Acontece que uma série de impulsos racionais e não racionais leva nossa lealdade contínua a práticas-padrão e de longa data, quando podem existir alternativas melhores. Por uma questão de brevidade, retirei da literatura alguns mecanismos-chave que nos induzem a nos conformar na maior parte do tempo.

> ### A GRANDE IDEIA
> Quatro "impulsionadores" psicológicos alimentam a conformidade voluntária da nossa parte.

1. Sentimo-nos tranquilos pela familiaridade do *status quo*
    Gostamos de acreditar que mantemos o controle pessoal sobre nossas vidas. Queremos sentir um senso de ação, decidindo o que acontece conosco em oposição a existir como peões, no jogo de xadrez, empurrados e puxados por forças externas. Furacões, ataques terroristas e outras crises abalam nossa confiança em um mundo previsível e estável. Mesmo na vida "normal", muita coisa está além de nossa influência. Quando seu companheiro de viagem em um voo lotado começa a tossir violentamente enquanto come um sanduíche pungente de manteiga de amendoim com cebola crua, não há muito o que fazer. Mãe Natureza, motoristas de estrada ruins, a participação do seu vizinho no hall da fama dos babacas, erros que você cometeu no passado, *qualquer coisa* que aconteceu lá atrás – você não pode controlar nada disso.

    Privados de controle, tendemos a nos confortar com as partes familiares[30] e bem compreendidas de nossas vidas porque elas oferecem uma sensação de estabilidade e segurança. Portanto, mostramos relativamente pouca resistência aos sistemas existentes, como governos, religiões e corporações, mesmo aqueles que podem nos oprimir. Em um estudo, os pesquisadores levaram um grupo de participantes a se sentir temporariamente desmotivado,[31] pedindo-lhe que refletisse sobre um incidente passado específico sobre o qual não tinha controle. Outro grupo de participantes recebeu instruções para imaginar um futuro em que incidentes incontroláveis acontecem – os integrantes também passaram a se sentir temporariamente sem poder. Os pesquisadores então avaliaram a disposição em defender a sociedade existente e suas realizações ou argumentar que o sistema era falho e exigia uma revisão. Em comparação com um grupo de controle, os participantes que sentiram uma perda de controle pessoal estavam mais dispostos a defender a sociedade existente e suas realizações. Os pesquisadores notaram um aumento de 20% na disposição de defender a ordem estabelecida.

Na busca por um sistema coerente e sensato, muitas vezes aceitamos consequências prejudiciais em vez de enfrentar sentimentos de incerteza. Quando nos sentimos impotentes, não apoiamos apenas líderes que prometem lei e ordem como também tentamos nos cercar de pessoas que defendem o sistema contra detratores críticos.[32] Procuramos afirmar nossa crença fundamental de que o mundo está progredindo muito bem e que, portanto, não precisamos destituir figuras de autoridade nem desafiar as normas existentes.

2. Diante das ameaças sistêmicas, saudamos
Em 10 de setembro de 2001, o então presidente George W. Bush tinha um índice de aprovação de 51%, com 38% dos norte-americanos dizendo que desaprovavam a maneira como ele estava lidando com seu trabalho. Apenas duas semanas depois, na esteira dos ataques de 11 de setembro, a aprovação do cargo de Bush subiu para 90%,[33] o nível mais alto de apoio presidencial desde que o Instituto Gallup começou a rastrear dados na década de 1930. Permaneceu alto por dois anos completos[34] antes de cair de volta para onde tinha estado. Os conservadores estenderam um nível já alto de apoio a um presidente conservador, enquanto os liberais demonstraram apreço por políticas que contrariavam seu próprio sistema de valores.

Acontecimentos que colocam em risco a sobrevivência de um grupo do qual dependemos tendem a motivar uma reação defensiva.

Nosso impulso inicial é proteger o que nos interessa, especialmente se o autor do ataque for desconhecido. Poucos elementos são mais eficazes para unir as pessoas do que um inimigo comum.[35] Ficamos chateados com o desconhecido. Compartilhamos nossa consternação com outros membros do grupo. E apoiamos os poderes que estão dentro do sistema. Apoiar um sistema sitiado parece uma causa digna. Mesmo que nos sintamos ambivalentes, há hora e lugar para criticar, e não é agora nem aqui. Agora estamos no modo Defensor Orgulhoso. Ame-o ou deixe-o, baby.

Autoridades e organizações muitas vezes evocam intencionalmente ligações simbólicas[36] com sistemas de crenças poderosos e dominantes como meio de sustentar a legitimidade. Elas sabem que as pessoas tomadas pelo fervor patriótico esquecerão facilmente que o sistema que estão justificando é o mesmo que as está privando e prejudicando. A presença de ameaças ao sistema e nossas reações baseadas em identidade a elas explicam muito por que os seres humanos favorecem o *status quo*,[37] incluindo as próprias organizações que comprometem nosso bem-estar.

3. Nos sentimos dependentes do *status quo*
Se você passou algum tempo na prisão, sabe que as chances de sobrevivência aumentam se você se juntar a uma gangue. Fique ao lado de um grupo de pessoas vestindo as cores ou tatuagens certas, e outros prisioneiros potencialmente assassinos o identificarão com a gangue. Você desfrutará de proteção suficiente para caminhar sem medo pelos refeitórios e pátios ao ar livre. Você pode até ficar na cama à noite, intocado, em vez de sofrer nas mãos de outro preso. Ao ingressar nessa gangue, você entra em um relacionamento de dependência com o grupo e se sentirá hesitante em expressar preocupações[38] sobre suas regras, hierarquia e liderança. A gangue está mantendo você vivo e seguro. Seus companheiros de gangue podem tratá-lo como lixo, mas é melhor do que ser morto ou estuprado. E, com o tempo, essa gangue se torna parte de sua identidade. Você não é mais apenas uma pessoa mas também um membro.

O pacto com o diabo que fazemos na prisão não difere muito daqueles que fazemos com outras hierarquias existentes em nossas vidas. Defendemos o *status quo* porque o grupo do qual fazemos parte satisfaz nossas necessidades básicas de nos sentirmos compreendidos, validados e competentes. Como nos identificamos com o grupo, não precisamos mais pensar por nós mesmos o tempo todo: saber o que os membros de alto escalão do grupo preferem facilita a escolha do que vestir, que música ouvir, quais crenças manter, quais políticos apoiar e assim por diante. Nosso senso de pertencimento nos conforta porque sabemos que nossos companheiros de grupo nos mostrarão favoritismo em relação aos de fora quando precisarmos.

Como a pesquisa descobriu, as pessoas estão dispostas a sacrificar recompensas[39] materiais para se sentirem conectadas com figuras de autoridade poderosas. Indivíduos pobres, sem educação e que vivem em bairros dominados pelo crime votarão contra seus próprios interesses e lutarão contra a redistribuição econômica caso se identifiquem fortemente com a nação e seu poder. Ao perceber o país como uma extensão direta de sua própria identidade, eles renunciam voluntariamente aos próprios interesses porque o apego ao país atende a outras necessidades, proporcionando uma sensação de segurança, proteção e pertencimento, bem como um senso estável de significado. Você se lembra de que esse é o *seu* país, e é muito melhor do que viver em países que você considera inferiores. Você pode justificar a corrupção como alguns personagens ruins em um sistema que, se operado como pretendido, seria o melhor imaginável. O que poderia ser mais americano do que se sentir descontente e ao mesmo tempo botar na cara um sorriso bobo?

Pesquisadores descobriram que a conformidade se intensifica[40] à medida que as pessoas se tornam mais dependentes de um sistema. Na Malásia, as autoridades maltratam regularmente as minorias chinesas do país. Como os membros dessa minoria são bem-sucedidos economicamente, o governo da Malásia reserva bolsas de estudo universitárias apenas para malaios, não para chineses. Graças às cotas impostas pelo governo, as faculdades alocam apenas um pequeno número de vagas para cidadãos chineses. Empréstimos governamentais existem para comprar casas e iniciar negócios, mas muitos são reservados para malaios, não para a minoria chinesa. Se você é chinês e tiver a sorte de conseguir um empréstimo, espere pagar uma taxa premium.

Seria de se esperar que a minoria chinesa ficasse muito chateada. Não está. Em um estudo, o dr. Owuamalam fez com que adultos chineses na Malásia refletissem sobre suas desvantagens patrocinadas pelo governo. Ele descobriu que os membros dessa minoria articularam forte apoio ao governo existente. Por quê? Embora os chineses recebessem tratamento inferior, dependiam do governo para transporte, assistência médica e sobrevivência diária. Não é fácil defender os maus-tratos perpetuados pelo sistema existente. As minorias chinesas no estudo tiveram que trabalhar mais cognitivamente do que os malaios quando solicitados a escrever comentários de apoio sobre o governo da Malásia. Mas, por mais desgastante que seja ser oprimido na Malásia, a minoria chinesa manteve forte apoio ao governo.

Isso não significa que as pessoas oprimidas *gostam* de fazer parte do sistema. É claro que não. Não é fácil para uma mulher aceitar que, mesmo em 2021, o mundo dos negócios ainda esteja lidando com a misoginia – cargos de alto nível são dominados por homens, dando aos amigos do sexo masculino uma vantagem na finalização dos planos de sucessão de liderança. E, no entanto, apesar de todas as suas sórdidas injustiças, os Estados Unidos ainda oferecem mais autonomia, oportunidades financeiras e segurança para as mulheres do que a maioria dos outros países. Os seres humanos costumam fazer o que podem com o mundo como ele é, em vez de complicar suas vidas em uma busca possivelmente mal-sucedida para produzir o mundo em que gostariam de viver.

As pessoas muitas vezes acabam expressando apreço e carinho quando forçadas a operar dentro de um sistema social, defendendo os benefícios enquanto ignoram a dor. Em um estudo canadense, pesquisadores disseram aos participantes que, como o governo estava restringindo as políticas de imigração,[41] eles não poderiam deixar o país. Quando as pessoas acreditaram que o sistema era inescapável, reconsideraram o sexismo endêmico do Canadá. Em vez de considerar o sexismo como um problema sistêmico, os cidadãos canadenses o atribuíram às diferenças biológicas entre homens e mulheres. Acreditando que não havia como escapar do Canadá, eles passaram da crítica para a legitimação de um *status quo* injusto. Os pesquisadores obtiveram resultados semelhantes em um experimento separado quando disseram a estudantes universitários que eles teriam dificuldade em se transferir para outra instituição.[42] Aqueles que pensavam que a universidade era inescapável mostraram menos interesse e desejo de ajudar um grupo liderado por estudantes que criticava e oferecia sugestões à administração para melhorar a universidade. Os alunos que se sentiram capacitados para pedir transferência a qualquer momento mostraram um apoio mais forte ao grupo liderado por alunos.

Restringir os movimentos das pessoas não levou a um maior escrutínio das autoridades ou do sistema que as oprimia. Em vez disso, os indivíduos defenderam a legitimidade das figuras poderosas, de status mais elevado, que tomam decisões em sua vida. Pior ainda, aqueles relutantes em reconhecer problemas com o sistema existente também tinham atitudes negativas mais fortes em relação aos dissidentes que se levantaram e o criticaram. Quando consideramos uma hierarquia social existente problemática e imutável, e por acaso estamos posicionados em um degrau inferior com pouco poder e influência, exibimos um viés de *status quo*. Estranhamente, apoiamos políticas que perpetuam as desigualdades existentes.[43] Acontece quando lidamos com grandes problemas, como pessoas em desvantagem econômica na sociedade, ou com problemas menores, como quando nos sentimos incapazes de deixar uma amizade ou romance insatisfatório.

4. Você mantém a esperança de dias melhores à frente
A esperança é poderosa. Um universitário conservador pode se matricular para mais um semestre, apesar de repetidos preconceitos em sala de aula, desde que veja sinais de progresso – como

a fundação de um clube para conservadores ou a declaração do jornal universitário de que cobrirá pontos de vista liberais e conservadores igualmente. Um militar de baixo escalão destacado no exterior pode reprimir o desacordo moral com as diretrizes de um superior se souber que a situação acabará por terminar. Podemos esperar um tempo dentro de um sistema ruim se acreditarmos que nossa situação é temporária e que as desvantagens existentes estão se desgastando.

Quando nos sentimos esperançosos,[44] não vamos apenas tolerar o sistema existente, mas aceitá-lo, defendê-lo, justificá-lo e protegê-lo. A pesquisa do dr. Chuma Owuamalam mostra o que acontece quando um país começa a apresentar sinais de igualdade de gênero ao longo de um período de quinze anos. À medida que as mulheres fazem incursões na sociedade,[45] como maior autonomia de tomada de decisão e maior representação nas salas de reuniões corporativas, elas dão mais apoio às crenças do *status quo* de que o sexo é irrelevante para as oportunidades e o sucesso. Sentir-se esperançosa com a mobilidade ascendente ajuda a explicar por que as mulheres no presente apoiam crenças, políticas e políticos que pareçam contrários aos interesses delas. Experimentos produziram achados semelhantes.[46] Depois de saber que a universidade sofreu uma queda dramática de prestígio, os alunos não tentaram se transferir nem escreveram artigos de opinião a desabonando. Enquanto acreditassem que a reputação de sua universidade melhoraria com o tempo e o valor de um diploma aumentaria novamente, eles mantinham altos níveis de confiança e afeição por sua instituição acadêmica.

Se você pensar bem, há nobreza em poder manter o programa na esperança de um futuro melhor. Os esperançosos defensores de sistemas opressivos[47] dispõem de verdadeira coragem, um fator que muitas vezes prediz o sucesso educacional, financeiro e ocupacional melhor do que a curiosidade ou a inteligência. Mas não vamos nos empolgar em celebrar nossa capacidade de suportar um sistema prejudicial.

Diga-me qual das sete afirmações a seguir descreve você com precisão:

1. Sempre senti que poderia fazer da minha vida praticamente o que quisesse.
2. Uma vez que decido fazer algo, fico nisso até que o trabalho esteja completamente realizado.
3. Quando as coisas não saem do jeito que eu quero, isso só me faz trabalhar ainda mais.
4. Nem sempre é fácil, mas consigo encontrar uma maneira de fazer o que realmente preciso.
5. No passado, mesmo quando as coisas ficavam *muito* difíceis, nunca perdi de vista meus objetivos.
6. Não deixo que meus sentimentos pessoais atrapalhem meu trabalho.
7. O trabalho duro realmente me ajudou a progredir na vida.

Se muitos desses itens descrevem você, provavelmente está se parabenizando pela coragem.[48] Mas, apesar das aparências, essas questões captam não a coragem, mas algo chamado *John Henryismo*. Cunhado pelo dr. Sherman James, denota a tendência de minorias raciais desfavorecidas de trabalhar muito duro[49] de maneiras que tragam sucesso em curto prazo, mas que criem problemas de saúde em longo prazo. No velho conto popular, John Henry era o homem mais forte em centenas de quilômetros. Competindo contra uma furadeira a vapor em uma corrida para quebrar rochas para um túnel ferroviário, ele saiu vitorioso, mas depois morreu de exaustão. John Henry permanece uma lenda da obstinação sobre-humana. Ele perseverou em seu objetivo de curto prazo com compromisso inabalável, vitalidade implacável e contorno de impedimentos emocionais e físicos. No entanto, sua história serve como uma parábola para os custos potenciais de trabalhar o máximo possível para obter aprovação social e sucesso ao operar dentro de um sistema disfuncional.

Os cientistas acompanharam 3.126 jovens adultos[50] (na faixa dos 20 anos) por vinte e cinco anos. Eles descobriram que os jovens adultos que exibiam extrema perseverança sofriam fisicamente, assim como o próprio John Henry. Pressão arterial mais alta. Maior risco de doenças cardiovasculares. Vinte e cinco anos depois, eles ainda estavam sofrendo. Velocidade mental mais lenta. Memória mais fraca. Funcionamento executivo inferior (falta de controle atencional, planejamento e flexibilidade mental). O custo fisiológico e psicológico de perseverar em meio a dificuldades é particularmente pronunciado em pessoas de origens desfavorecidas. Elas são informadas de que só precisam se esforçar, trabalhar mais e o futuro as recompensará. Claro, a esperança tem seus benefícios. Vamos apenas lembrar os custos potenciais que vêm com a crença de que a opressão diminuirá e tudo ficará bem.

ABRA SUA MENTE PARA A MUDANÇA

Ler sobre como os oprimidos estão preparados para se conformar com sistemas injustos e falhos pode parecer estranho em um livro que celebra a insubordinação. Estou culpando as vítimas por não serem mais esclarecidas? De jeito nenhum! Estou detalhando a realidade psicológica. Defender arranjos sociais opressivos faz sentido se, como membro de um grupo desfavorecido, você se sente psicologicamente vulnerável. É difícil abraçar uma visão aspiracional[51] do futuro quando você está lidando com perigos iminentes, quando você acha impraticável escapar de um grupo e quando você tem esperança na promessa de um futuro melhor. Como vimos, em tempos de incerteza, todos nós tendemos a nos concentrar na sabedoria convencional.

> ### A GRANDE IDEIA
>
> É da natureza humana consentir com práticas e crenças de longa data e amplamente aceitas. Os pretensos insubordinados entre nós devem reconhecer essa realidade para que possam lidar com ela e, finalmente, superá-la. O restante de nós também deve, para que possamos superar nossa resistência interna à mudança e apoiar o progresso.

É muito difícil ser diferente, discordar, se desviar do pensamento tradicional. A adaptação oferece uma pausa de curto prazo da turbulência de ser alvo de animosidade e rejeição. Se você está sofrendo em um sistema injusto, às vezes só quer parar de pensar nisso. Mas aderir ao sistema é, em última análise, impraticável, pois comprometerá seu bem-estar em longo prazo, impossibilitando a mudança.

Vamos todos nos tornar mais conscientes de nossa tendência a nos conformarmos, abrindo a mente para a perspectiva de mudança. Este livro fornece receitas psicológicas para os rebeldes e renegados entre nós, aqueles que encontraram uma missão pela qual vale a pena lutar. Também o escrevi para o restante de nós que está menos inclinado a resistir, mas ainda busca uma vida melhor do que a que estamos vivendo. Como veremos, os inconformistas podem atrair mais pessoas se fizerem pequenos ajustes em seu comportamento. E o restante de nós pode adotar táticas para nos ajudar a obter o maior benefício dos inconformistas e suas corajosas intervenções. Mas, antes de chegarmos a tudo isso, vamos definir o cenário um pouco mais. Reconhecemos as atitudes incomuns que adotamos para ganhar aprovação, bem como os mecanismos psicológicos essenciais que estão por trás e moldam nosso comportamento. Agora vamos examinar por que a insubordinação de princípios é necessária. Vamos descompactar por que os renegados são tão *incríveis*.

MODO DE FAZER

1. *Aponte o custo da falta de ação.* Os adultos raramente (ou nunca) trocam de marca de sabonete, iogurte e provedores de TV a cabo, mesmo quando não gostam deles. Os eleitores não partidários votam esmagadoramente no titular nas eleições políticas. Ao nos atermos a bens, serviços e decisões indesejáveis, permitimos que eventos negativos dominem a vida cotidiana quando existem alternativas mais saudáveis e significativas. Da próxima vez que você quiser convencer alguém de uma ideia ou abordagem, lembre-o de que não fazer nada quando existem problemas prejudica seu bem-estar.

2. *Conheça os quatro propulsores psicológicos.* Obter percepções sobre os mecanismos que alimentam a conformidade voluntária de nossa parte ajudará você a resistir às pressões de conformidade. O que impulsiona a conformidade e a legitimação de um estado de coisas corrupto inclui a falta de controle pessoal, ameaças ao sistema e dependência nele e esperança de ascensão social.

3. *Reconheça seu viés de status quo.* É da natureza humana ceder a práticas e crenças de longa data e amplamente aceitas. Os possíveis insubordinados entre nós devem reconhecer esse preconceito para que possam lidar com ele e, finalmente, superá-lo.

CAPÍTULO 3

OS RENEGADOS ARRASAM

Por que a rebelião de princípios é tão importante

Na história norte-americana, o racismo institucionalizado sempre foi uma coisa dos sulistas. Os nortistas eram guerreiros justos que lutavam pela liberdade e igualdade. Esse é o estereótipo, certo? Uma jovem professora mal-humorada chamada Elizabeth Jennings discordaria. O racismo institucionalizado também era uma coisa do norte. Ela tinha os cortes e hematomas para provar isso. Além de US$ 225.

A data era 16 de julho de 1854. O local, Nova York. Jennings foi para a igreja, onde tocou órgão. Como era muito longe para andar, ela chamou um daqueles veículos modernos, ecologicamente corretos e movidos a biocombustível, conhecido como bonde puxado por cavalos. Assim que ela subiu, o condutor a lembrou de três fatos pertinentes: (1) ela era uma pessoa negra; (2) de acordo com a política do sistema de transporte da cidade de Nova York, qualquer passageiro branco que fosse racista poderia mandar que um negro fosse jogado para fora do bonde; e (3), se um patrono branco pedisse, o condutor aplicaria a regra número dois. Jennings não recebeu nenhum respeito, nenhum pedido gentil, apenas uma ordem ladrada do condutor: se alguém aqui se opuser à sua presença, desça e vá andando.

Jennings poderia ter acenado com a cabeça,[1] sentado e aproveitado o passeio. Mas ela não iria tolerar aquele tipo de tratamento. Foram muitas as vezes em que alguém lhe disse o que ela podia ou não fazer por causa da cor de sua pele. Foi então que ela disse a ele: "Sou uma pessoa respeitável, nascida e criada em Nova York, e nunca fui insultada antes enquanto ia à igreja!". Sem falar que, em sua humilde opinião, "você é um sujeito insolente, que não presta para nada e que insulta as pessoas gentis a caminho da igreja".[2]

O condutor, que não estava acostumado com a reação de pessoas negras, porque, na época, elas costumavam ficar quietas, agarrou Jennings e, com a ajuda de um policial que estava próximo, arrastou-a do bonde para a estrada. Eles tentaram arrancá-la dos degraus da plataforma, mas ela se segurou. Como resultado da luta,[3] seu vestido ficou sujo e seu corpo, cortado e machucado. Quando o reforço da polícia chegou, eles não a ajudaram. Eles a prenderam.

O único advogado que concordou em representar Jennings durante sua audiência no tribunal foi um cara branco de 21 anos chamado Chester Arthur (que mais tarde se tornaria o 21º presidente dos Estados Unidos). Na opinião de um especialista, Chester ostentava "o bigode mais espesso e mais ousado de qualquer presidente".[4] Chester fez sua parte. Não só Jennings não pagou multa nem cumpriu pena de prisão como também processou o serviço de trânsito. O tribunal concedeu a Jennings US$ 225 – uma quantia bastante principesca na época, quase tanto quanto um funcionário público ganhava em um ano. Mas isso não é tudo. As notícias do incidente se espalharam. Os negros da cidade ficaram *enfurecidos*. Outros se opuseram à política racista do serviço de trânsito. No ano seguinte, em resposta a outro processo judicial, a autoridade de trânsito instalou uma política racialmente neutra que dava aos negros acesso igual à escolha de transporte público e seleção de assentos.[5]

Era hora de acertar as contas. Embora a segregação no sul só tenha terminado na segunda metade do século XX, os estados do norte não eram exatamente modelos de virtude. O governo do estado de Nova York aboliu a escravidão em 1827, quase três décadas antes da confusão de Jennings no bonde. E, no entanto, Nova York manteve leis, regulamentos e políticas racistas por décadas após a abolição da escravidão.[6] Foram necessárias almas corajosas como a de Elizabeth Jennings para desafiar os poderes constituídos e mostrar à sociedade um caminho novo e melhor. Mais de cem anos antes de Rosa Parks[7] supostamente ter sido pioneira na tática de desobediência civil ao se recusar a sentar no banco de trás de um ônibus no Alabama, Elizabeth Jennings já estava fazendo isso.

Ninguém colocou a imagem de Jennings em um selo postal dos Estados Unidos ou a mencionou em livros de história. As escolas primárias não ensinam às crianças a respeito disso. Mas atos esquecidos de insubordinação como o dela fazem uma grande diferença. Precisamos de agitadores na sociedade, bem como em nossas organizações e equipes. Como veremos neste capítulo, a própria presença de inconformistas nos empurra para a frente, mesmo quando discordamos deles e mesmo que as soluções propostas por eles estejam erradas. Criar espaço para a insubordinação de princípios permite que uma espiral ascendente se enraíze, afirmando que nada está "acabado" e que devemos sempre nos esforçar para melhorar. A insubordinação de princípios torna os indivíduos mais racionais e os grupos, mais criativos e produtivos.

Isso não quer dizer que ter insubordinados de princípios em nosso meio seja fácil. Pelo contrário. Como Bill Clinton disse a uma plateia em 2016: "A América chegou tão longe. Somos menos racistas, sexistas, homofóbicos e intolerantes religiosos do que costumávamos ser. Temos uma intolerância remanescente: não queremos estar perto de alguém que discorde de nós".[8] Sua plateia riu. Não é motivo de riso. A humanidade ainda hoje continua lutando contra a injustiça, e enfrentamos desafios existenciais, do aquecimento global às armas nucleares e às pandemias globais. Se quisermos sobreviver, precisaremos melhorar as nossas ações, e rápido. Isso significa buscar almas corajosas – heroínas desconhecidas como Elizabeth Jennings e famosas como Rosa Parks – para apontar problemas, fornecer suas melhores ideias e convocar outros a fazerem igual.

> ### A GRANDE IDEIA
> Para nutrir a bravura, devemos nos aprimorar não apenas em tolerar as pessoas que discordam de nós, mas também em acolhê-las e fomentá-las.

DIVERGÊNCIA É IGUAL A PROGRESSO

O poder da insubordinação de princípios torna-se óbvio em situações em que os inconformistas derrubaram sistemas injustos como a segregação. Menos óbvias são as inúmeras maneiras pelas quais o espírito de um inconformista alimenta o progresso incremental em toda a sociedade, tornando a vida cotidiana mais eficiente, produtiva, próspera, segura e simplesmente melhor.

Odeio ser pessimista, mas precisamos desesperadamente de mais progresso. Embora tenhamos os *Simpsons*, tanques de peixes autolimpantes e a capacidade de imprimir um violão totalmente funcional em 3D, outras dimensões importantes da vida cotidiana são totalmente ruins, em grande parte, apesar de algumas melhorias recentes, ou apenas moderadamente ruins, mas ainda podem ser melhores. Os médicos podem não mais fazer buracos nos crânios das pessoas, drenar sangue dos corpos ou dar mercúrio venenoso e elixires de arsênico como tratamento de bem-estar (vou guardar as pomadas de esterco egípcio[9] para as notas ao fim deste capítulo). Ainda assim, pelo menos 44 mil pacientes morrem a cada ano nos Estados Unidos por erros médicos evitáveis.[10] A astronomia melhorou desde os dias em que os humanos pensavam que residiam no centro do universo. Ainda assim, em 2019 os cientistas descobriram que estavam um pouco errados ao estimar sua idade[11] – em mais de 1 bilhão de anos. Nosso sistema educacional é melhor[12] do que era na época de Elizabeth Jennings, quando praticamente nenhum negro frequentava a escola e apenas cerca de metade das crianças e adolescentes brancas de 5 a 19 anos o faziam. Ainda assim, em 2019, 22% dos cidadãos norte-americanos deixaram de nomear um único poder do estado americano; apenas 39% conseguiam citar todos os três.[13] Sem mencionar que a educação física nas escolas oferece aos alunos apenas dezesseis minutos de movimento corporal por aula,[14] com "alguns polichinelos antes de um jogo de softbol desanimado". Será que 960 segundos de exercício impedirão que as crianças se tornem adultos com obesidade mórbida? Ah, por favor!

A maneira de fazer melhor, não só nessas áreas como também em qualquer outra, é o recrutamento ativo de pessoas como Elizabeth

Jennings. Com mais frequência do que você imagina, perspectivas diversas levam, por sua vez, a ideias surpreendentemente contraintuitivas e soluções bastante viáveis.

Considere a questão de como prevenir ou interromper os tiroteios em massa. Uma das soluções mais populares defendidas em todo o território americano é permitir que professores e outros funcionários carreguem armas. Dessa forma, os professores podem reagir quando um atirador ativo ameaçar as salas de aula deles – eles não precisam esperar pela aplicação da lei.

Logo após um ataque em 2013 a um edifício fortemente protegido do Washington Navy Yard que matou uma dúzia de pessoas e feriu oito, os Centros de Treinamento da Polícia Federal convocaram um painel de especialistas para oferecer suas opiniões, cujo objetivo era gerar novas soluções para evitar tragédias futuras e, especificamente, manter a contagem de corpos em todos os locais de trabalho alvos de atiradores ativos para uma vítima ou menos. Em vez de convidar o grupo usual de burocratas, os Centros trouxeram um grupo de fora, incluindo um psicólogo forense, um psiquiatra, um cirurgião, um arquiteto, um SEAL da Marinha dos Estados Unidos e agentes da linha de frente que tinham experiência com tiroteios em massa.

O psicólogo forense ofereceu a ideia criativa, mas aparentemente estranha, de treinar crianças nas escolas para se encaminharem direto ao banheiro feminino. "Quase todos os atiradores são homens", disse ele, "e, se você assistir à gravação em vídeo, eles sempre passam reto pelo banheiro feminino." O SEAL da Marinha teve uma ideia completamente diferente. "Eu pegaria um extintor de incêndio", disse ele, descrevendo o que faria em uma situação com um atirador ativo. Outros participantes do painel presumiram que ele aconselharia o uso do extintor de incêndio para acertar o atirador na cabeça e derrubá-lo, mas não foi isso que ele fez. "Eu o pulverizaria para criar uma cortina de fumaça, com a vantagem de que os produtos químicos removem o oxigênio do ar, tornando mais difícil para os atiradores respirarem e mais fácil de derrubá-los." Notáveis por sua simplicidade e pragmatismo, essas ideias exigiam saltos mentais que apenas os inconformistas – nesse caso, pessoas de fora – provavelmente dariam.

É claro que essas táticas podem não funcionar. Mas também não é como se armar professores fosse uma ótima ideia. Quando os pesquisadores pediram a 15 mil profissionais da lei soluções para a violência armada, 86% acreditavam que armar legalmente os cidadãos reduziria a contagem de mortes.[15] Na verdade, quando policiais altamente treinados da cidade de Nova York atuam em tiroteios, os atiradores erram o alvo em 82% das vezes.[16] Quando apenas a polícia dispara as balas, ela ainda erra o alvo 70% das vezes. Cada bala pode inadvertidamente matar ou ferir uma pessoa inocente. Não deveríamos deixar os professores de poesia por aí se dedicarem apenas à rima e à métrica?

Nesse caso, como em inúmeros outros, a sabedoria convencional é falha. Existe espaço para melhorias. Talvez banheiros femininos e extintores de incêndio funcionassem melhor do que professores de poesia jogando *Call of Duty* na vida real, ou talvez não. Mas uma verdade parece clara: desencadear mais não conformidades provavelmente nos permitirá encontrar outras soluções potencialmente úteis que ninguém pensou ou teve ovários (ou culhões) para apresentar.

Como mostram as evidências, grupos de pessoas têm melhor desempenho quando incentivamos a insubordinação de princípios. Em 2012, o Google introduziu uma iniciativa de pesquisa muito divulgada, chamada Projeto Aristóteles, que buscava identificar o que distinguia as equipes de melhor desempenho. Frequentemente eleito um dos melhores lugares para se trabalhar, o Google queria saber por que apenas algumas equipes cumpriam suas promessas e produziam um trabalho de maior qualidade do que qualquer indivíduo poderia realizar. Depois de dois anos, os pesquisadores tiveram a resposta: segurança psicológica. Equipes excepcionais criaram condições que encorajavam os membros a participar sem medo do ridículo, repreensão, roubo intelectual, um sucesso na carreira e assim por diante. A mídia adorou. O *The New York Times* publicou uma matéria de primeira página, "O que o Google aprendeu com sua busca para construir a equipe perfeita". Em junho de 2019, 10,6 mil artigos e vídeos cobriram os resultados do Projeto Aristóteles. As organizações empreenderam uma revolução do "lugar seguro" na esperança de aumentar a motivação, o aprendizado, o desempenho e a inovação.

E, assim, o Google perdeu metade da história. Um ano após o término do Projeto Aristóteles, dois psicólogos dissecaram 51 estudos sobre a importância da segurança psicológica para o desempenho da equipe.[17] O resultado: a segurança psicológica muitas vezes não se correlacionava com o desempenho. Às vezes, as equipes que gastaram somas de tempo pesadas treinando e contratando com a segurança psicológica em mente tinham um desempenho fantástico. Outras vezes, elas fracassavam. Se há um fator que *determina* se a segurança psicológica funciona ou não é a insubordinação de princípios. Os membros do grupo querem se sentir psicologicamente seguros. Mas, como a pesquisa mostrou, a segurança psicológica se traduz de forma confiável em desempenho superior apenas quando existem pontos de vista minoritários suficientes,[18] e nós os permitimos e os adotamos quando presentes. Você pode tolerar a dissidência minoritária, mas isso não significa, necessariamente, que sua influência ou estímulo estejam impactando os outros membros do grupo. Como enfatizado pelos psicólogos organizacionais, a dra. Katherine Klein e o dr. David Harrison, "não é suficiente para um membro do grupo melhorar a solução de outro; ele ou ela também deve obter a aprovação dos outros para a solução aprimorada como o próximo melhor curso de ação do grupo".[19] Muitas pessoas não conseguem capitalizar o estímulo da insubordinação de princípios. As equipes precisam de segurança psicológica *e* um acolhimento de divergências e desvios construtivos antes que possam ter a mente aberta para o pensamento divergente, tomar decisões mais informadas e de alta qualidade e ser inovadoras.

Se a insubordinação de princípios é tão importante, como ela funciona exatamente? Aqui estão três das melhores explicações apresentadas por psicólogos:

Razão 1: a insubordinação baseada em princípios neutraliza nossos vieses cognitivos

Por mais inteligentes que nós, humanos, sejamos, temos dificuldade de formar julgamentos racionais. Quando confrontados com informações que ameaçam crenças arraigadas, respondemos de forma automática e defensiva, descartando perspectivas que ataquem nossa visão de mundo. Um grande motivo: vieses cognitivos. Nosso amplo cérebro *sapiens* tem um poder de processamento limitado. Só conseguimos prestar atenção a uma quantidade limitada de estímulos em um determinado momento. Para se virar em um mundo de informações infinitas, nosso cérebro pega atalhos cognitivos, fazendo com que nos baseemos em preconceitos.

Também nos sentimos motivados a experimentar certas emoções e crenças e preferimos evitar outras. Queremos estar certos. Queremos ser amados. Buscamos validar nossas identidades. Nós nos importamos com certas pessoas, objetos, times esportivos e ideias por causa do que eles dizem sobre nós. Defendemos o que nos importa profundamente contra os detratores. Nosso senso de realidade torna-se tendencioso e distorcido.

Até o momento, os psicólogos identificaram cerca de cem vieses cognitivos dos quais somos vítimas, divididos em três categorias. A primeira categoria de vieses está relacionada à nossa necessidade de sentir que pertencemos a um endogrupo.[20] Nós *amamos* pertencer a grupos. Graças à nossa experiência evolutiva, nossos cérebros nos dizem que é melhor evitar erroneamente um desconhecido gentil, compassivo e altruísta do que abordar erroneamente um desconhecido perigoso. Assim, prometemos fidelidade a todos os tipos de endogrupo, incluindo aqueles baseados em raça, gênero, nacionalidade, status social, crenças políticas – até vegetarianismo. Tratamos os membros do nosso endogrupo melhor do que os de fora, adotamos padrões morais diferentes, interagimos mais com eles, avaliamos suas ideias e propostas de forma mais favorável. Mais importante para nossos propósitos, tendemos a associar ideias desconhecidas com pessoas desconhecidas que as promovem, tornando-nos resistentes a mudar nossas crenças.

A segunda categoria de vieses tem a ver com o que os cientistas chamam de "raciocínio motivado", uma maneira jargônica de dizer que tendemos a avaliar evidências não de uma maneira perfeitamente objetiva, mas com base no que esperamos concluir. Quando ouvimos falar de informações que confirmam o que já pensamos que sabemos, aceitamos mais prontamente do que informações que não fazem isso. Tendemos a evitar informações que não estejam de acordo com nossas crenças. Assim, tendemos a nos cercar de pessoas que pensam e dizem coisas da mesma forma. Nós nos iludimos pensando que nossa perspectiva por si só é a própria personificação da justiça e da verdade. Abordagens ilusórias para adquirir e processar informações interferem em nossa capacidade de reconhecer e aceitar ideias alternativas que podem nos servir melhor.

A terceira categoria de vieses está relacionada ao que os cientistas chamam de "certeza motivada".[21] Como observam os psicólogos políticos Cory Clark e Bo Winegard, o raciocínio motivado diz respeito "à substância de uma crença, [enquanto] a certeza motivada refere-se ao *momentum* dessa crença". Simplificando, nós, humanos, tendemos a nos sentir confiantes demais em nossas posições e não conseguimos ver os ônus de adotá-las. Achamos que somos *tão* inteligentes – ou pelo menos corretos. Por exemplo, podemos acreditar que os imigrantes devem poder cruzar fronteiras livremente e viver onde quiserem, que qualquer ser humano pode decidir sobre seu gênero por qualquer motivo e a qualquer momento e que a genética não explica as diferenças entre homens e mulheres. Em um mundo de sonhos, não nos custa nada manter tais posições. No mundo real, manter uma posição vem com ônus. Investimos dinheiro, atenção e emoção em nossas ideias e em sua implementação, tornando-nos cada vez mais motivados a ter certeza de nossas crenças. Estranhamente, ficamos mais motivados – e nos sentimos ainda mais confiantes em nossas crenças – à medida que a incerteza aumenta. Nossa compreensão da realidade se esvai, sem que percebamos.

DEZ VIESES QUE ENGANAM NOSSO PENSAMENTO

1. **Viés de confirmação –** tendemos a preferir informações que correspondam às nossas crenças existentes.
2. **Viés de familiaridade –** preferimos o que ou quem já é conhecido.

3. **Realismo ingênuo –** tendemos a acreditar que percebemos o mundo objetivamente, como ele é, e que as pessoas que discordam de nós são desinformadas, irracionais ou tendenciosas.
4. **Ilusão de conhecimento –** achamos que sabemos o que as outras pessoas estão pensando.
5. **Erro fundamental de atribuição –** atribuímos os erros e as falhas dos outros à sua identidade, mas, quando erramos, convenientemente culpamos as circunstâncias e a má sorte.
6. **Viés de autoconsistência –** tendemos a pensar que nossas atitudes, crenças e comportamentos são sempre estáveis, quando na verdade mudam.
7. **Viés de projeção –** achamos que os outros tendem a compartilhar nossas preferências, crenças e comportamentos mais do que realmente o fazem.
8. **Viés de autoridade –** gostamos mais de ideias quando expressas por alguém poderoso ou com prestígio.
9. **Viés de estereótipos –** quando observamos uma tendência em um membro de um grupo, presumimos que alguns ou todos os seus integrantes a compartilham.
10. **Ponto cego do preconceito –** achamos que podemos identificar facilmente os preconceitos nos outros, mesmo quando não reconhecemos os nossos.

Se os preconceitos são abundantes, se eles distorcem e aprisionam nosso pensamento, estamos praticamente condenados à estupidez, certo? Não necessariamente. Uma tribo heroica de inimigos dos vieses vive entre nós. Eles são chamados de inconformistas. Traga alguém como Elizabeth Jennings, que pensa diferente e não tem medo de que você saiba disso, e veremos melhor nossos próprios vieses e os corrigiremos. Ficaremos mais curiosos sobre o mundo em vez de permanecermos presos e intelectualmente estéreis.

O dr. Stefan Schulz-Hardt conduziu um experimento explorando a melhor forma de eliminar vieses cognitivos em gerentes de negócios alemães. Schulz-Hardt se concentrou no viés de confirmação (definido na página 51). Ele criou pequenos grupos e os encarregou de escolher oportunidades de investimento em um dos dois países. Para fazer suas seleções, os grupos tiveram que avaliar catorze fatores diferentes, incluindo carga fiscal do país, crescimento econômico, legislação ambiental e afins. Os grupos puderam ter acesso a até uma dúzia de artigos escritos por especialistas econômicos familiarizados com os dois países. Metade desses artigos apontava um dos países como investimento ideal, enquanto metade argumentava o contrário.

Os grupos buscam informações que confirmem sua escolha de investimento inicial e ignoram o resto? O que acontece com as deliberações depois de semear grupos com dissidentes, em oposição a um bando de pessoas que pensam como você? Schulz-Hardt descobriu que grupos de gerentes semeado de opiniões divergentes eram *duas vezes mais* propensos a solicitar artigos que conflitavam com a decisão inicial do grupo do que os homogêneos e ideologicamente semelhantes. Se você quiser superar a tendência[22] de pensar de maneiras mais polarizadas ou preconceituosas, injete um pouco da boa e velha divergência.

É claro que a dissidência em um ambiente de grupo não vem sem ônus. Grupos com dissidentes experimentaram duas vezes mais controvérsia em suas conversas (batendo em torno de pontos de vista alternativos) em comparação com grupos homogêneos. Positividade, coesão e tomada de decisões foram afetadas. Na ausência de discordância, grupos homogêneos foram vítimas de fortes vieses de confirmação, buscando principalmente informações que justificassem suas conclusões prematuras, ao ignorar informações bastante úteis que entravam em conflito com o *momentum* do grupo. Embora os grupos homogêneos e livres de dissidentes tenham buscado apenas metade das informações disponíveis para tomar decisões de investimento, eles sentiram um nível de confiança alarmantemente alto em comparação com o pensamento mais amplo, a atitude questionadora dos grupos com dissidentes.[23] Estudos de hospitais, tribunais, produções musicais da Broadway e movimentos sociais observaram achados semelhantes. Injete a dissidência e você verá a confiança diminuir e o número de discussões aumentar – um preço relativamente baixo a pagar por uma melhor resolução de problemas e criatividade em grupo.[24]

> ### A GRANDE IDEIA
> Algo especial acontece quando você tem pelo menos um dissidente em seu meio. Você não adota o padrão robótico de presumir que o dissidente está certo. Em vez disso, você se sente motivado a contemplar uma questão com cuidado e considera que o dissidente pode ter boas razões para defender uma posição contrária.

Exposto ao ponto de vista de um dissidente, você se torna mais apto a revisar informações que apoiam posições contrárias às suas. Você se abre para testar a realidade e levanta questões sobre suas próprias posições. Em vez de ficar preso ao raciocínio motivado e à confiança, você se torna mais crítico e equilibrado. Você começa a pensar menos como um partidário e mais como um cientista desinteressado em busca da verdade. No geral, a presença de um dissidente leva os membros do grupo a abandonar os atalhos mentais de baixo esforço e mudar para um processamento de informações elaborado e profundo. As três grandes categorias de viés cognitivo estão *acabadas*.

Razão 2: a insubordinação baseada em princípios aumenta a criatividade

Aqui está uma pergunta: qual fator melhor prevê se as crianças do ensino fundamental receberão reconhecimento como criadoras inovadoras cinquenta anos depois? Não é se elas gostam de construir coisas estranhas com massinha. Não tem a ver com os níveis de curiosidade ou inteligência delas. É se elas estão "confortáveis sendo uma 'minoria de um'". Em uma pesquisa publicada pelo dr. Mark Runco e colegas da Universidade da Geórgia, adultos de 60 anos alcançaram mais realizações criativas ao longo da vida se, quando crianças, expressaram conforto em ser uma voz minoritária. Eles publicaram livros e peças, construíram negócios lucrativos, conquistaram aclamação do público e exerceram uma influência maior sobre os outros. É verdade que esses jovens insubordinados sofreram emocionalmente com a tendência de desafiar o *status quo*, enfrentando amizades rompidas, perseguição e assim por diante. Mas, como grupo, eles se tornaram criadores de tendências muito mais do que seus pares conformistas.[25]

Outra pesquisa descobriu que a exposição à insubordinação de princípios aumenta a tomada de decisão criativa, ao estimular o pensamento divergente. Em um estudo, os pesquisadores escolheram certas equipes de trabalho e selecionaram aleatoriamente uma pessoa para treinamento em insubordinação de princípios. Durante um período de dez semanas, o grupo se envolveu em uma variedade de tarefas criativas, como criar novos produtos e navegar em situações de negócios moralmente questionáveis. Os colegas dessas equipes produziram mais ideias de produtos originais (classificadas objetivamente por especialistas externos) do que os membros de outras equipes que não tinham um insubordinado treinado. As conversas nessas equipes às vezes eram contenciosas, com alguns dos rebeldes se sentindo isolados e sob tensão. "Não foi fácil", relatou um rebelde. Outro disse: "Na maioria das vezes, outro membro do grupo e eu estávamos em uma discussão aferrada". Mas os membros da equipe finalmente reconheceram as contribuições dos rebeldes. Estes receberam classificações de desempenho mais altas de seus pares do que outros. Inicialmente, eles desaceleraram e interferiram na coesão do grupo. Com o tempo, a presença dos insubordinados de princípios ajudou a esclarecer o papel de cada pessoa e, assim, amplificou o desempenho e a criatividade de todos.[26]

Muitos de nós pensamos em nós mesmos como pessoas tolerantes que apreciam o valor da diferença, da dissidência e do desvio. No entanto, jogue um ou dois rebeldes na mistura e ficamos irritados quando a tensão irrompe e a coesão do grupo se desfaz. Para nosso próprio bem, precisamos superar essa irritação e abraçar a insubordinação.

A GRANDE IDEIA

A criatividade não é um dom inato. É uma forma de pensar. Interagir regularmente com aqueles que têm visões inconformistas nos leva a uma mentalidade criativa. Com os rebeldes expondo abertamente visões alternativas e impopulares, os grupos se tornam melhores do que a soma de suas partes.

Razão 3: insubordinação gera ainda mais insubordinação

Como vimos no Capítulo 2, as pressões para a conformidade são perversamente fortes. Mas a insubordinação de princípios tem algum poder persuasivo próprio. Coloque um rebelde em um grupo, vá embora por um tempo e você provavelmente encontrará mais rebeldes do que quando começou. Sabemos disso por causa de uma das minhas pesquisas favoritas, um experimento liderado pela dra. Charlan Nemeth. Ao imaginar o que fazia algumas pessoas desafiarem a autoridade e a pressão do grupo, dra. Nemeth e colegas instruíram os participantes do estudo a ver vinte slides em tons de azul e dizer a cor em voz alta. Testados sozinhos, os participantes julgaram que 100% dos slides eram azuis. Os pesquisadores então testaram os participantes em grupos de quatro, com cada agrupamento semeado por um ator cujo papel era simples: discordar da maioria. Quando chegou a vez deles, o ator afirmou com bastante confiança que os slides azuis eram verdes. Diante da realidade objetiva de que os slides azuis eram claramente azuis e o dissidente estava obviamente enganado, os participantes o ignoraram e julgaram que 100% dos slides eram azuis.

É aqui que fica interessante. O experimentador levou cada pessoa para uma sala privada como parte de um novo grupo de quatro pessoas. Você não podia ver os três novos membros, mas havia um microfone para comunicações em grupo. Os participantes receberam outro conjunto de slides para visualizar, todos vermelhos. Agora, quando perguntados sobre qual cor eles viam, para cada slide os outros três membros do grupo falavam a mesma palavra no microfone: "Laranja". As condições estavam propícias para a conformidade. Os pesquisadores queriam saber: o que os participantes fariam? Aqueles que não testemunharam nenhuma discordância na primeira parte do estudo mostraram relutância em contestar os julgamentos repletos de erros da maioria. Apenas em 29,6% das vezes os participantes timidamente falaram: "Vermelho?". No entanto, aqueles que testemunharam a discordância de um ator na primeira parte do estudo foram transformados – corajosamente deixando escapar a resposta correta, "Vermelho, obviamente!", 76,1% das vezes. E veja só: *a transformação ocorreu mesmo que, na primeira parte do estudo, a maioria estivesse certa e os dissidentes dessem respostas equivocadas. Mesmo que os participantes não concordassem publicamente com os dissidentes na primeira parte do estudo.* Pense sobre isso. Atos de insubordinação influenciaram pessoas que inicialmente os ignoraram. De alguma forma, a exposição a um ato de insubordinação alterou a forma de ver o mundo das pessoas.[27]

> ## A GRANDE IDEIA
> Atos de insubordinação em geral não convencem os membros do grupo majoritário imediatamente. Em vez disso, semeiam as sementes da dúvida, que amadurecem com o tempo em novas perspectivas.

O dr. Robert Cialdini, um dos maiores especialistas do mundo em persuasão, descobriu que os oponentes do *status quo* muitas vezes falham inicialmente em mudar as atitudes e percepções de outras pessoas. Por mais que acompanhe semanas e meses depois, você testemunhará mudanças na forma como os outros pensam e se comportam.[28] A princípio chocante, a insubordinação ao longo do tempo acaba tendo um impacto muito mais profundo, mudando a forma como as pessoas consideram os outros, o mundo e a si mesmas.

FAÇA DA RECEPTIVIDADE O SEU PADRÃO

Ao apresentar essa pesquisa sobre os benefícios da insubordinação, espero inspirar você de duas maneiras. Primeiro, quero que se comporte de forma mais rebelde. Para pensar diferente. Para se manifestar livremente. Para agir. Também quero inspirar você a olhar para os divergentes que encontra com uma mente mais aberta, especialmente quando discorda deles. Como gosto de dizer depois de um ou dois uísques, a insubordinação é um portal para o possível adjacente. Ela nos permite acessar novas possibilidades que, por vieses, inexperiência ou falta de sabedoria, não cultivaríamos por conta própria. Como vimos, a insubordinação de princípios permite mudanças sociais grandes e pequenas. Você não precisa concordar com todos os inconformistas por aí. Basta ouvi-los. Em vez de insistir em suas opiniões quando confrontado com uma nova perspectiva, faça algo radical e torne a *receptividade* o seu padrão.

A receptividade dos não rebeldes é importante porque, como os cientistas documentaram, os rebeldes solitários não vão muito longe sozinhos. Os pesquisadores queriam ver o que seria necessário para que um grupo de pessoas mudasse uma norma social estabelecida. Eles criaram um experimento no qual distribuíram 194 participantes em grupos de vinte a trinta pessoas, mostraram aos grupos a foto da cabeça de um desconhecido e fizeram com que os grupos decidissem que nome dar a essa pessoa. Os pesquisadores fomentaram conversas dentro dos grupos sobre a escolha do nome. Sem o conhecimento dos participantes, um certo número deles era rebelde, incumbido de contrariar qualquer nome com que o grupo estivesse prestes a concordar, oferecendo sugestões alternativas. Os pesquisadores descobriram que, se mais de 25% de um grupo fosse rebelde, o grupo acabaria decidindo pelo nome alternativo; mas, se menos de 20% assim o fosse, essa minoria não teria impacto na seleção final. Um ou dois rebeldes corajosos como Elizabeth Jennings poderiam desencadear uma mudança em uma política específica, mas é preciso um bloco sólido de cerca de um quarto da população que adota uma posição minoritária para transformar as crenças ou o comportamento de um grupo.

Mostrarei mais adiante como você pode brilhar como parte desses 25%, tornando-se mais receptivo aos inconformistas ao seu redor e aproveitando ao máximo as ideias malucas deles. Mas primeiro vamos examinar como vocês, rebeldes, podem conquistar mais pessoas para que ultrapassem esse limite de 25% e efetuem a mudança. Uma boa parte disso se resume a como você fala. Você pode ter as melhores e mais impactantes ideias, mas, se não souber o que está fazendo como comunicador, não irá muito longe. Os cientistas chegaram a percepções intrigantes sobre como os azarões podem apresentar melhor suas ideias para conquistar os céticos. Se você tem uma ideia impopular que acha que pode servir à causa do progresso, faça-me um favor. Dê uma pausa naquele vídeo do YouTube, pare de verificar seu Instagram e preste muita atenção. O mundo precisa de você.

MODO DE FAZER

1. *Traga dissidentes para suas equipes.* Ao se expor ao ponto de vista de um dissidente, você se abre para testar a realidade e levantar questões sobre seus próprios pontos de vista. Com um único rebelde exibindo visões alternativas e impopulares, um grupo reduz seu viés de confirmação e raciocínio motivado e aumenta sua produção criativa.

2. *Seja paciente.* Insubordinados de princípios em geral falham inicialmente em mudar as atitudes de outras pessoas. Mas, com o tempo, a insubordinação acaba tendo um impacto muito mais profundo, mudando a forma como as pessoas consideram a si mesmas, os outros e o mundo.

3. *Torne a receptividade o seu padrão.* Você não precisa concordar com todos os inconformistas por aí. Apenas ouça-os em vez de insistir em suas opiniões.

PARTE II

O LIVRO DE RECEITAS DOS INCONFORMISTAS

CAPÍTULO 4

FALE DE FORMA PERSUASIVA

Como conquistar uma audiência de conformistas céticos

Gostaria que você prestasse atenção a uma coisinha chamada Fugazi. Fuga... *o quê*? Não, não é uma marca italiana de carros esportivos de US$ 150 mil nem um palavrão proferido por uma avó italiana com o dedo em riste. É, de acordo com o *Urban Dictionary*,[1] uma gíria originada entre veteranos militares para uma situação "problemática", então acho que uma avó italiana poderia usá-la. Mas o Fugazi que você precisa conhecer é uma banda de punk rock formada por quatro homens, provavelmente o artista musical mais influente dos últimos trinta anos.

É uma afirmação ousada. E o Nirvana? Ou Jay-Z? Sim, artistas influentes, mas considere isto: o Fugazi influenciou diretamente o Nirvana, assim como Jay-Z, Pearl Jam, Rage Against the Machine, Red Hot Chili Peppers, Lorde, Blink-182, Kesha, Foo Fighters, Billie Eilish (graças ao gosto musical de seu irmão mais velho). Todos eles são grandes fãs do Fugazi. Quando você leva em consideração que vários músicos influenciados pelo Fugazi são grandes influenciadores, percebe que o cenário musical de hoje seria radicalmente diferente se não fosse por essa banda de nome único.

De acordo com um jornalista de música,[2] o Fugazi, recorrendo a uma série de artistas de reggae, funk e jazz, se estabeleceu "como um canal pelo qual desabafam a confusão, a raiva e a ansiedade geradas pela hostilidade à segurança absurda da cultura conformista".

Ao contrário de gigantes como os Beatles, Led Zeppelin, U2 ou Garth Brooks, que se tornaram máquinas de fazer dinheiro, a banda Fugazi representava integridade artística, ativismo político ousado, anticonsumismo, anticorporativismo e uma mentalidade faça você mesmo. Seus inimigos eram a autoimportância, o exibicionismo e o "mercado". Mais do que qualquer banda de rock ou pop do final dos anos 1980 e 1990, o Fugazi despiu a arrogância e elevou seu público a participantes ativos em vez de adoradores bajuladores.

Esses caras eram artistas hardcore com alma. Por mais popular que se tornasse, o Fugazi cobrava dos fãs apenas 5 dólares para assistir a shows e 10 dólares por um disco, fita ou CD. Para manter os custos baixos, a banda dispensou roadies, agentes de reservas, distribuidores, contadores e outros profissionais gananciosos cujos serviços os músicos se sentem compelidos a comprar. Os membros do Fugazi gravaram o próprio álbum. Eles dormiam na sala de estar dos fãs. Simplesmente não ligavam para se tornar estrelas do rock.[3] Lembrando o quanto era ruim ser um adolescente impedido de assistir a shows, eles se recusavam a se apresentar caso não fossem abertos a todas as idades. Abraçaram uma ética geral de inclusão, acolhendo todos como fãs, incluindo mulheres (a quem não objetificavam sexualmente) e negros (a quem não tratavam como "outros"). Grande parte da música popular atualmente resiste a injustiças de um tipo ou de outro, quais sejam: misoginia, homofobia, violência, desigualdade econômica, materialismo, intrusão governamental antiética etc. Esse mesmo gesto é coisa do Fugazi.

O Fugazi se recusou a tocar em bares porque os membros da banda não queriam que a experiência musical ficasse turva pela intoxicação. Eles rejeitaram as principais revistas que publicavam anúncios de empresas de álcool e tabaco visando leitores adolescentes influenciáveis. Para manter o controle criativo, recusaram ofertas de 1 milhão de dólares de grandes gravadoras. Eles se recusaram a produzir videoclipes porque o conteúdo supersexualizado divulgado pela MTV os repelia. Para minimizar os relacionamentos transacionais com os fãs, eles não vendiam camisetas, adesivos ou bótons nos shows. As prioridades do Fugazi eram claras: música primeiro, fãs depois. A banda sempre – *sempre* – apoiou o pequeno empreendedor em vez das grandes empresas.

As pessoas supõem que a integridade artística e o sucesso comercial são mutuamente excludentes. E Fugazi acabou com essa suposição. A banda vendeu mais de 3 milhões de discos durante seus dezessete anos de existência. Até o momento, mais de 1,5 milhão de ouvintes mensais consomem sua música, embora a banda esteja em um "hiato" desde 2003.[4] Em um nível mais profundo, o Fugazi teve sucesso onde tantos artistas musicais falharam: seus membros mudaram as normas culturais, criando um movimento de arte musical de base, faça você mesmo, socialmente consciente. A banda expandiu o círculo de preocupação moral na música, e é por isso que músicos famosos como Kurt Cobain e Eddie Vedder invocaram os nomes dos membros da banda Fugazi em entrevistas, esperando que a integridade os contagiasse.[5]

Qual foi o segredo do sucesso do Fugazi como insubordinado de princípios? Uma das respostas é: pura determinação. Entre 1987 e 2003, a banda fez mais de mil shows ao vivo, totalizando, aproximadamente, um a cada cinco dias durante dezessete anos seguidos! Isso é muita visibilidade. Mas há uma segunda explicação, ainda mais importante. O Fugazi tornou-se influente porque seus membros dominaram o que poderíamos chamar de "guia de influência do azarão". Como Charles Darwin, eles tinham um talento incrível para transmitir seus pontos de vista de maneira a conquistar as maiorias, incluindo os poderosos da indústria da música e fãs que nunca antes haviam se identificado com a comunidade punk rock.

Os cientistas estabeleceram que as pessoas com status de minoria (uma designação que, por definição, se aplica aos rebeldes) instigam a mudança mais prontamente se forem consistentes no que dizem, sem serem excessivamente rígidas. O Fugazi comprovou essa teoria. A banda vivia segundo um éthos chamado *straight edge*, que se traduzia na proibição de drogas, bebida, fumo, consumo de carne e sexo não consensual. Embora os membros da banda defendessem esses valores para si mesmos, eles nunca os empurravam para os fãs. No palco, em entrevistas e durante conversas frente a frente, os membros do Fugazi esclareceram que o estilo deles era simplesmente uma forma de viver, não a única. Eles se recusaram a julgar os outros que escolhiam viver de maneira diferente, nem esperavam que os fãs os copiassem ou obedecessem a eles. Como os fãs não viam os membros do Fugazi como pregadores, eles estavam mais inclinados a ouvir as opiniões da banda e adotar hábitos de vida *straight edge* para si mesmos.

Os cientistas chegaram a uma série de percepções fascinantes que informam como aqueles com opiniões minoritárias convencem os outros com mais eficácia. Essas percepções vêm embutidas em várias teorias psicológicas, incluindo a Teoria da Conversão,[6] a Teoria da Elaboração de Conflitos,[7] o Modelo Contexto/Comparação,[8] o Modelo Fonte-Contexto-Elaboração[9] e o Modelo de Probabilidade de Elaboração.[10] Atravessando esse mar de jargões acadêmicos, cheguei a certos princípios regentes que os rebeldes podem usar para maximizar seu potencial persuasivo. Desconsidere esses princípios e você garantirá o seu fracasso. Persiga-os, como o Fugazi e outros insubordinados de princípios fizeram, e você estará em uma posição muito melhor para ser ouvido.

Quando me perguntam sobre "Qual é sua banda favorita?", minha resposta permanece a mesma desde os 13 anos: Fugazi. Olhares curiosos me seguem, e então conto detalhes sobre eles antes de tocar o melhor álbum, *Repeater*. Eu os escuto enquanto me exercito, em longas viagens de carro ou para um choque de vitalidade. Minhas três filhas conhecem o Fugazi. Os presentes passados de Dia dos Pais incluem um frasco com o nome da banda inscrito, marcadores de páginas desenhados à mão de capas de álbuns e uma caneca de cerâmica com letras da banda. Quando me mudei para os subúrbios de Washington, D.C., conheci o vocalista Ian MacKaye em um show na igreja local, onde 100% dos lucros foram destinados para a aquisição de agulhas limpas e contracepção para profissionais do sexo. Depois de terminar este capítulo, certifique-se de apreciar a fusão catártica de sons musicais do Fugazi, não apenas suas contribuições culturais. Dê uma chance a estas músicas queridas (uma de cada álbum): "Waiting Room", "Repeater", "Reclamation", "23 Beats Off", "Bed for the Scraping" e "Break".

> **A GRANDE IDEIA**
>
> Existem *cinco princípios essenciais* que os rebeldes podem usar para maximizar o potencial persuasivo de sua mensagem.

PRINCÍPIO 1: TRABALHE POR DENTRO

Rebeldes, anotem: é mais provável que o público os escute se os virem como um membro de seu grupo, e não como um desconhecido. Sabemos disso, em parte, graças a estudos como o realizado na Universidade do Arizona em meados da década de 1990. O casamento legalizado entre pessoas do mesmo gênero parecia insondável na época. Autoridades governamentais adotaram a infame política de "não pergunte, não conte" que permitia que gays servissem nas forças armadas desde que ocultassem sua identidade sexual. Nesse meio social, pesquisadores pediram a estudantes que apoiam os direitos dos gays que lessem um artigo chamado "O Caso Contra Gays nas Forças Armadas". Alguns alunos ficaram sabendo que a Associação Estudantil da Universidade do Arizona havia sido a autora do artigo – em outras palavras, refletia uma opinião dominante dentro da comunidade estudantil. Um segundo grupo soube que uma organização pequena, radical e conservadora da Universidade do Arizona o havia escrito – em outras palavras, uma minoria dentro de sua tribo da Universidade do Arizona. Um terceiro grupo soube que um grupo radical de outra faculdade havia redigido o artigo.

Os alunos que se opuseram ao artigo antigay (percebendo-o como contrário às suas crenças centrais) tiveram duas vezes mais pensamentos positivos sobre os argumentos quando pensaram que um membro dominante de sua tribo da Universidade do Arizona o havia escrito. No entanto, os alunos passaram mais tempo processando sistematicamente a mensagem do artigo e retiveram mais informações quando acreditaram que foram as minorias de sua tribo que o havia escrito. As minorias têm poderes persuasivos especiais, mas somente quando se articulam como se existisse uma identidade comum entre elas e seu público.

Os mecanismos subjacentes a esse fenômeno são bastante interessantes. Quando alguém em um grupo pensa diferente do restante, esse discordante provoca uma faísca de curiosidade na maioria. Duas perguntas surgem na cabeça dos membros do público: "Por que essa pessoa pensa diferente de nós?" e "Que informações essa pessoa tem que eu não tenho?". No curto prazo, o desvio pode desestabilizar o grupo, causando tensão ou conflito. Mas estimula a inovação ao chamar a atenção para novas ideias, problemas não resolvidos ou uma lista mais ampla de opções. Os membros do grupo ouvem atentamente para adquirir conhecimento e sabedoria. Eles reavaliam suas crenças, comportamentos e políticas existentes para determinar quais se tornaram desatualizados e impraticáveis. Já que o desviante, como infiltrado, dispõe de credibilidade que uma pessoa de fora não tem, ela pode catalisar melhor a mudança.[11]

> ### A GRANDE IDEIA
>
> Quando dedica tempo para estabelecer laços comuns com um público e, em particular, para apoiar as normas e uma identidade positiva do grupo, você ganha o que os cientistas sociais chamam de "créditos de idiossincrasia". Ou seja, você acumula capital cultural. Ao propor ideias inovadoras, pode "gastar" esse capital cultural em troca do apoio de outros membros do grupo.

Se você é politicamente conservador e tenta convencer amigos que pensam assim como você a adotar a lei de segurança de armas, lembre-os de suas crenças conservadoras compartilhadas e histórico de votação em republicanos. *Aí*, apresente o seu argumento. Os pregadores de rua geralmente falham em persuadir os ouvintes porque não estabelecem ou não podem estabelecer um vínculo comum de quem faz parte do mesmo grupo; a mensagem se perde antes que alguém a ouça. Você pode e deve fazer melhor.

PRINCÍPIO 2: DESPERTE SUA CURIOSIDADE, NÃO SEU MEDO

Você pode ser a pessoa mais inteligente do mundo e ter a melhor ideia, mas, se assustar as pessoas e as alienar, elas não vão lhe dar um pingo de atenção. O dr. Ignaz Semmelweis pode atestar isso. Em 1847, antes que a ciência médica soubesse muito sobre germes, Semmelweis argumentou que lavar as mãos previne doenças. A sabedoria convencional da época sustentava que as doenças se originavam de desequilíbrios nas quantidades relativas de sangue, fleuma, bile negra e bile amarela, também conhecidos como os "quatro humores".[12] O dr. Semmelweis tinha dados que diziam o contrário. Enquanto trabalhava na Primeira Clínica Obstétrica do Hospital Geral de Viena, ele notou que as mães em uma maternidade morriam com muito mais frequência do que em uma segunda clínica. O dr. Semmelweis submeteu cada mãe morta a autópsia para encontrar a resposta. Acontece que pequenas partículas de matéria orgânica de cadáveres infeccionaram dentro dos corpos da mãe, contaminando-os.[13] Naquela época, os mesmos médicos que faziam partos conduziam autópsias. As mãos sujas dos médicos espalhavam os restos de cadáveres doentes para novas mães. A solução: lavar as mãos com cloro antes do parto.

Esses médicos experimentaram fazer isso, e a taxa de mortalidade caiu para quase zero.[14] Incrível! Ainda mais incrível, e trágico, é que ninguém deu importância. Levaria mais um século até que a profissão médica adotasse a lavagem das mãos como protocolo-padrão.[15] Médicos altamente instruídos e competentes tinham dificuldade de acreditar que suas mãos sujas eram mortais. Mas o dr. Semmelweis também não fez nenhum favor a si mesmo. Ele não fez nenhuma tentativa de conciliar suas descobertas com a teoria dos quatro humores da doença. Ao contrário, ele se esforçou para atacar médicos que rejeitaram sua tese, dedicando 64 páginas inteiras de uma de suas publicações para atacar um único obstetra de Praga que questionou seus resultados.[16]

O dr. Semmelweis pressupôs que dados e argumentos fortes são suficientes para persuadir o pensamento comum equivocado. Eles não são. Você também deve se esforçar para apresentar sua mensagem de maneira não ameaçadora, independentemente de quão irado você se sinta. É muito, muito difícil argumentar fundamentado na posição de uma minoria, já que os membros da maioria examinam seus argumentos muito mais de perto do que os dos membros da maioria. Quando membros fortemente identificados de um grupo veem sua mensagem como uma ameaça pessoal, mesmo que seus argumentos sejam inatacáveis, muitos deles se apegam com muito mais intensidade às opiniões e às práticas da elite, membros populares do grupo. Em geral, sua janela de influência diminui quando emoções como medo, vergonha e culpa dominam um sentimento de admiração e curiosidade.[17]

A GRANDE IDEIA

Como um insubordinado de princípios, adote uma abordagem conciliadora e um tom amigável. Não envergonhe, culpe ou machuque os entusiastas do *status quo*. Veja os expoentes da ortodoxia como seus futuros aliados.

PRINCÍPIO 3: PROJETE UMA AURA DE OBJETIVIDADE

Quer sejamos a maioria, quer não, todos nós somos mais persuasivos quando fazemos declarações que parecem objetivas e verificáveis.[18] Por que você acha que há tanta ciência neste livro? Experimentos criativos confirmaram que os insubordinados de princípios, em particular, têm uma chance melhor de influenciar o pensamento dominante quando existem fatos objetivamente verificáveis.

Em um estudo, os pesquisadores pediram aos participantes que fingissem que eram oficiais de admissão de faculdades[19] encarregados de avaliar novos candidatos. Todos receberam informações idênticas sobre essas pessoas. Metade dos oficiais de admissão aprendeu que a decisão de aceitar ou rejeitar era objetiva, baseada em dados concretos. Os pesquisadores disseram à outra metade que a decisão era subjetiva, com uma ampla gama de informações exigindo interpretação. Os oficiais de admissão tomaram suas decisões iniciais em particular antes de considerar a opinião de outras pessoas do grupo (uma das muitas práticas recomendadas para evitar o pensamento de grupo).

Aqui está a reviravolta: os pesquisadores pediram a cada oficial que solicitasse uma segunda opinião de outro oficial de admissão de sua escolha. Eles poderiam buscar uma segunda opinião de um oficial que concordasse com seu ponto de vista ou discordasse dele. Quando os oficiais de admissão da faculdade pensavam que as decisões eram subjetivas, intencionalmente se cercavam de pensadores semelhantes. Se acreditavam que as decisões de admissão eram objetivas, eles buscavam divergências, desacordos e perspectivas alternativas que oferecessem uma aparência de proteção contra vieses.

Como esses resultados sugerem, quando uma disputa parece baseada em objetividade, tendemos a abrir nossa mente para ela, buscando oportunidades de crescimento e alimentando opiniões que se desviam das nossas. Quando é subjetiva, nos fechamos. Não é difícil entender o porquê. Quando ouvimos que há evidências por detrás de uma disputa, nos sentimos motivados a aprender mais para evitar parecer pouco inteligentes, irresponsáveis ou preguiçosos, adotando o que poderíamos chamar de mentalidade de "prevenção" ou "defensiva".[20] Também podemos procurar aprender sobre evidências contraditórias porque aspiramos obter a melhor resposta, em vez de apenas procurar minimizar erros ou enganos – o que os cientistas chamam de "mentalidade de promoção".

A GRANDE IDEIA

Como rebelde, você terá muito mais chances de atrair um público receptivo se os ouvintes tiverem uma mentalidade de promoção. Apoie uma mentalidade de promoção em seus ouvintes identificando claramente quando você está fornecendo conhecimento baseado em evidências e quando está apenas expressando uma opinião. Invista no conhecimento objetivo e explique para os ouvintes como, em vez de se apegar às ideias convencionais há muito tempo, eles podem se beneficiar ao aprender sobre uma maneira nova e melhor.

PRINCÍPIO 4: PROJETO DE AUTOSSACRIFÍCIO CORAJOSO

Nos capítulos anteriores, refletimos sobre os sérios riscos que os rebeldes correm ao romper com o *status quo*. Lembre-se do triste destino dos precursores de Darwin ou da vergonha que levou Wilt Chamberlain a abandonar seu breve experimento com arremessos livres. A vida de um rebelde pode ser realmente difícil. Mas há um lado positivo: ao tentar convencer as pessoas do valor de suas ideias, os rebeldes podem transformar os danos psicológicos e os riscos sociais em vantagens.

A GRANDE IDEIA

Tendemos a achar os outros mais dignos de confiança se eles se apresentarem como heróis que assumem riscos. Os rebeldes podem alterar as percepções engajando-se na chamada sinalização de coragem, na qual os sacrifícios pessoais e os custos para se destacar da multidão se tornam visíveis.

Em experimentos com júris de julgamentos criminais, os pesquisadores descobriram que pessoas da minoria que parecem visivelmente desconfortáveis em falar, mas o fazem de qualquer maneira, podem exercer mais influência. Quando um pequeno número de membros do júri discorda e impede um veredito unânime, a ridicularização lançada por membros da maioria volta como um bumerangue para a vantagem dos dissidentes. Outros membros da maioria observam dissidentes sendo (injusta ou excessivamente) menosprezados, respeitam sua coragem, passam mais tempo contemplando seus pontos de vista e mostram maior disposição para adotar seus pontos de vista.

Uma ressalva: se a maioria constrói argumentos fortes, convincentes e baseados em evidências, os membros do júri consideram as opiniões dominantes e divergentes igualmente persuasivas. Mas, se os jurados da maioria apresentarem argumentos frágeis, os dissidentes impotentes e aparentemente superados tornam-se cada vez mais persuasivos. Por quê? Porque os membros do júri consideram os dissidentes mais comprometidos, sinceros e confiáveis.[21]

Mais uma ressalva: poucas pessoas se importam com a dificuldade de reunir coragem para falar se percebem um dissidente como um idiota pessimista. Então, não seja um! Como dissidente, quando a maioria tem um bom argumento, mostre solidariedade com ela. Dessa forma, você acumulará "créditos" de gentileza que poderá gastar em alguma discussão futura, quando discordar veementemente.

A exposição ao ridículo não é o único fator que faz os outros verem alguém como corajoso. Os pesquisadores descobriram que o público tende a ver os dissidentes como mais confiáveis se pagarem um custo financeiro claro para expressar ideias não convencionais. As pessoas se surpreendem — de forma positiva — com a disposição para o sacrifício e, assim, ficam mais abertas a considerar as propostas do dissidente.[22] Por outro lado, quando membros de uma minoria dissidente têm conflitos de interesse palpáveis, eles perdem credibilidade. Denunciantes que de outra forma poderiam parecer confiáveis perdem força caso se beneficiem, por exemplo, de um livro de ofertas lucrativo. Os membros da maioria muitas vezes procuram desacreditar os críticos procurando por qualquer coisa que cheire a lucros ocultos.

Como rebelde, destaque os sacrifícios que você está fazendo (sem exagerar, pois o tiro vai sair pela culatra). Mostre sua vulnerabilidade psicológica ao falar. Diga em voz alta: "Sinto-me seriamente desconfortável em discordar". Mostre às pessoas que você perdeu o sono se perguntando se deve falar. Se seus pontos de vista ganharem força, evite se vangloriar ou parecer eufórico e continue destacando os sacrifícios reais que você está fazendo. As pessoas entendem como é assustador questionar publicamente o *status quo*.[23] Aumente seus próprios poderes de persuasão evocando com franqueza a difícil jornada que você empreendeu.

PRINCÍPIO 5: SEJA FLEXIVELMENTE CONSISTENTE

Em 1994, a dra. Wendy Wood, da Duke University,[24] e seus colegas usaram uma poderosa ferramenta estatística para sintetizar 143 experimentos que examinavam a capacidade das minorias de exercer influência (sim, estamos estudando isso há algum tempo!). A melhor coisa que uma minoria poderia fazer era: apresentar uma mensagem consistente ao longo do tempo. Se uma minoria cedesse e mostrasse sinais de inconsistência – ou pior, hipocrisia –, ela perdia.

A existência de mensagens estáveis e consistentes ao longo do tempo é o maior preditor de se a insubordinação de princípios muda satisfatoriamente as crenças dos outros.

Para afetar a mudança, você deve parecer – e é ideal que realmente *seja* – um verdadeiro entusiasta. Quando a mudança é desafiadora, o público procura razões para não se envolver, incluindo momentos em que os rebeldes se esconderam em suas posições, mostrando falta de convicção. Mas, quando o público percebe um rebelde como a encarnação viva de uma causa, ele fica impressionado. Voltando ao Princípio 4, consistência significa que os rebeldes provavelmente incorrerão em custos sociais e perseguição por causa do profundo compromisso que sentem com sua causa. E, no entanto, como vimos antes, os verdadeiros entusiastas não podem simplesmente enfiar suas ideias goela abaixo dos outros, para não alienar seu público e provocar medo (Princípio 2). A resposta é a consistência *flexível*.

A GRANDE IDEIA

Alguns problemas podem ser tão importantes para você que estará disposto a morrer por eles. Outros, nem tanto. Conheça a diferença e prossiga.

Ao perseguir objetivos importantes, a consistência é vital. Os rebeldes devem se apegar obstinadamente às suas posições e transmitir uma frente unida como grupo – mesmo uma única deserção compromete sua credibilidade. Com relação a questões que parecem menos importantes para você, tente se curvar. Esteja disposto a dar o braço a torcer (pesquisas mostram que pequenas concessões encorajam os outros a retribuir de maneira generosa). Mostre preocupação genuína com os membros da velha guarda. Enfatize o esforço e os sacrifícios necessários de sua parte para mudar. Deixe os oponentes se sentindo bem ao interagir com você. Mostre-lhes respeito. Você descobrirá, assim como os pesquisadores, que tais esforços de sua parte atrairão os outros à sua perspectiva, permitindo que eles admirem ainda mais sua defesa consistente.[25]

A MUDANÇA PODE ACONTECER – SE VOCÊ DEIXAR

Como vimos neste capítulo, os rebeldes não precisam se debater impotentemente ao tentar convencer os outros de seu ponto de vista. Um novo conjunto de evidências científicas nos mostra como aumentar as chances de que nossas ideias de princípios influenciem os defensores do *status quo*: nos apresentar como membros do grupo. Desperte a curiosidade em oposição ao medo. Transmita quais elementos do que você acredita são objetivamente verdadeiros. Evoque uma impressão de autossacrifício corajoso. Comporte-se de maneira flexível e consistente. Nada disso é particularmente difícil de fazer. Apenas temos que despender um pouco de tempo ao apresentar nossa ideia para pensar em nosso público, ter empatia com seus medos e suas necessidades e ajustar nossas apresentações de acordo. Se o Fugazi fez isso, você também pode!

A aplicação de percepções da ciência da insubordinação de princípios não garante o sucesso. Você pode implementar essas técnicas de maneira diligente e, ainda assim, não obter os resultados pretendidos. Não se desespere: seu impacto pode ser maior do que você imagina. A mudança duradoura é lenta e quase sempre à flor da pele enquanto os outros contemplam o que você disse ou apresentou. Confrontados com novas ideias, alguns membros do grupo dominante brincarão com a sorte e deixarão suas ideias para trás.

Muitos mais permanecerão publicamente com o *status quo* enquanto experimentam em particular as sementes da dúvida. É psicologicamente difícil mudar nossa identidade, especialmente se existir um longo rastro de declarações públicas que demonstrem no que acreditamos e do que gostamos ou não. A primeira reação a uma nova ideia geralmente não será nem positiva nem negativa, mas sim ambivalente – uma mistura de resistência e intriga, confusão e tristeza, esperança e decepção.[26]

Tal ambivalência não é algo ruim. Os membros da maioria naturalmente se sentirão incertos[27] e desejarão resolver essa incerteza contemplando os custos e benefícios de mudar de rumo. Se, como rebelde, você instilar incerteza suficiente, o público pode se sentir impelido a dar uma chance justa à sua ideia, mesmo que apenas para evitar se arrepender de não ter feito isso mais adiante. Com o tempo, a ambivalência se resolve e as opiniões e o comportamento mudam – os cientistas chamam isso de "efeito dorminhoco".[28] Os pesquisadores descobriram que a ambivalência em relação a mensagens inesperadas de fontes minoritárias atípicas é um prenúncio inicial de mudança. Pessoas ambivalentes atualizam suas crenças ao reunir conhecimento suficiente para determinar se uma ideia é boa ou não.[29] Graças à defesa das minorias,[30] indivíduos, grupos e sociedades podem obter esse conhecimento, revisando e melhorando por sua vez.

Como rebelde, você quer mudar *agora*. Eu entendo, mas geralmente não vai acontecer dessa maneira. Quando acontece, no entanto, a mudança tende a ser duradoura. Como os membros da maioria detêm o poder, muitas vezes podem obrigar as pessoas a *concordar* com suas ideias. Mas têm dificuldade de converter as pessoas em um nível profundo. Os rebeldes *podem* converter membros da maioria. De início, os rebeldes podem simplesmente conseguir desalojar algumas das estruturas conceituais que fundamentam o pensamento da maioria. Mais à frente, à medida que os membros da maioria examinam as posições dissidentes, eles passam a concordar mais. As evidências aumentam, e os rebeldes parecem mais confiáveis e suas formulações, mais influentes. O comportamento começa a mudar, de maneira sutil no início, depois mais abertamente.

A pesquisa confirmou que os membros de uma minoria dentro do grupo podem influenciar um grupo a mudar sua posição não apenas quando sua mensagem é ouvida, mas também posteriormente, quando a mensagem é totalmente internalizada.[31] Depois de ouvir os ativistas defenderem a proibição da experimentação animal, podemos não nos inscrever para o evento de lançamento de coquetel molotov no laboratório de uma empresa de perfumes. Mas nós ouvimos e pensamos. Em breve, começaremos a boicotar o perfume. Denunciamos publicamente programas de televisão e sites que promovem perfumes por meio de anúncios pagos. Votamos em políticos que buscam o fim dos testes em animais. A mudança acontece de maneira imperceptível, mas inexorável.

Como rebelde, você deve permanecer forte. Os resultados individuais variam, e raça, sexo, gênero e características visíveis de personalidade influenciam como suas expressões de insubordinação de princípios são interpretadas pelos outros. Não espere ser amado. Jogue o jogo em longo prazo. Aponte para a evolução, não para a revolução. E faça dos cinco princípios sua bíblia. O pensamento comum evolui. A cada ato de insubordinação de princípios , nos aproximamos de um mundo melhor. Como rebelde, é sua vocação e privilégio ser o agente dessa mudança. Abrace essa missão.

E aqui está uma boa notícia: você não precisa fazer isso sozinho. Para aumentar suas chances de sucesso, pode convocar outros para entrar nas trincheiras com você e lutar. Como veremos no próximo capítulo, certas estratégias podem melhorar sua capacidade de conquistar aliados importantes. Novas pesquisas científicas sobre como otimizar as relações sociais para a desobediência efetiva oferecem respostas úteis para pessoas bem-intencionadas e com princípios que buscam derrubar o pensamento dominante equivocado.

MODO DE FAZER

1. *Dedique energia para estabelecer laços comuns com os membros do grupo, apoiando as suas normas e aumentando a sua identidade positiva.*

Você ganha o que os cientistas sociais chamam de "créditos de idiossincrasia". Pode "gastar" esse capital cultural em apoio social e uma audiência justa.

2. *Sinalize sua coragem.* Os insubordinados de princípios podem alterar as percepções ao divulgar os sacrifícios pessoais que fizeram ao contrariar o sistema. Claro, não exagere, pois o tiro pode sair pela culatra.

3. *Não espere deslumbrar a todos imediatamente com sua ideia inconformista.* As reações iniciais a uma nova ideia geralmente não são nem positivas, nem negativas, mas ambivalentes. Se, como rebelde, você instilar incerteza suficiente sobre a sabedoria convencional, seu público pode se sentir impelido a dar uma chance justa à sua ideia.

CAPÍTULO 5

ATRAIA PESSOAS QUE O APOIEM

Como aliviar um pouco da pressão enquanto desafia o *status quo*

É uma manhã clara de verão, e você está prestes a embarcar em uma caminhada de três dias. Você é novato em caminhadas e, francamente, em qualquer forma de exercício que não envolva ir do sofá para a geladeira e vice-versa. O esforço físico simplesmente não é a sua praia. Mas seu médico mandou baixar o colesterol estratosférico, então agora, com relutância, você está ficando em forma. Você tem novas botas de caminhada, roupas resistentes aos raios UV e uma mochila carregada com trinta quilos de comida e três tipos diferentes de repelente de insetos. Você está pronto. Mas será que está? Chegando ao início da trilha, você fica desapontado ao descobrir que está localizado na base de uma colina bem grande – como uma *montanha*. Como você vai carregar mochila de trinta quilos subindo aquele monstro e continuar por mais três dias?

Não posso ajudar você a melhorar a sua aptidão física – este livro não é sobre isso. Mas posso compartilhar conhecimento que pode tornar tarefas difíceis de qualquer tipo – incluindo atos ousados de insubordinação de princípios – muito mais fáceis motivacionalmente. Em uma fascinante pesquisa, o dr. Dennis Proffitt, da Universidade da Virgínia, escolteu pessoas até o sopé de uma colina em preparação para uma caminhada. O dr. Dennis Proffitt e sua equipe descobriram que os participantes de seu estudo superestimaram muito a inclinação e a dificuldade da subida diante deles. Embora a colina tenha se elevado apenas a um ângulo de dez graus, eles estimaram em trinta.[1] Os pesquisadores então pediram que as pessoas se aproximassem do morro usando uma mochila carregada de pesos. A colina parecia ainda mais íngreme.[2] Quando as pessoas fora de forma se aproximavam da colina, viam aquela mesma subida de dez graus como ainda mais íngreme.[3]

Essa percepção errônea se deve a uma sutil decisão orçamentária por parte do cérebro. Para sobreviver, nosso corpo evoluiu para conservar o gasto de energia metabólica. Quando confrontado com uma tarefa, nosso cérebro calcula quanta energia gastaríamos realizando essa ação, bem como busca alternativas razoáveis. Julgar a altura do morro como maior é a maneira de nosso cérebro nos estimular a priorizar opções que nos deixarão menos enervados. Com efeito, a *preguiça* é o mecanismo secreto de sobrevivência da nossa espécie (para chefes por aí, talvez não tão secreto).

Há outra dimensão bastante fascinante dessa preguiça. Proffitt fez os participantes olharem para aquela colina na companhia de um amigo confiável. Incrivelmente, esses participantes julgaram a mesma colina 13% menos íngreme e gastaram menos energia subindo-a do que as pessoas que viram a colina sem um amigo. O desafio físico parecia mais fácil.[4] A mera presença de um amigo de confiança mudou as percepções visuais da realidade, deixando os participantes mais confiantes de que poderiam superar aquele obstáculo físico. Esse não é um resultado experimental estranho ou incomum. Outra pesquisa descobriu que homens na companhia de amigos expostos a um terrorista barbudo apontando uma arma para eles perceberam o sujeito como menor em estatura, menos musculoso e menos preocupante do que aqueles que estavam sozinhos.[5]

Amigos são companheiros essenciais quando enfrentamos provações e tribulações. Isso também tem a ver com a forma como nossos cérebros estão conectados; temos a tendência de nos aproveitar de nossos amigos para sustentar nossa preguiça. Não é especialmente heroico, mas baseamos as decisões de como investir recursos físicos e mentais com referência a uma "base social" – nossa proximidade percebida de relacionamentos sociais confiáveis. Confrontados com uma tarefa, fazemos uma rápida varredura mental para determinar se podemos acessar recursos sociais úteis. Se assim o for, temos um aumento de desempenho. Nossos cérebros interpretam a presença de um aliado[6] como um par extra de mãos e um conjunto de lóbulos para ajudar a carregar o fardo ao enfrentar desafios mentais, físicos e sociais. Ufa, podemos relaxar um pouco! Nossos aliados são codificados como parte do "eu" em nosso cérebro. Presumimos que nossos amigos arcarão com parte do fardo, orientando nosso cérebro a reduzir e conservar a energia metabólica. Nós literalmente, não metaforicamente, tomamos emprestados os recursos de aliados próximos e confiáveis como se fossem nossos.[7]

Assim como escalar uma colina[8] ou confrontar alguém que o ameaça fisicamente, desafiar o sistema e tentar persuadir as pessoas a aceitar uma nova ideia suga uma tonelada de energia mental. Com aliados confiáveis ao nosso lado, aliviamos um pouco da pressão na preparação para desafiar o *status quo*. Um de nossos amigos nos lembrará da importância de, na sala, iniciar a conversa com pontos que os outros possam concordar. Alguém nos oferecerá um sorriso reconfortante ou um aceno de encorajamento enquanto estivermos conversando. Outro alguém nos ajudará a combater uma objeção imprevista levantada por um cético. Com aliados, não precisamos nos lembrar de tudo. Não precisamos dizer tudo certo. Não precisamos ser pau para toda obra.[9] A questão para os aspirantes a rebeldes, então, é qual a melhor forma de buscar e reter aliados com maior probabilidade de nos ajudar. A ciência nos aponta três princípios básicos.

> ### A GRANDE IDEIA
> Você não precisa mudar o mundo sozinho. Recrute aliados confiáveis para apoiá-lo nos tempos difíceis.

PRINCÍPIO 1: APROVEITE O SEU CAPITAL SOCIAL

Se você é um rebelde em busca de aliados, precisa ter discernimento sobre quem selecionar, embora de uma maneira contraintuitiva. Você pode presumir que, como desconhecido, é vantajoso procurar pessoas com base em quanta influência, poder, riqueza ou acesso a informações privilegiadas elas têm. Sim, os ricos e poderosos podem ser amigos muito bons de se ter. Se você for elaborar um plano para conquistar a maioria sobre suas crenças, é mais agradável fazê-lo em um iate de 61 metros, equipado com jacuzzi e ancorado nas ilhas Galápagos (não que eu saiba por experiência própria). Mas a ciência sugere que é melhor procurar aliados que aprimorem suas capacidades intelectuais ou emocionais.[10] Se você conhece uma pessoa que contribuirá com discernimento e sabedoria, aumentará sua capacidade de fazer perguntas melhores, ajudará você a resolver problemas ou expandirá seu senso de identidade, então ela é uma ótima candidata para recrutar como aliada,[11] independentemente de quanto dinheiro ou poder tenha. Se você estiver se rebelando contra o *status quo*, é essencial expandir o seu ser cultivando relacionamentos próximos com outras pessoas. Livros de autoaperfeiçoamento com embasamento são excelentes para o crescimento pessoal.[12] O mesmo vale para documentários (especialmente *O Impostor*,[13] *Spellbound*[14] e *Procurando Sugar Man*).[15] Mas a maneira mais rápida e eficaz de expandir e fortalecer quem você é é por meio dos relacionamentos.[16]

Tal conselho, por sua vez, significa que os rebeldes devem procurar pessoas que sejam *diferentes* deles para se tornarem aliados confiáveis. Se alguém come os mesmos alimentos, lê os mesmos livros, ouve a mesma música e circula no mesmo grupo social que você, provavelmente pensará igual. Você se sentirá validado, mas não aprimorará suas capacidades. Sabe aquele velho slogan "grandes mentes pensam da mesma forma"? Não, não pensam. Grandes mentes (em alianças) pensam diferente.

A GRANDE IDEIA

Procure pessoas que complementem você. Parceiros interessantes, desafiadores e uma fonte de iluminação. Você quer pessoas que o surpreendam – no bom sentido – por causa de sua capacidade de apresentar a você novas ideias e perspectivas.

Além disso, procure aliados que possam expandir seu alcance emocional. A dra. Elaine Cheung avançou o conceito de "emoções",[17] ou a presença de pessoas específicas que o ajudam a administrar emoções particulares. Quanto mais aliados você confiar que podem ajudar a lidar com diferentes necessidades emocionais, maior será sua satisfação com a vida e, potencialmente, sua eficácia como rebelde. Nessas mesmas linhas, procure aliados que possam servir como o que o dr. Kim Cameron, da Universidade de Michigan, chama de "energizadores positivos inquestionáveis".[18] Algumas pessoas abastecem você depois de passar um tempo com elas. Outras consomem sua energia a ponto de você querer se encolher e evitar a espécie humana (enquanto toma grandes quantidades de uísque). Você quer os energizadores ao seu lado enquanto enfrenta figuras de autoridade famintas de poder, não uma Debbie Downer [personagem do programa humorístico *Saturday Night Live*, sinônimo de uma pessoa negativa e pessimista]. Os energizadores positivos inquestionáveis mostram interesse e constroem relacionamentos com você, cumprem compromissos, estão atentos a novas possibilidades e são curiosos diante de divergências. Eles encorajam você a experimentar, correr riscos e inovar. Energizadores positivos inquestionáveis são a Red Bull para o crescimento pessoal – o seu.

O TESTE DAS EMOÇÕES

Você tem pessoas em sua vida para ajudar a regular emoções importantes que você possa sentir? Quem em sua rede social irá de forma confiável:

- Animá-lo?
- Aumentar seu suprimento de energia?
- Acalmar seus nervos até que se sinta tranquilo?
- Trazer à tona o seu lado brincalhão?
- Solidarizar-se com você durante os dias tristes?
- Lutar contra a opressão ao seu lado?
- Fazer você rir?
- Acompanhá-lo em profundas trocas intelectuais?

Com sorte, você conhece pessoas que podem apoiá-lo em cada uma dessas maneiras. Enquanto você sozinho pode iniciar uma rebelião, um grupo diversificado de amigos com habilidades e tendências emocionais específicas pode ajudá-lo a se tornar muito mais eficaz.

SEUS AMIGOS SÃO ENERGIZADORES POSITIVOS INQUESTIONÁVEIS?

Eles estão mental e fisicamente envolvidos quando socializam?
Energizadores não apenas passam a ideia de estar engajados como também mostram interesse genuíno em outras pessoas e no que lhes interessa.

Eles priorizam o desenvolvimento do relacionamento?
Os energizadores se preocupam com as pessoas e não as tratam como um meio para alcançar um fim.

Eles cumprem com os seus compromissos?
Não há melhor maneira de desmotivar alguém do que prometer algo e não cumprir. Energizadores não sonhariam em fazer isso.

Eles buscam possibilidades? Ou apenas identificam restrições?
Energizadores não são críticos perpétuos que não dão a mínima para a sua ideia brilhante. São pessoas do tipo "bora?".

Quando surge algum desacordo, eles mostram curiosidade? Ou ficam na defensiva?
Energizadores não precisam vencer todas as discussões. Eles reconhecem que *talvez não saibam tudo*. E, quando mantêm suas defesas, não antagonizam seus oponentes.

Eles usam seus conhecimentos e suas habilidades adequadamente?
Em vez de correr para encontrar uma solução ou dominar uma conversa para demonstrar seu intelecto, os energizadores se contentam em deixar as ideias se revelarem por meio da colaboração.

Eles adotam uma abordagem "tamanho único"? Ou individualizam?
Em vez de exigir que os outros aceitem sua abordagem, os energizadores atraem as pessoas para conversas e projetos, encontrando oportunidades para que contribuam. Em vez de presumir do que alguém precisa em tempos difíceis, eles perguntam se alguém prefere apoio ou uma mão amiga. Eles questionam como podem personalizar uma conversa para pessoas com personalidades e preferências específicas, para que possam explorar o potencial de outras pessoas.

Procurar pessoas que possam nos ajudar a expandir não é fácil. Tentar iniciar um relacionamento, romântico ou não, que ofereça o potencial de autoexpansão é arriscado. No meu primeiro estudo, conduzi um experimento para determinar quando e se as pessoas selecionam parceiros diferentes em vez de semelhantes.[19] Usando um site de namoro falso, meus colegas e eu dividimos os participantes do estudo em dois grupos. Alguns acreditavam estar olhando para perfis de pessoas que compartilhavam os mesmos interesses e valores. Outros achavam estar olhando para pessoas com personalidade e perfil de interesse completamente diferentes. Veja isto: se disséssemos aos participantes que uma pessoa atraente havia gostado do perfil deles e queria conhecê-los, eles preferiam fortemente pessoas diferentes. Se não fornecêssemos informações sobre se uma pessoa atraente gostava deles, eles preferiam fortemente pessoas que fossem como eles. Nós, seres humanos, ansiamos por inclusão ainda mais do que autoexpansão e exploração (vou falar mais sobre isso em breve). Se, ao entrar em um relacionamento, duvidarmos que as pessoas nos aceitam, corremos o risco de deixar de lado as oportunidades de crescimento e nos contentar com alguém semelhante. Se não tivermos tais dúvidas ou se nos sentirmos à vontade com nós mesmos, procuramos um parceiro que nos ajude a aprender e crescer.

A rejeição dói cada vez mais quando julgamos as pessoas que nos desprezam como atraentes e interessantes. E podemos ser mais ou menos socialmente ansiosos por temperamento, levando para o lado pessoal se os outros reagirem de modo negativo aos nossos apelos.[20] A ansiedade social é perfeitamente normal, em especial durante as fases iniciais de formação de relacionamentos. Se você é um rebelde em busca de aliados, espere para ver se seus medos de rejeição se dissipam antes de abordar um aliado em potencial desejável. Ou crie coragem e faça sua abordagem apesar de seus medos. Não pense demais – apenas faça. (Vou oferecer mais ideias sobre como você pode lidar com a ansiedade no próximo capítulo.) Para se preparar, passe alguns minutos lembrando a si mesmo por que a autoexpansão o beneficiará.

Pesquisas mostram que contemplar o valor das oportunidades de crescimento oferece um impulso motivacional,[21] mesmo durante as interações iniciais e incertas com estranhos. Alianças úteis começam com a disposição de engolir seu orgulho, correr riscos e abordar as pessoas certas para participar de sua missão.

ESQUEÇA O ESNOBISMO – BUSQUE O CRESCIMENTO!

Ao contrário das pessoas orientadas para o status, aquelas que se orientam para o crescimento veem as interações sociais com desconhecidos como um desafio emocionante e uma oportunidade para ampliar seus horizontes. Fique atento às oportunidades de aprender com pessoas que têm histórias diferentes das suas e que adquiriram um corpo de conhecimento diferente. Cada vez que você ganha exposição a uma nova pessoa ou ideia, pode se desenvolver e se expandir como pessoa. Você tem uma escolha. Em vez de tentar desesperadamente impressionar todos com sua inteligência e sabedoria, procure intencionalmente maneiras de expandir e crescer. Você se tornará mais forte e sábio. As pessoas vão achar você muito mais simpático e atraente.[22]

PRINCÍPIO 2: PERSEVEREM JUNTOS EM TEMPOS DIFÍCEIS

Depois de identificar aliados em potencial, você precisa construir relacionamentos fortes e significativos com eles. A melhor maneira é enfrentar desafios dolorosos juntos. Os médicos Michael Argyle e Monika Henderson vasculharam estudos científicos sobre relacionamentos interpessoais para refinar seis características fundamentais da amizade.[23] Bons amigos (1) estão presentes quando seus parceiros precisam de apoio emocional; (2) fornecem ajuda voluntária em momentos de necessidade; (3) defendem os parceiros na sua ausência; (4) confiam em seus parceiros; (5) se esforçam para fazer os parceiros felizes em sua presença; e (6) compartilham triunfos e sucessos. Quebre essas regras e veja as amizades se desintegrarem. Mas observe que as primeiras quatro não têm a ver com felicidade, mas sim com parar de julgar, compaixão e estar disponível quando alguém está em dor – habilidades úteis quando você encontra desafios compartilhados juntos. As duas últimas também dizem respeito ao enfrentamento de desafios compartilhados. Quando você está sob tensão, é bom ter alguém por perto que se preocupe com sua felicidade. Depois de derrotar os adversários, também é bom ter alguém com quem compartilhar a glória.

Pesquisas adicionais descobriram que os animais sociais são programados para se conectar pela dor.[24] Se estamos em uma amizade, sua dor é minha. As mesmas regiões do cérebro se acendem quando nós e nossos amigos sentem dor. Compartilhar esse sentimento serve como estratégia para aproximar as pessoas, que, em sua maioria, pensam que primeiro devemos estabelecer a confiança com os outros e só então expor nossas falhas, inseguranças, defeitos e dor percebidos. Essa linha de raciocínio, na verdade, deveria ser inversa. Os médicos Patrick McKnight, Simone McKnight, Lisa Alexander e eu descobrimos que a confiança surge quando *compartilhamos* a adversidade com os outros.[25] Quando nos sentimos incertos sobre se atingiremos uma meta que é importante para nós e achamos que devemos confiar em alguém, passamos a confiar nos outros. Vulnerabilidade em primeiro lugar, confiança em segundo.

A dor oferece um atalho para formar relacionamentos mutuamente benéficos, acelerando o estabelecimento da intimidade. Em um estudo, os pesquisadores descobriram que desconhecidos que enfrentavam uma série de tarefas dolorosas juntos sentiam uma conexão maior uns com os outros do que aqueles que colaboravam em tarefas indolores. Os camaradas com dor também tendiam a cooperar mais uns com os outros.[26] Outros experimentos descobriram que os membros de grupos que suportavam atividades dolorosas tendiam a fazer mais contato visual e ajudar, encorajar e confortar uns aos outros mais do que membros de grupos que não suportaram a dor juntos.[27] Vemos essas dinâmicas se desenrolando fora do laboratório o tempo todo. Homens e mulheres que passam por treinamentos superintensos da Marinha Americana, com 24 semanas de duração, treinamento Básico de Demolição Subaquática/SEAL (ou BUD/S) criam laços tão intensos que aparecem décadas depois para casamentos, nascimentos e funerais. Da mesma forma, empresas com programas de desenvolvimento de liderança carregados de emoção acabam facilitando, mesmo sem querer, amizades de longo prazo.[28]

> ## A GRANDE IDEIA
> Se você deseja angariar aliados para sua causa, não hesite em enfrentar desafios difíceis e compartilhar momentos dolorosos juntos. Na medida do possível, entre de cabeça em momentos de adversidade compartilhada. Não é fácil se tornar vulnerável diante dos outros, mas isso nos deixa mais conectados e corajosos.

Como o filósofo Alain de Botton escreveu:

> É profundamente comovente que devemos gastar tanto esforço tentando parecer fortes diante do mundo quando, o tempo todo, é realmente apenas a revelação dos nossos pedaços um tanto embaraçosos, tristes, melancólicos e ansiosos que nos torna cativantes para os outros e transforma estranhos em amigos.[29]

PRINCÍPIO 3: EQUILÍBRIO DE CONFORMIDADE E SINGULARIDADE

Buscar um único aliado é uma coisa. Construir uma equipe inteira é um empreendimento muito mais audacioso. Como você pode integrar os membros da equipe para que todos se sintam encorajados a contribuir?

A psicóloga social dra. Marilynn Brewer argumenta que as pessoas se definem por quem são, bem como por sua participação em grupos sociais. Quando nos definimos como parte de um grupo social, buscamos satisfazer duas necessidades psicológicas conflitantes[30] que surgem. Em primeiro lugar, devemos sentir que nos encaixamos e pertencemos a ele. Em segundo lugar, queremos sentir que não somos cópias idênticas descartáveis de outros membros do grupo. Queremos saber que dispomos de um conjunto distinto de experiências de vida, uma personalidade diferenciada. Queremos ser nós mesmos, contribuindo com nossas perspectivas, experiências e pontos fortes únicos. Por melhor que seja sentir um sentimento de camaradagem, jamais devemos perder de vista quem somos, o que pensamos e com o que nos importamos em um grupo.

Se você procura motivar uma equipe de aliados a romper com o *status quo*, ajude-os como indivíduos a equilibrar essas necessidades concorrentes. Por um lado, ajude-os a sentir incluídos. Assegure-lhes que é comum se preocupar se eles se encaixam ou se a posição deles no grupo é segura (muitas pessoas escondem e disfarçam as suas inseguranças). Você pode até apresentar alguns fatos: 34% dos norte-americanos estão um tanto ou muito insatisfeitos com sua vida social.[31] Dois em cada cinco dizem que não têm amigos próximos.[32] Em uma pesquisa com 20.096 adultos com 18 anos ou mais,[33] mais da metade dos participantes dos Estados Unidos disse que ninguém os conhece bem e realmente os entende! Quando os pesquisadores perguntaram a 148.045 adolescentes de 52 países com que frequência eles se sentiam sozinhos,[34] 10% disseram que se sentiam assim na maior parte do tempo ou sempre durante o ano anterior. Confirmaram que, quando eles se preocupam em se encaixar, eles não são pontos fora da curva. À medida que isso se aprofunda, podem resolver o dilema de pertencer a um grupo enquanto conseguem ser eles mesmos.

Uma maneira segura de fornecer um sentimento de pertencimento é conectar-se com os membros do grupo em torno de pontos em comum. Procure experiências de seu passado e de seus aliados que possam criar uma sensação imediata de conexão. Crie conexão fazendo perguntas sobre o passado que geram intimidade, tais como: "O que você costumava fazer com seus melhores amigos na infância?"; "Quais eram seus interesses e paixões quando criança?"; "Quais foram os momentos marcantes em que você foi elogiado ou repreendido quando criança?"; "Se você pudesse reviver um momento, qual seria e por quê?". As semelhanças atuais também podem dar origem a um sentimento compartilhado de pertencimento. Faça perguntas como: "O que a amizade significa para você?"; "Se soubesse que em um ano morreria de maneira repentina, o que você manteria igual e o que mudaria na sua forma de viver?"; "Qual é o seu maior fracasso que se transformou em algo valioso?". E não se esqueça das perguntas sobre o futuro:[35] "O que você faria se ganhasse na loteria?" e "O que você sonha em fazer há muito tempo? Por que não fez isso?".

Essas perguntas desencadeiam conversas que introduzem um terreno comum e um sentimento de pertencimento. O objetivo aqui não é se revezar hipnotizando uns aos outros com histórias intrigantes. Em vez disso, o objetivo é fornecer clareza de que vocês dois pertencem à mesma tribo (e, de alguma forma, compartilham semelhanças significativas). Para melhorar ainda mais o seu jogo, trace livremente as seguintes dicas de pertencimento.

DEZOITO SUGESTÕES PARA OFERECER UMA RÁPIDA SENSAÇÃO DE PERTENCIMENTO A ALGUÉM

1. Trate as pessoas melhor do que elas esperam.
2. Seja um ouvinte excepcional interrompendo com comentários curiosos,[36] como: e o que mais? Por que você acha que isso aconteceu? O que você teria feito diferente?
3. Depois de fazer uma pergunta, ouça efetivamente a resposta.
4. Traga uma energia entusiasmada para uma conversa.
5. Em vez de perguntar como você pode ajudar, apenas faça.
6. Sorria ou dê risada quando alguém tenta ser engraçado.
7. Faça um grande esforço para guardar o seu celular antes de travar uma conversa.

8. Ignore mensagens de texto e chamadas telefônicas quando estiver com alguém.
9. Ao falar, evite virar a cabeça quando outras pessoas passarem.
10. Invente um momento para ser bobo com as pessoas (mesmo que seja apenas um efeito sonoro).
11. Destaque as coisas que você gosta na pessoa com quem você está.
12. Detalhe as coisas que a outra pessoa fez e que você gostou.
13. Se você pensou em alguém ao fazer algo agradável ou significativo, conte a essa mesma pessoa depois.
14. Compartilhe conhecimento que você acha que ela estaria interessada.
15. Não conte piadas à custa de ninguém.
16. Tenha a mente aberta quando ela compartilha algo estranho ou incomum sobre si.
17. Revele percepções convincentes, como o que você deseja, inveja, lamenta ou sonha.
18. Expresse os sentimentos positivos que a pessoa trouxe agora e depois.

Em meio ao jorro de inclusão e pertencimento, não se esqueça de ajudar outros aliados a satisfazer as necessidades de exclusividade. Ajude os membros do grupo a se sentirem à vontade para se desviar do grupo, dando-lhes acolhimento explícito para fazê-lo. Afirme o valor de se desviarem nos grupos. Lembre-os de que os dissidentes protegem o grupo de fazer planos mal concebidos e que eles melhoram o desempenho do grupo introduzindo soluções únicas e novas ideias. Não ofereça apenas um tapete de boas-vindas aos dissidentes. Ao investigar ativamente o valor único que cada membro traz para o grupo, você normalizará o poder da dissidência. Construa na cultura um conjunto de perguntas genuínas para cada membro do grupo: no que você acredita, o que lê e pensa que difere da maioria das pessoas? Como seus pontos de vista, filosofias e valores diferem de outras pessoas do mesmo sexo, raça, idade e partido político?

Perguntar às pessoas que contemplem como elas diferem do restante do grupo as leva a sair e fazer suas próprias coisas.[37] Outra estratégia é encorajar pequenos, mas perceptíveis, gestos de desvio.[38]

Pense nos CEOs do Vale do Silício indo a uma audiência do Senado vestindo jeans e um moletom em vez de terno e gravata. Pense na professora da Harvard Business School que leciona com uma roupa cara e bem alinhada, mas com um único toque de ousadia: tênis All-Star vermelhos.[39] Incentive a expressão pública de preferências pessoais incomuns por música, livros e podcasts. Incuta uma cultura na qual as pessoas regularmente busquem a diversidade de pensamento como parte integrante da tomada de decisões.

> ## A GRANDE IDEIA
>
> Para unir um grupo de aliados, vale a pena considerar as necessidades psicológicas dos indivíduos. Ao ajudar as pessoas a desenvolver um sentimento de pertencimento e sua própria singularidade, podemos ajudá-las a florescer e, assim, sustentar seu interesse em contribuir como aliadas. Manter esse equilíbrio não é um esforço único. Você precisa continuar, prestando atenção às mudanças no comportamento individual, nas normas e no sucesso ou fracasso do grupo.

VÁ AONDE NINGUÉM FOI ANTES

Os leitores grisalhos deste livro talvez se lembrem daquele momento crucial na história da televisão, quando o arrojado Capitão Kirk e a bela Tenente Uhura, da *Starship Enterprise*, se beijaram na tela. O ano era 1968, a série *Star Trek*. Os atores envolvidos – o branco William Shatner e a negra Nichelle Nichols – cruzaram a segregação racial, indo corajosamente aonde nenhum programa de televisão havia chegado antes. Hoje, a maioria das pessoas não acharia estranho um beijo interracial. Mas naquela época, com os incêndios da era dos direitos civis queimando, era extremamente provocativo. Apenas um ano antes, a Suprema Corte havia se pronunciado contra dezesseis estados do sul em um caso que questionava a legalidade dos casamentos interraciais. O potencial para uma reação contra a série era real, especialmente no sul dos Estados Unidos.

Como os dois atores reuniram coragem para seguir em frente com o beijo? Vários amigos de Shatner o encorajaram. Gene Roddenberry, criador e produtor de *Star Trek*, também ficou entusiasmado com o beijo. Como uma atriz menos estabelecida e uma mulher negra, Nichols tinha mais a perder. No entanto, nada menos que a figura de Martin Luther King Jr. aconselhou-a a ficar no programa e dar uns amassos no Capitão Kirk (quem pode resistir a um cara em um uniforme apertado e futurista?). Aqui, com algum pormenor, é como ela se lembrou da conversa:

> Ele disse: "Você não pode sair. Você entende? Foi uma ordenação celestial [...] Você mudou a cara da televisão para sempre porque esse não é um papel negro, não é um papel feminino, qualquer um pode preencher esse papel. Pode ser preenchido por uma mulher de qualquer cor, um homem de qualquer cor. Pode ser preenchido por outro Klingon ou alienígena [...] Esse é um papel único e um momento exclusivo no tempo que exala a vida daquilo pelo que estamos marchando: igualdade. Além disso, você é a quarta pessoa no comando", e acho que ninguém me disse isso, sabe [...]
>
> "Além disso, Nichelle, você não tem ideia do poder da televisão. Esse homem nos mostrou no século 23 o que começou agora, esse homem criou uma realidade e, como é no século 23 e você é a chefe de comunicações, quarta no comando de uma nave estelar em uma missão de cinco anos se dirigindo para onde nenhum homem ou mulher foi antes, significa que o que estamos fazendo hoje é apenas o começo para onde estamos indo e o quão longe estamos chegando. Você não pode sair. Além disso, *Star Trek* é a única série que minha esposa, Coretta, e eu permitimos que nossos filhinhos fiquem acordados até tarde para assistirem, e Nichelle, não posso voltar e contar isso a eles, porque você é a heroína deles.[40]

Interromper o *status quo* drena uma grande quantidade de energia psíquica, para não mencionar outros recursos. É muito mais fácil quando temos amigos ao nosso lado, nos incentivando, nos apoiando, ouvindo nossos medos e nossas preocupações, compartilhando nossa dor. Não apenas alcançamos mais como também nos sentimos mais felizes e mais realizados por causa desses relacionamentos. Ainda assim, por mais importantes que os amigos sejam para os insubordinados de princípios, eles só nos levam até certo ponto. Os rebeldes também precisam *se* manter no jogo. Como você administra sua própria psicologia sabendo que enfrenta um caminho longo, árduo e incerto pela frente? Você desenvolve uma boa resiliência à moda antiga, usando técnicas poderosas reveladas pela ciência.

MODO DE FAZER

1. *Consiga alguns aliados para ajudá-lo.* Com pessoas ao seu lado que complementam suas habilidades, pontos fortes e pontos de vista, você pode aprimorar suas capacidades e aliviar parte do esforço ao desafiar o *status quo*.

2. *Construa confiança com seus aliados, tornando-se vulnerável.* A confiança surge quando *compartilhamos* a adversidade com os outros. Se você deseja angariar aliados para sua causa, enfrente desafios difíceis e compartilhe momentos dolorosos juntos. A dor compartilhada serve como cola social.

3. *Ao criar alianças, atenda às necessidades psicológicas duais e opostas dos indivíduos em grupos.* Ajude as pessoas a se sentirem seguras de que pertencem ao grupo e também são valorizadas por expressarem sua singularidade. Esclareça que desviar para tornar o grupo melhor (não conformidade) é o que caracteriza um membro ideal. Atenda regularmente a essas duas necessidades psicológicas e você despertará a motivação das pessoas para expressar contribuições únicas.

CAPÍTULO 6

CONSTRUA SUA FORTALEZA MENTAL

Como lidar com as emoções negativas e as dores da rejeição ao se rebelar

Falamos sobre como é difícil se rebelar, mas, se você quer ter uma noção da força psicológica necessária, faria bem conversar com Martha Goddard. Na década de 1970, muitos policiais não tinham ideia de como reagir quando um sobrevivente de estupro se apresentava para denunciar um crime. Em vez de fornecer aos sobreviventes um refúgio seguro, a polícia os dispensava e tratava as evidências físicas de forma tão descuidada que comprometia os casos criminais. No decorrer das investigações, os policiais cortavam as camisetas dos sobreviventes com tesouras, contaminando as provas. Os investigadores destruíam acidentalmente amostras úteis de DNA de cabelo, suor e sêmen. Depois de fazer uma mulher tirar a camiseta e a calcinha, a polícia deu a ela um vestido de saco de papel para usar no caminho para casa em uma viatura – transmitindo o incidente para espectadores no bairro da sobrevivente. As salas de emergência dos hospitais não eram muito melhores, tratando as sobreviventes com frieza. A situação era tão ruim que muitas mulheres aconselhavam as amigas a não se darem ao trabalho de visitar uma delegacia de polícia ou hospital depois de terem sido estupradas, porque isso só causaria mais trauma.

Como trabalhadora da linha de frente ajudando adolescentes sem--teto, Goddard ouviu histórias comoventes sobre os maus-tratos de sobreviventes de estupro em ambientes legais e médicos. Então ela fez algo. Como o psicólogo clínico dr. Dean Kilpatrick, um defensor das vítimas de estupro na época, me disse, Goddard, em 1976, "trabalhou com policiais, promotores e peritos médicos para desenvolver um kit padronizado de estupro,[1] projetado para coletar evidências de maneira padronizada, com atenção às necessidades das vítimas de estupro". Um pente para recolher o cabelo solto. Cortadores de unhas para remover substâncias incrustadas sob as unhas. *Swabs* para coleta de fluidos estranhos em orifícios. Tubos de plástico para amostras de sangue. Muitas sacolas e envelopes plásticos para guardar detalhes recuperados de corpos e roupas. A vantagem de um kit de estupro é que "todos os materiais necessários para a coleta de provas estão [à mão] antes de iniciar o exame [...] os conteúdos do kit funcionam como um alerta para praticantes inexperientes".[2] Como observou um artigo do *The New York Times* de 1978, os kits eram "uma nova arma poderosa na condenação de estupradores em Illinois".[3]

Poderoso, mas não foi bem recebido por todos. Os homens encarregados deram de ombros. Quem era ela para dizer como *eles* deveriam trabalhar? Para convencer a polícia e os profissionais de saúde a adotarem os kits de estupro, Goddard trabalhou sete dias por semana visitando delegacias de polícia e hospitais. Goddard tentou arrecadar dinheiro para espalhar ainda mais a notícia e defender as sobreviventes, mas ninguém em Chicago abriu suas carteiras. Isto é, exceto pela última pessoa que você esperaria: o fundador da *Playboy*, Hugh Hefner. Diga o que quiser sobre o Hef, mas ele desembolsou mais de US$ 10 mil por meio da Playboy Foundation, o braço sem fins lucrativos de sua empresa. Ele abriu seu escritório, permitindo que lá os voluntários recrutados por Goddard criassem uma linha de montagem de kits de estupro. Considerando Hefner como um inimigo, as feministas ficaram indignadas. "Recebi muitas críticas do movimento das mulheres, mas paciência", disse Goddard. "Cara, fui muito atacada por causa disso. Mas tenho que dizer a você que, se tivesse sido a *Penthouse* ou a *Hustler*, não. Mas *Playboy*?[4] Por favor, dá um tempo."

Com o tempo, a busca implacável de Goddard por justiça para mulheres sobreviventes de abuso sexual valeu a pena. Cerca de duas dúzias de hospitais da área de Chicago estavam usando kits de estupro no final de 1978. Em 1980, profissionais de saúde os usavam em milhares de hospitais em todo o país. Um pacote completo para preservar o DNA que oficiais,[5] detetives, profissionais médicos e promotores poderiam usar para produzir um banco de dados que cruzasse indivíduos presos por atividade criminosa com evidências de kit de estupro. "Marty Goddard foi uma verdadeira pioneira no movimento antiestupro", disse Dean Kilpatrick, pois "o exame de estupro passou de algo que muitas mulheres descreveram como quase tão ruim quanto o próprio estupro para algo que tratava as mulheres com humanidade e reunia as provas necessárias para identificar suspeitos e apoiar um processo criminal".[6] Resumindo o impacto do trabalho de Goddard, ele observou: "Marty merece um crédito incrível por ter a coragem, firmeza e persistência para fazer algo muito importante acontecer diante de muita oposição".

Continua extremamente difícil processar casos de estupro nos Estados Unidos, com menos de um quarto das sobreviventes dando queixa.[7] Mas, se Goddard não tivesse continuado o seu trabalho, lutando o bom combate ano após ano, visitando todas aquelas delegacias de polícia e hospitais e batendo na porta de Hugh Hefner, as sobreviventes de estupro receberiam menos justiça do que recebem hoje. Tenha em mente que Goddard vivia em uma época em que termos como "estupro em um relacionamento" e "estupro conjugal" ainda não existiam, e os comportamentos que elas descreviam não eram criminalizados. Foi uma época em que policiais, promotores e até juízes defendiam o estupro argumentando que "há muitos homens sexualmente frustrados que não têm uma maneira não violenta de satisfazer seus desejos sexuais" e "as mulheres que são estupradas se vestem ou se comportam de maneira sedutora".[8] De certo modo, Goddard conseguiu perseverar nesse ambiente insensível, lutando o bom combate mesmo quando se sentiu tentada a desistir ou a reduzir seus esforços. Como pessoas como ela fazem isso? Como *você* pode permanecer no jogo em longo prazo como um rebelde, assumindo riscos ousados e perseverando diante do sofrimento emocional causado por perseguição, ostracismo, solidão e contratempos?

Praticamente todas as intervenções de saúde mental desenvolvidas nas últimas décadas partem do pressuposto de que a melhor maneira de responder ao sofrimento é minimizá-lo. Se você é um rebelde que luta contra a adversidade, vai a um terapeuta ou realiza alguma outra intervenção na esperança de obter algum tipo de alívio que lhe permita funcionar melhor. Mais recentemente, psicólogos argumentaram que tentar reduzir o sofrimento pode causar *mais* sofrimento.[9] Como eles apontam, a angústia é uma experiência humana e não inerentemente ruim. O que é ruim é evitar e não querer experimentar angústia. Quando nos preocupamos com um prazo iminente, procrastinamos e percorremos as mídias sociais. Quando estamos tristes ou solitários, nos confortamos comendo demais. Quando dominados por pontadas de arrependimento, passamos horas refletindo sobre o que poderia ter sido, deixando de viver no momento presente. Muitas vezes, nossas estratégias para lidar com a angústia, embora possivelmente eficazes no momento, nos distanciam ainda mais da vida que queremos, causando-nos mais angústia ao longo do tempo.

Como você pode aprender a suportar a angústia para que ela não o arraste para baixo? Uma solução poderosa é cultivar o que os cientistas chamam de "flexibilidade psicológica".[10] Quando as coisas ruins acontecem, a pessoa psicologicamente flexível não enlouquece a ponto de entrar em colapso. Em vez disso, ela toma medidas para se recuperar depressa e progredir mais uma vez. Ela se afasta prontamente de gerenciar a dor que sente para se dirigir de maneira assertiva em direção a seus objetivos. Parece ótimo, você diz, mas como diabos eu faço isso? Que bom que você perguntou.

A GRANDE IDEIA

Para suportar melhor a angústia, cultive a sua nova arma secreta:
a flexibilidade psicológica.

USE O PAINEL

Uma ferramenta poderosa que você pode usar para se tornar mais flexível psicologicamente é – veja que surpreendente – o Painel de

Flexibilidade Psicológica.[11] Tecendo uma série de estratégias baseadas em evidências, o uso do painel é um processo simples de reflexão de quatro etapas que prepara você para lidar efetivamente com a inevitável adversidade que enfrentará como rebelde. Diante de uma situação emocionalmente intensa, você pode usar o Painel para detalhar sua experiência da situação, processar sentimentos avassaladores de angústia, curto-circuitar maneiras inúteis de lidar com esses sentimentos e inspirar-se a agir corajosamente. Ao compreender as dificuldades de curto prazo, você pode voltar ao seu propósito maior e persegui-lo com vigor renovado.

Em forma de resumo, o Painel se parece com isto:

(PASSO 2) "Que pensamentos, sentimentos, memórias e sensações corporais indesejados estou experimentando?"	**(PASSO 1)** "O que e quem é importante para mim?"
← FUGIR DA DOR	**BUSCAR SIGNIFICADO →**
(PASSO 3) "O que estou fazendo para reduzir, evitar ou controlar conteúdo mental indesejado?"	**(PASSO 4)** "O que estou fazendo ou poderia estar fazendo para perseguir meus valores?"

A essência do Painel é o reconhecimento de duas direções básicas para as quais você pode se mover ao lidar com um evento emocionalmente desafiador. Ao ir na direção de Buscar Significado, você se lembra de seu propósito em discordar, desviar ou desafiar o *status quo*. Talvez você esteja buscando mudanças sociais. Talvez você queira ter uma sensação de autonomia ou individualidade. Talvez você esteja procurando inovar. Seja o que for, você está perseguindo objetivos que considera significativos e importantes o suficiente para merecer um sacrifício de curto prazo. Ao mover-se na outra direção para Fugir da Dor, você reconhece a pressão colocada sobre si e o senso de urgência para exercer controle sobre quaisquer pensamentos e sentimentos negativos que apareçam. Cada direção corresponde a duas perguntas a serem feitas e, por sua vez, exercícios para ajudar a melhorar sua capacidade de autorregulação de forma eficaz. Ao aprimorar sua capacidade de pensar nessas questões, você se tornará mais flexível diante das dificuldades. A flexibilidade psicológica fornece as sementes que produzem resiliência. Vamos percorrer os quatro passos um por um.

Passo 1: "O que e quem é importante para mim?"
(Lembre-se do motivo da dissidência)

A clareza sobre sua missão[12] e sua base moral o mantém com os pés no chão, permitindo que absorva um nível mais alto de dor do que se fosse de outro modo. Se você sabe o que está tentando realizar, as críticas duras dos outros não importam tanto e você está mais propenso a seguir seu próprio caminho com confiança (como um estudo fascinante descobriu, pessoas com um maior senso de propósito reagiram menos ao número de "curtidas"recebidas após postar selfies nas redes sociais).[13] É mais fácil defender uma causa se você está certo de sua missão, mesmo quando seu corpo está inquieto por sintomas de ataque de pânico[14] (batimento cardíaco acelerado, tremores, aperto na garganta e assim por diante) ou quando sua mente lhe diz temer ser insultado ou quando há preocupações razoáveis sobre a perda de um emprego. Por outro lado, se você estiver sem rumo ou sem ancoragem em suas ações, desconhecedor de suas crenças centrais, poderá achar mais difícil alavancar seus pontos fortes, habilidades e aliados para atender às demandas de uma situação difícil.

Para ajudar a si mesmo nas dificuldades e inspirar coragem moral, pergunte-se por que você se rebelou em primeiro lugar. Lembre-se das crenças que definem sua bússola moral, as quais o levaram a avançar e discordar. "Comecei a lutar contra o abuso sexual porque estava cansada de ver mulheres, especialmente crianças, passarem por toda aquela dor, muitas vezes sem condenação do culpado", esclareceu Goddard.[15] Ela refletiu sobre seu desejo de justiça, sua crença de que as sobreviventes precisavam de uma voz, seu desejo de viver em um país onde mulheres e homens recebam proteção igual perante a lei. Foi pessoal. "Eu sabia que tinha que revelar que tinha sido abusada sexualmente. Eu estava cansada de isso ser um grande segredo, e ainda estou até hoje. Foi muito doloroso reviver meu passado, mas foi muito benéfico para tantas vítimas de estupro." Fazer de sua própria dor um trampolim para ajudar os outros pode ser pessoalmente curativo e significativo. Ela procurou tornar a sociedade melhor para outras mulheres. Armada com as motivações subjacentes por trás de seu propósito, Goddard podia se fortalecer em momentos difíceis, refletindo sobre o que estava tentando realizar ao assumir o *status quo*.

Pegue uma folha de papel em branco e faça listas do seguinte: (1) as pessoas e coisas que são mais importantes para você; (2) detalhes sobre seu propósito atual na vida (para Goddard, ajudar sobreviventes de estupro a receber tratamento digno e justiça); e (3) os valores centrais que fundamentam seu propósito. Dedique um tempo e reflita de verdade sobre essas listas. Anote o máximo que puder. Mantenha suas respostas por perto como um talismã para lembrá-lo do que descobriu. Uma frase ou lembrete na sua carteira ou no papel de parede do seu celular pode funcionar — algo que mostre por que a insubordinação de princípios vale a pena. Os exercícios a seguir[16] estimularão seu raciocínio e o ajudarão a preencher as três listas.

ESCLARECENDO O QUE E QUEM É IMPORTANTE

1. Quem são as pessoas que você mais gostaria de agradecer? Pense bem em como elas o ajudaram, como serviram de modelo e quais partes de sua identidade elas reforçaram.
2. Quem é a pessoa mais sábia que você conhece? Pense muito sobre quem você admira e procura imitar.
3. Qual você acha que é o seu principal objetivo na vida?
4. O que o faz forte? Pense no conjunto de capacidades que, juntas, permitem que você obtenha excelentes resultados regularmente, quais sejam: trabalhar, socializar, jogar ou viver. Todo mundo tem um perfil de pontos fortes. Conheça o seu. Aproprie-se dele.
5. Se com um aceno de uma varinha mágica todas as suas inseguranças desaparecessem, o que você faria diferente?

6. Se você tivesse dinheiro ilimitado, o que faria diferente?
7. Imagine que você poderia conseguir qualquer coisa – o que seria e por quê?
8. Pelo que você quer ser lembrado no fim de sua vida?

TROCA DE VALORES CONFLITANTES PARA CONHECER A SI MESMO[17]

1. Qual destes seria mais difícil para você aceitar?
   _____ a morte de um dos seus pais?
   _____ a morte de um irmão?
   _____ a morte de um cônjuge?
2. Do que você preferiria abrir mão se precisasse?
   _____ liberdade econômica
   _____ liberdade religiosa
   _____ liberdade política
3. O que você menos gostaria de ser?
   _____ um atirador disparando à queima-roupa no inimigo que ataca
   _____ um bombardeador em um avião lançando uma bomba de napalm em uma vila inimiga
   _____ rotulado publicamente de covarde por sua própria comunidade
4. O que você menos gostaria de ser?
   _____ pobre
   _____ doente
   _____ desfigurado
5. O que você prefere?
   _____ uma vida curta e impactante com uma morte pacífica
   _____ uma vida longa e sem impacto com uma morte pacífica
   _____ uma vida longa e impactante com uma morte lenta e dolorosa
6. Qual seria a maneira mais dolorosa de passar o resto de seus dias?
   _____ ser incapaz de se lembrar de algo
   _____ ser incapaz de se esquecer de coisa alguma
   _____ reviver apenas uma única memória repetidamente

7. Que tipo de parceiro romântico mais o incomodaria?

_____ aquele que gasta frivolamente

_____ aquele que interrompe constantemente

_____ aquele que é muito bagunceiro

8. Como você aprende melhor?

_____ leitura e estudo independentes

_____ palestras

_____ discussões com outros

9. O que é mais importante em uma amizade?

_____ honestidade

_____ generosidade

_____ lealdade

10. Como você mais gostaria de passar um sábado?

_____ sozinho em uma atividade pela qual você é apaixonado

_____ com pessoas que você ama, fazendo algo de que você não gosta

_____ com conhecidos, fazendo algo novo e divertido

11. O que você mais respeita nos outros?

_____ inteligência

_____ gentileza

_____ humor

12. Se não houvesse efeitos negativos, de qual das seguintes atividades você abriria mão?

_____ comer

_____ dormir

_____ fazer exercícios físicos

13. De qual das seguintes situações você menos gosta?

_____ estar confinado a um único quarto pelo resto de sua vida

_____ nunca ser tolerado dentro de casa pelo resto de sua vida

_____ ir a qualquer lugar que você escolher, mas só ter permissão para visitar seus entes queridos durante seis meses por ano

Passo 2: "Que pensamentos, sentimentos, memórias e sensações corporais indesejados estou experimentando?"

(Entre em contato com seu desconforto)

Agora que você verificou suas motivações para discordar, desafie-se a registrar as emoções desagradáveis ou negativas experimentadas. Conscientize-se do motivo *por que* você se beneficiará da fortaleza mental. Se você é Martha Goddard recebendo mensagens iradas de feministas chateadas com sua afiliação com Hugh Hefner, provavelmente está sentindo uma gama de emoções: choque, preocupação, medo, culpa, frustração, indignação, dúvida, desesperança, decepção. Sua mente pode mergulhar em um turbilhão de pensamentos autodestrutivos sobre você mesmo, sua personalidade, a qualidade de seus relacionamentos com os outros, suas perspectivas futuras e assim por diante. Fisicamente, você pode sentir os sinais e sintomas de angústia – boca seca, coração acelerado, falta de ar, sudorese na palma das mãos. Por mais doloroso que tudo isso possa ser, mapeie as dimensões de sua experiência o mais completamente possível. Como muitos descobrem, fazer isso pode parecer estranhamente libertador. A tortura mental que você infligiu a si mesmo virá à tona. Quando isso acontece, suas técnicas de tortura perdem um pouco de sua potência. Por outro lado, quando não reconhecemos a angústia que surge ao desafiar o pensamento convencional, nos tornamos mais fracos e menos eficazes.[18]

Quanto mais específico você puder ser ao descrever sua experiência de adversidade, melhor. Como minha pesquisa mostrou, é difícil identificar e rotular a miríade de emoções experimentadas regularmente, mas a habilidade na "rotulagem de emoções"[19] pode ser extremamente útil. Em um estudo, meus colegas e eu pedimos aos participantes que relatassem situações difíceis ou marcantes que viveram no dia a dia, usando um computador portátil. Aqueles que conseguiram identificar as emoções que sentiam beberam 40% menos álcool em situações de estresse, comparados aos participantes que não o fizeram.[20] Em outros estudos, descobrimos que as pessoas que foram emocionalmente feridas por outras pessoas e que eram melhores em distinguir seus sentimentos negativos tinham 20% (em um estudo) e

50% (em um segundo estudo) menos propensão a retaliar com agressão verbal ou física.[21] Em outra pesquisa, pessoas aptas em descrever seus sentimentos ao longo de duas semanas conseguiram lidar melhor com experiências de rejeição.[22] Elas mostraram níveis semelhantes de ativação da região cerebral em áreas ligadas à dor psíquica e física (a ínsula e o córtex cingulado anterior), independentemente de um desconhecido recebê-los ou rejeitá-los em uma partida de videogame. Quando rotula suas emoções de forma eficaz,[23] você se sente mais calmo diante de eventos estressantes da vida, e o conteúdo mental angustiante indesejado parece menos incômodo. Você se torna mais capaz de decidir o que fazer a seguir.

Como a pesquisa sugere, treinar as pessoas para rotular suas emoções de forma mais eficaz aumenta a resiliência. Em um estudo, os pesquisadores treinaram indivíduos com aracnofobia para rotular com precisão as emoções que sentiam ao observar uma aranha (por exemplo, "na minha frente está uma aranha feia, o que é nojento, estressante e, ainda assim, intrigante"). Os participantes treinados para rotular com precisão as emoções passaram mais tempo manipulando fisicamente as aranhas e se sentiram menos nervosos durante a experiência do que outros treinados para se distrair ou gerar pensamentos positivos.[24] Uma semana depois, treinados para descrever seus sentimentos com proficiência, esses participantes podiam abordar uma situação estressante, independentemente da quantidade de ojeriza ou medo que sentiam.

Para os rebeldes, a rotulagem de emoções tem vários benefícios específicos. Primeiro, as emoções rotuladas tornam-se mais fáceis de gerenciar. As emoções sentidas tornam-se gerenciáveis ou aproveitadas em energia direcionada a objetivos. Por exemplo, a raiva pode fazer você falar com mais intensidade, inflexão e confiança durante um processo legal. Para pessoas ansiosas, rotular emoções torna os eventos menos assustadores. Segundo, o ato de usar palavras para descrever o que você sente transmite informações sobre a situação e possíveis cursos de ação. Terceiro, ao melhorar o gerenciamento de emoções intensas e angustiantes, você se torna menos propenso a dedicar energia ao controle das emoções. Em vez disso, você canaliza energia para atividades de vida mais significativas. Minha equipe de pesquisa descobriu que veteranos de guerra que organizam a vida em torno da tentativa de gerenciar suas emoções experimentam menos alegria e significado. Além disso, eles contribuem com menos esforço e fazem menos progresso em direção aos seus objetivos mais importantes.[25] À medida que você se preocupa menos em se sentir preocupado, você tem energia extra para se dedicar a tarefas específicas relacionadas à sua insubordinação de princípios.

Depois de fazer um inventário do custo mental e físico da rebeldia, não faça nada além de descrever seus sentimentos. Que palavras você pode atribuir a eles? Seja o mais preciso possível e repita essa prática sempre que encontrar contratempos grandes ou pequenos. Consulte a lista de emoções a seguir. Se você não tiver clareza sobre o significado preciso de alguns desses termos, procure-os em um dicionário. A capacidade de rotular suas emoções não é um talento inato. Você pode aprendê-lo e dominá-lo. Ao fazer isso, sua capacidade de permanecer forte, focado e eficaz aumentará.

Observe quantas palavras existem para descrever os gradientes de emoções específicas,[26] como raiva (em negrito), medo (sublinhado) e tristeza (em itálico). Expanda seu vocabulário de emoções. Use maior precisão ao detalhar o tipo de emoções que você sente e sua intensidade.

A	E	N
Abandonado	Em pânico	Nauseado
Abatido	Encabulado	Negligente
Aflito	Enciumado	
Agitado	**Enfurecido**	O
Agoniado	**Enlouquecido**	Odioso
Alarmado	*Enlutado*	
Alienado	Enojado	P
Amargurado	Entediado	Paralisado
Amedrontado	*Entristecido*	Perplexo
Angustiado	Envergonhado	Pressionado
Ansioso	Exasperado	
Apático	Exausto	R
Apavorado		Rabugento
Apreensivo	F	Rejeitado
Arredio	Ferido	*Remordido*
Arrependido	Frágil	Repulsivo
Asqueroso	Frustrado	Ressentido
Assustado	**Furioso**	**Revoltado**
Atônito		
Atormentado	H	S
Atribulado	Hesitante	*Simpático*
	Histérico	Sobrecarregado
B	Horrorizado	*Solitário*
Bravo	Hostilizado	*Soturno*
	Humilhado	
C		T
Cansado	I	Temeroso
Cético	Impaciente	Tenso
Chocado	Impotente	Traído
Colérico	Incomodado	*Triste*
Com pena	Indignado	
Com saudades de casa	*Infeliz*	V
Culpado	Inferior	Vazio
	Inquieto	Vingativo
D	Insatisfeito	Violado
Decepcionado	Inseguro	Vitimizado
Depressivo	Insultado	Vulnerável
Derrotado	Invejoso	
Desanimado	**Irado**	
Desesperado	**Irritado**	
Desesperançoso	Isolado	
Desiludido		
Despeitado	M	
Desprezado	Mal-humorado	
Desrespeitado	*Melancólico*	
Dispensado	Miserável	
	Mortificado	

Etapa 3: "O que estou fazendo para reduzir, evitar ou controlar conteúdo mental indesejado?"
(Entre em contato com seus mecanismos de enfrentamento)

É importante mapear o que você está fazendo atualmente para escapar dos pensamentos, sentimentos ou sensações desagradáveis descritos na etapa anterior. Suas respostas, em vez de ajudar, podem na verdade estar prejudicando você. Tradicionalmente, as pessoas tentam ignorar pensamentos indesejados. Elas os interrompem, os corrigem, os substituem por uma afirmação positiva ou procuram distrações. Se Marty Goddard tivesse tentado se distrair de sua ansiedade depois de lançar os kits de estupro, ela provavelmente teria se sentido bem pelas duas horas gastas assistindo a um filme ou pelos dez minutos comendo um sorvete. Uma vez que ela se lembrasse do acúmulo de casos de estupro não resolvidos em Chicago, sua angústia poderia ter retornado. E depois?

Assim como muitas pessoas, reajo à angústia de várias maneiras inúteis. Eu tomo remédio, às vezes até demais. Eu bebo muito. Eu me distraio, assistindo à televisão sem pensar. Eu me forço a pensar em outra coisa. Evito contato social. Eu me exercito excessivamente. Provoco brigas verbais com desconhecidos e entes queridos. Eu ataco pessoas implacavelmente on-line, raramente por qualquer motivo decente. Eu me enterro no trabalho. Eu me escondo em casa e me afasto de amigos e familiares. Eu grito com meus filhos. Eu paro de falar com minha esposa. Eu dou desculpas para não socializar, para dizer não às coisas, para não fazer nada. Eu coloco música ou ouço podcasts ao longo do dia para evitar ficar sozinho com meus pensamentos.

Pegue um pedaço de papel e liste (para você) seus mecanismos de enfrentamento favoritos. Quão bem eles estão funcionando para você? Mesmo que aliviem sua dor no momento, eles causam problemas para você depois?

Como alternativa a essas e outras estratégias comuns de enfrentamento, tente a "desfusão cognitiva". O nome soa pretensioso, mas me acompanhe. É uma abordagem descoberta por psicólogos que você pode realizar facilmente em casa sem envolver outras pessoas, que demonstrou ajudar a reduzir a influência de pensamentos e sentimentos indesejados. A desfusão cognitiva é um exercício psicológico[27] no qual você cria um espaço mental entre você e os seus pensamentos. Se você conseguir criar esse espaço, fica mais fácil considerar pensamentos e sentimentos de forma desapegada, já que você não os vincula mais à sua identidade. Se nossas emoções e pensamentos são como fatias de torta, a desfusão cognitiva faz com que você deixe de ser o juiz de um concurso de tortas e passe a ser um espectador indiferente que recebe uma amostra grátis – e percebe a crosta de massa folhada que contrasta com o recheio quente e macio de maçã e o excesso de canela que dá uma sensação de formigamento na língua (já está com fome?). Você não fica chateado com as imperfeições das fatias de torta provadas. Você está apenas observando. E o ato de observar neutraliza o poder de suas emoções.

Existem dezenas de técnicas para nos ajudar a nos separar de nossos pensamentos e sentimentos. Um método poderoso é simplesmente tratar pensamentos e sentimentos como objetos, exteriorizando-os. Estudos científicos pediram que as pessoas se lembrassem de palavras intensamente angustiantes sobre sua pessoa (como "gordo", "feio", "pouco atraente", "desinteressante", "não amável", "sem amigos") e as escrevessem em um pedaço de papel[28] ou as dissessem em voz alta[29] por trinta a sessenta segundos. À medida que os participantes entendem que esses pensamentos ruins são apenas isso — pensamentos, e não a realidade —, eles passam a considerá-los menos importantes e, assim, se sentem menos angustiados. O efeito dura enquanto as pessoas continuam praticando a técnica. O mais interessante: as pessoas passam a acreditar menos nesses pensamentos. Quando escrevem seus pensamentos ruins em um pedaço de papel, os pesquisadores pedem que rasguem o papel em pedacinhos e joguem no lixo. Vários estudos mostraram que o mero ato de fiscalizar pensamentos e sentimentos indesejados e destruí-los literal e metaforicamente reduz o impacto deles.

Aqui estão algumas outras técnicas que você pode usar para neutralizar pensamentos e sentimentos,[30] dissociando-os de você e de sua identidade:

1. *Trate sua mente como uma criatura separada.* Não é como se acreditássemos que a mente está separada do resto de nós, mas algo psicologicamente poderoso acontece quando você a trata como nada mais do que um gerador de opinião. Adquira o hábito de usar frases descritivas quando sua mente produzir pensamentos e sentimentos ruins, quer sejam elas engraçadas, quer sérias. "Obrigado, Mente, por ser tão inútil nesta manhã." Faça perguntas como: "Mente, qual é a sua opinião sobre este capítulo? Será persuasivo para os leitores?". Dê feedback ao que sua mente produz com frases curtas como "Boa, Mente", ou "Essa é nova", ou "Essa foi na mosca!". Esse exercício o ajudará a criar distância entre seus pensamentos e você, o pensador.

2. *Dê um nome à história.* Você pode rotular histórias que sua mente gera que estão ficando velhas, banais e terrivelmente chatas. Por exemplo, como nova-iorquino, falo rápido, a ponto de as pessoas muitas vezes me pedirem para falar mais devagar. Eu sou um pouco autoconsciente disso. Essa é a minha "história do demônio da velocidade". Eu tenho muitas pintas, marcas de nascença e manchas marrons no corpo. Durante anos, me senti inseguro com relação a isso e nunca tirei minha camisa. Essa é a minha "história de gotas de chocolate". Dê um nome e brinque com ela, e seus pensamentos negativos perderão um pouco de força.

3. *Entre no modo detetive.* Ao falar conosco, raramente paramos e perguntamos: quem diabos está falando conosco? E qual é o seu sexo, gênero, raça, idade? Quando surgir um pensamento ruim, inicie uma caça ao tesouro e descubra as respostas para essas e outras perguntas. Como é a voz na sua cabeça? Quem está falando? Onde está localizada a voz? Ela está se movendo ou mudando? O que essa voz vai inventar a seguir? Mostre um nível de curiosidade sobre seus pensamentos, lembrando-se de que você não é o que se mostra porque uma parte de você percebe o que está acontecendo. Você não pode ser tanto a coisa em si quanto o observador da coisa (a menos que estejamos brincando com jogos de física quântica).

4. *Modifique a máquina pensante.* Seu cérebro fala muito. Raramente para de falar. Você é mais capaz de permanecer no momento

presente, fazendo o que lhe interessa, se mudar sua relação com as palavras. Altere a voz. Escolha seu personagem de televisão favorito e imagine sua mente falando com você com seu padrão de fala (prefiro a voz do personagem Morty da série de animação *Rick and Morty*). Imagine os pensamentos de sua mente aparecendo em um banner de rolagem, assim como o de notícias de última hora no topo de um site de jornal. Escreva seus pensamentos em cartões de índice com caligrafia artística (prefiro letras bolha). Visualize folhas flutuando em um rio. Coloque seus pensamentos ruins em uma folha e veja-a flutuar. Faça a mesma coisa colocando seus pensamentos nas nuvens e observe enquanto elas passam lentamente. À medida que você experimenta como os pensamentos aparecem por meio de seus cinco sentidos, sua influência no comportamento diminui. Quando você normaliza os pensamentos, é menos provável que eles o tirem do momento presente para ruminar em vez de viver.

Novamente, o objetivo da desfusão cognitiva não é ajudá-lo a escapar, evitar ou minimizar pensamentos e sentimentos negativos, mas sim permitir que você os experimente e possa se comportar corajosamente diante da adversidade. Uma extensão das palavras imortais do renomado psicólogo existencial Rollo May em 1963:

> A liberdade é a capacidade de o indivíduo saber que ele é o determinado, de fazer uma pausa entre estímulo e resposta e assim lançar seu peso, por menor que seja, ao lado de uma resposta particular entre várias possíveis [...] Eu definiria saúde mental como a capacidade de estar ciente da lacuna entre estímulo e resposta, em conjunto com a capacidade de usar essa lacuna de forma construtiva.[31]

Passo 4: "O que estou fazendo ou poderia estar fazendo para perseguir meus valores?"

(Avalie suas oportunidades)

Agora que você se reconectou com seu propósito, reconheceu seus pensamentos e emoções e rompeu com formas inúteis de processá-los, há mais um passo: invista em um comportamento aspiracional que o guie para uma vida significativa. Aqui você faz aquela curva acentuada e se compromete a perseguir uma versão heroica de si mesmo, mesmo que seja psicologicamente difícil. Você escolhe contribuir para uma sociedade melhor em vez de se amarrar em outra tentativa de escapar da dor. Como você lidará com o ataque de adversários e detratores no esforço para criar uma mudança social saudável e pessoalmente significativa? Que tipo de pessoa você *realmente* será? Aqui é onde você faz essa ligação – e começa a vivê-la.

Comece percebendo o que você já está fazendo que, mesmo em uma situação emocionalmente intensa, está lhe trazendo satisfação e realização. Para Goddard, era a capacidade de manter a decência em meio à adversidade. Como ela comentou: "Eu diria que a estratégia mais importante é não xingar. Mas, além disso, seja legal, tenha um pouco de classe e mantenha um pé dentro e outro fora das instituições, e então você pode se mover da maneira que quiser. Esquerda, direita, para cima, para baixo, para trás, para a frente".[32] Para outros, pode ser pedir a perspectiva de alguém sobre um problema, adquirir novos conhecimentos e sabedoria, compartilhar conhecimento para beneficiar outras pessoas, melhorar a saúde exercitando-se, comendo e dormindo bem, mantendo um diário de lições aprendidas[33] e momentos excepcionais, oferecendo desculpas genuínas ou gastando tempo se conectando com amigos e apoiando as vitórias e derrotas um do outro.

Ao pensar em como você está perseguindo seus valores, seja intencional. Não confie nas descrições superficiais que você usa há muito tempo ao se apresentar a estranhos. Na verdade, pode ser útil fazer uma pausa e separar o verdadeiro "você" em sua mente da persona pública que cultiva.[34] Finja que está em uma ilha deserta, sem ninguém para observar você. Que música você gostaria de ouvir, quais livros leria, a quais filmes assistiria, quais tópicos de conversa você acharia fascinantes? Como você se descreveria se ninguém estivesse ouvindo?

Depois de pensar em como você já está perseguindo seus valores, considere suas atividades atuais e como você pode definir metas[35] para gastar intencionalmente seu tempo limitado nos próximos dias e semanas. Podemos chamar esses objetivos de "esforços". Eles capturam o que estamos "tentando" fazer agora e o que planejamos continuar buscando no futuro. Por exemplo, podemos adotar "tentar produzir argumentos mais persuasivos" como um esforço, mesmo que não tenhamos necessariamente sucesso diário ou semanal.

Podemos enquadrar os esforços de forma ampla (por exemplo, "tentar transformar minhas paixões em um trabalho") ou mais especificamente ("tentar buscar fontes de apoio financeiro para fazer a transição para um artista em tempo integral"). Também podemos interpretar os esforços de forma positiva ou negativa; eles podem transmitir algo que estamos tentando obter ou manter ou algo que estamos tentando evitar ou prevenir. Por exemplo, você pode estar tentando ganhar mais atenção dos outros ou talvez esteja tentando evitar chamar a atenção para si mesmo.

Observe que os esforços são uma maneira muito legal de se descrever[36] que não faz uso de adjetivos de personalidade como "amigável", "inteligente" ou "honesto". Por enquanto, esqueça os adjetivos de personalidade. Concentre-se apenas em definir os projetos pessoais nos quais você está trabalhando e gostaria de continuar, anotando suas ideias em um caderno. Pensando cuidadosamente sobre o que você valoriza na vida cotidiana, tente compor seis esforços,começando com a frase "Estou tentando...".[37] Não compare mentalmente o que você está buscando com o que outras pessoas fazem. Continue voltando à ideia do que você gostaria de perseguir, mesmo que ninguém tenha descoberto suas realizações. Assim como descrever cuidadosamente seus sentimentos exatos em uma situação exigente pode ajudá-lo, você pode se beneficiar dividindo sua vida em esforços pessoais precisos.

A partir daqui, considere como seria abraçar sua dor e agir de maneira alinhada com seus valores fundamentais. O que você quer fazer? O que você quer defender? Você pode realizar muito em qualquer situação quando deixa de evitar a dor e passa a buscar um sentido maior. Comprometer-se com uma mudança positiva de comportamento pode fazer toda a diferença. Em nossa pesquisa, meus colegas e eu descobrimos que, mesmo adultos que sofrem de transtorno de ansiedade social grave, desfrutam praticamente do mesmo senso de autoestima que aqueles saudáveis nos dias em que se comprometem com uma mudança de comportamento positiva ou trabalham em busca de esforços pessoalmente significativos. Uma medida de seu senso diário de significado na vida aumentou 19%, e eles viram um aumento de 14% em quantas vezes experimentaram emoções positivas. Enquanto isso, suas experiências emocionais negativas caíram 10%.[38]

Para aumentar seu compromisso com a insubordinação de princípios, compartilhe seus planos com colegas. Essas táticas funcionam com uma ampla gama de objetivos pessoais que podemos ter. Em um estudo, uma amostra de 324 adultos sedentários com excesso de peso participou de um "programa de caminhada mediado pela internet" de dezesseis semanas.[39] Os participantes que puderam postar suas metas, esforços e progresso em um fórum de discussão on-line foram 13% melhores em aderir ao programa do que aqueles sem esse acesso.

A pessoa para quem você revela seus esforços pessoais faz diferença. Se você realmente deseja maximizar o desempenho em relação a metas personalizadas e relacionadas à missão, divulgue essas informações para um público que inclua alguém que você respeita, admira e cuja opinião é importante. Compartilhar seus planos de missão[40] com pessoas que você vê como de status inferior não ajuda, nem registrar seus objetivos em um livro preto secreto com notas e reflexões particulares. Como veremos no próximo capítulo, nos preocupamos em causar uma impressão positiva nos outros e nos preocupamos com o que eles pensarão de nós se deixarmos de cumprir nossas metas. Tais preocupações nos tornam mais propensos a fazer o trabalho árduo de Buscar Significado.[41] Ansiedade é energia, então encontre sua tribo cuidadosamente selecionada e mostre seu compromisso divulgando o plano. Nossos aliados só nos beneficiam se conhecerem nossos compromissos.

Para Buscar Significado de forma eficaz, devemos nos preparar para obstruções, tanto internas quanto externas. Pense nas penas de prisão impostas a libertadores heroicos como Martin Luther King Jr., Nelson Mandela, Mahatma Gandhi, Emmeline Pankhurst e Ahmet Altan[42] (que história, procure-a!). Imagine como a prisão comprometeu a capacidade deles de cumprir com seus objetivos. No início de cada dia, contemple os esforços que você fará em relação às suas investidas, mas também antecipe a interrupção. Acho instrutiva a seguinte reflexão de Marco Aurélio:

> Quando você acordar de manhã, diga a si mesmo: as pessoas com quem lido hoje serão intrometidas, ingratas, arrogantes, desonestas, ciumentas e mal-humoradas. Elas são assim porque não conseguem distinguir o bem do mal. Mas eu vi a beleza do bem e a feiura do mal, e reconheci que o malfeitor tem uma natureza relacionada à minha – não do mesmo sangue e nascimento, mas da mesma mente, e tendo uma parte do divino. E assim nenhum deles pode me machucar. Ninguém pode me envolver em feiura. Nem posso sentir raiva de meu parente ou odiá-lo. Nascemos para trabalhar juntos como pés, mãos e olhos, como as duas fileiras de dentes, superior e inferior. Obstruir um ao outro não é natural. Sentir raiva de alguém, virar as costas para ele: isso não é natural.[43]

Não pare de antever obstáculos. *Planeje-se* para eles. Responda a esta pergunta com frequência: "O que pode atrapalhar o cumprimento da intenção de hoje de me dedicar aos meus esforços? E o que vou tentar fazer a respeito?". Se você quer planos de reserva à sua disposição, certifique-se de visualizar os vários caminhos disponíveis à medida que direciona a energia para os esforços.[44] Em suma, espere o melhor, mas prepare-se para o pior.[45] A positividade por si só não o ajudará a construir a sua fortaleza mental.[46] Você precisa abrir um pote de flexibilidade psicológica. Antes de tudo, não fuja da adversidade. Faça o trabalho árduo de realizar todo o seu potencial, usando os quatro passos do Painel de Flexibilidade Psicológica como um conjunto útil de ferramentas.

REBELE-SE *MESMO ASSIM*

Os rebeldes psicologicamente flexíveis têm uma capacidade invejável de discordar apesar da dor.[47] Eles sofrem – e se rebelam mesmo assim. Percorrer o Painel é redefinir a si mesmo, afastando-se da mera fuga da dor e indo em direção à busca renovada de seu objetivo. Você se envolve em uma variedade de tarefas complicadas, incluindo um esclarecimento de valores ("O que e quem são importantes para mim?"); uma descoberta dos sentimentos e pensamentos desagradáveis vivenciados ("Que pensamentos, sentimentos, memórias e sensações corporais indesejados aparecem?"); uma análise de suas reações habituais a esses sentimentos e pensamentos ("O que estou fazendo para reduzir, evitar ou controlar conteúdo mental indesejado?"); e uma afirmação de soluções aspiracionais ("O que estou ou poderia estar fazendo para perseguir meus valores?"). Tome nota, o tempo todo, de suas experiências, planejando como você pode construir a vida que procura daqui para a frente. Trabalhando com uma linguagem comum e um conjunto de perguntas, você vasculha o conteúdo mental para chegar a comportamentos intencionais e *viáveis*.

Use o Painel aos poucos e você se tornará mais flexível psicologicamente. Você aprenderá a romper com velhos padrões e preconceitos de maneira rápida e trocar por novos comportamentos mais saudáveis. Você se tornará mais consciente da liberdade de ação que realmente tem, aumentando a chance de agir de acordo com ideias inconformistas que lhe ocorrerem. A chave, por mais simples que pareça, é questionar. Ao abrir nossas suposições para novas análises, criamos um novo potencial de criatividade e insubordinação de princípios. As dificuldades emocionais de buscar uma maneira nova e melhor não parecem mais tão perturbadoras quanto manter ideias, processos e produtos do *status quo*.

Digamos que você consiga lidar com sua angústia e permaneça no jogo o tempo suficiente para derrotar o poder dominante (o *establishment*). Você venceu! Mas, ao saborear a glória da vitória, você enfrenta uma escolha: como tratará os membros do poder dominante que perderam poder e proeminência? Vai estender a mão em parceria, tratando seu ex-inimigo como colega, amigo ou até aliado? Ou você os excluirá, como foi excluído no passado, usando seu recém-descoberto poder sobre eles?

Lidar com as transições de relacionamento na dinâmica de grupo pode ser tão difícil quanto permanecer resiliente durante uma luta difícil. Embora as pessoas muitas vezes procurem terapeutas para lidar com a angústia, raramente o fazem quando vencem a adversidade. Mas precisamos de ajuda para nos ajustarmos à vitória de maneira saudável, tanto como indivíduos quanto como grupos, para que não comprometamos a própria missão que, como rebeldes, temos empreendido. Como a ciência revela, as feridas que infligimos aos outros têm uma maneira de voltar para nós. Para se rebelar com sucesso, você deve saber como vencer graciosamente e de forma inclusiva, bem como desafiar a si mesmo a permanecer fiel aos valores e às intenções humanas que você nutriu o tempo todo. Já falamos sobre a dor de lutar. Vamos agora nos voltar para a responsabilidade que vem com a vitória e como exercê-la de forma admirável.

MODO DE FAZER

1. *Para suportar melhor a angústia, cultive sua nova arma secreta: "flexibilidade psicológica".* Uma pessoa psicologicamente flexível adapta seus pensamentos, sentimentos e comportamentos a uma determinada situação, garantindo que suas ações permaneçam enraizadas no que é importante para ela.
2. *Mobilize o Painel de Flexibilidade Psicológica.* Ao confiar em quatro provocações, você pode conceber soluções *viáveis* para problemas mentalmente angustiantes. Primeiro, lembre-se do motivo da discordância. Segundo, entre em contato com o seu desconforto. Terceiro, entre em contato com seus mecanismos de enfrentamento. Quarto, avalie suas oportunidades.
3. *Persista.* Construir flexibilidade psicológica usando o Painel não é fácil, mas vale o esforço. Trabalhe arduamente para realizar todo o seu potencial.

CAPÍTULO 7

VENÇA COM RESPONSABILIDADE

Como evitar a hipocrisia moral se e quando você se tornar a nova maioria

Evo Morales, o ex-presidente da Bolívia, sabe como é viver em extrema pobreza. Nascido na comunidade indígena marginalizada de seu país, Morales e sua família moravam em uma tradicional casa de campo de adobe – apenas um pequeno cômodo servia como cozinha, sala de jantar e quarto. Quatro dos seis irmãos de Morales morreram durante a infância, e a recompensa por ter sobrevivido foi o trabalho infantil. Aos 5 anos, ele foi trabalhar como pastor de lhamas para ajudar a família a pagar pelas refeições diárias.

Durante as décadas de 1980 e 1990, Morales dedicou-se a melhorar a situação de sua comunidade, participando de um movimento de base para legalizar a produção de coca,[1] uma cultura vital para os agricultores indígenas e um elemento da cultura tradicional boliviana. Na época, defender a cultura indígena era arriscado. O governo dos Estados Unidos estava travando uma "guerra às drogas", canalizando dinheiro para as elites entrincheiradas da Bolívia para impedir que os narcóticos chegassem ao solo norte-americano. Em vez de acabar com o narcotráfico e prender traficantes, funcionários corruptos do governo boliviano reprimiram agricultores indígenas empobrecidos, tomando suas folhas de coca e realizando subornos. As autoridades também prenderam fazendeiros[2] e os submeteram a formas elaboradas de interrogatórios torturantes, que incluíam queimá-los com cigarros, aplicar choques elétricos, injetar substâncias tóxicas, atirar em seus membros e manter suas cabeças submersas na água. Vários agricultores presos morreram sob custódia. O próprio Morales foi espancado, preso e, em uma ocasião, quase morto depois que as forças do governo o deixaram em uma área remota para morrer.

Em meados da década de 1990, Morales era ativo na política eleitoral, lutando por políticas para melhorar a posição econômica e o poder dos membros marginalizados da sociedade. Em 2006, apesar da oposição do governo dos Estados Unidos, foi eleito presidente em uma plataforma de esquerda de redução da pobreza, investimento em educação e hospitais, aumento do salário mínimo e de impostos sobre grandes fortunas e extensão dos direitos políticos à população indígena. Uma vez no poder, Morales cumpriu muitas de suas promessas, trazendo amplo crescimento econômico para seu país. Retomando o controle da produção de petróleo e gás de empresas estrangeiras de energia, ele trouxe bilhões de dólares para os cofres do governo, que antes haviam ido para o exterior. Os salários subiram, o desemprego caiu 50% e as taxas de alfabetização aumentaram. Quatro anos após sua eleição, o Banco Mundial ajustou a classificação do país da Bolívia de uma economia de "renda mais baixa", a classificação mais baixa possível, para o próximo nível, de "renda média-baixa". Essa nova designação se traduziu em uma renda nacional bruta per capita três a quatro vezes maior,[3] permitindo que o governo tomasse dinheiro emprestado a taxas de juros mais baixas e, por sua vez, lançasse as bases para ainda mais criação de riqueza. Entre 2005 e 2018, a Bolívia se tornou a economia de crescimento mais rápido da América Latina.[4]

Mas o governo de Morales teve um lado sombrio. No curso da consolidação do poder, seu governo reprimiu a dissidência. Em 2013, Morales emitiu um decreto presidencial que permitia ao governo ampla autoridade para dissolver organizações da sociedade civil.[5] Seu governo intimidou jornalistas e colocou dissidentes em uma lista de bloqueio.[6] Em 2011, quando milhares de bolivianos protestaram contra o plano de Morales de construir uma rodovia em uma reserva protegida da floresta amazônica,[7] a polícia atacou brutalmente os manifestantes com gás lacrimogêneo e balas de borracha.[8] De acordo com um relato, "quando as mulheres manifestantes gritaram sua discordância, a polícia de Morales amarrou o rosto delas com fita adesiva para que calassem a boca".[9] A constituição do país exigia um limite de dois mandatos para presidentes, mas Morales se apegou ao poder para um terceiro e teria permanecido por um quarto se não tivesse sido expulso por membros do seu exército após alegações de fraude eleitoral.

Muitos insubordinados bem-sucedidos apresentam desempenho inferior quando ganham poder, abandonando seus valores e deixando de cumprir o bem que prometeram fazer. Vladimir Lenin liderou uma revolta de trabalhadores com uma visão de "paz, pão e terra" para todos os cidadãos russos. Como isso funcionou? E depois houve a Revolução Francesa, que prometia liberdade, igualdade e fraternidade, mas se transformou em um período assustador de decapitações sob o aval de Maximilien de Robespierre. Faça uma análise das revoluções bem-sucedidas, grandes e pequenas, e você descobrirá que, em meio à emoção da vitória após longos anos de sacrifício, insubordinados bem-sucedidos não costumam desperdiçar ou arruinar a oportunidade conquistada, esforçando-se para catalisar e sustentar mudanças saudáveis. Você pode atribuir isso ao extremismo que a insubordinação costumar gerar, especialmente após longos períodos de repressão pelas forças do poder dominante. Mas isso convida à pergunta: como a psicologia humana ajuda a alimentar tal fervor?

Nossos impulsos latentes em direção ao tribalismo ajudam bastante a explicá-lo. Compartilhamos o orgulho e a alegria de nossos companheiros de grupo,[10] sentindo empatia por eles e reagindo às suas necessidades, mas deixamos de nos comportar da mesma maneira em relação a pessoas de fora. Ignoramos quando os membros do nosso grupo se comportam de modo agressivo,[11] violento ou explorador em relação ao "outro" e consideramos os desconhecidos nossos inimigos,[12] definindo nosso grupo em oposição a eles. Em situações difíceis, é útil culpar alguém ou algo além de nós mesmos.[13] Com demasiada frequência, essas dinâmicas levam insubordinados bem-sucedidos a perseguir membros da antiga maioria, ocasionando sofrimento desnecessário. Os insubordinados descontam as ideias potencialmente úteis da maioria caída e lançam as bases para futuros conflitos.

Pesquisadores descobriram vários fatores psicológicos interligados que alimentam os impulsos tribais entre os inconformistas bem-sucedidos, levando-os a se comportar de forma destrutiva em relação aos membros derrotados da antiga maioria. Como disse Martin Luther King Jr.: "Ou vivemos todos juntos como irmãos ou morremos todos juntos como idiotas".[14]

> ### A GRANDE IDEIA
>
> Com o conhecimento de como os seres humanos são tribais por natureza, especialmente durante as transferências de poder, podemos nos comportar de forma mais ponderada e racional, neutralizando impulsos para demonizar aqueles que uma vez duvidaram ou nos perseguiram.

O DESCONTENTAMENTO DO REBELDE

Quando há transferência de poder dos membros majoritários para os inconformistas de um grupo, nenhum desses subgrupos vê a identidade comum do grupo da mesma maneira. Os inconformistas muitas vezes experimentam o que chamo de "descontentamento do rebelde". Eles desejam abandonar o grupo para se distanciar daqueles que anteriormente rejeitavam seus pontos de vista, mas que agora se transformaram em seus defensores. Ex-dissidentes ganharam a primazia sobre o grupo, então por que não ficar por aqui e se divertir? Na verdade, não é tão fácil. As feridas sofridas ao lutar como um defensor dos oprimidos ainda ardem. Depois de tanta dor, sua própria identidade de rebelde se endurece, e fica difícil perdoar aqueles que antes o desrespeitavam e maltratavam. Por que ter algo a ver com a antiga maioria?

Podemos vislumbrar o descontentamento do rebelde graças a um conjunto de experimentos de última geração conduzido pela dra. Radmila Prislin,[15] da Universidade do Estado de San Diego. Imagine que você está debatendo um assunto controverso entre um grupo de desconhecidos. Inicialmente, poucas pessoas no grupo assumem sua posição. Conforme o tempo passa, mais pessoas no grupo concordam com você. Ou talvez a maioria das pessoas inicialmente concorde com você e, com o passar do tempo, o apoio diminui e elas adotam um ponto de vista oposto. Agora imagine que todas essas outras pessoas são atores, e todo o debate é um experimento para ver como você responde a mudanças em sua popularidade e poder. Essa é a essência da pesquisa da dra. Prislin,[16] que resultou em algumas descobertas surpreendentes.

A transferência de poder interrompe a forma como a nova maioria e os partidos minoritários pensam sobre a identidade do grupo. Após uma mudança estrutural nele,[17] as pessoas se esforçam para decifrar o que sua participação significa e por que isso é importante. Compreensivelmente, os membros derrotados da antiga maioria – vou chamá-los de **Novos Sem Poder** – não veem mais o grupo como uma extensão de seu senso de identidade. Agora que a maioria dos membros do grupo discorda deles, o grupo maior parece indesejável e estranho. Membros de ex-minorias – vamos chamá-los de **Rebeldes que Venceram** – experimentam seu próprio tipo de confusão psicológica. Além de estarem desapontados e não impressionados com o tempo que levou para a maioria anterior finalmente chegar a seus pontos de vista, eles raramente confiam na antiga maioria por causa de sua oposição anterior (mais sobre desconfiança na sequência). Abrigando rancores persistentes, os Rebeldes que Venceram consideram os Novos Sem Poder inferiores. Por essas razões, os Rebeldes que Venceram querem sair. Como a dra. Prislin observou provocativamente em seus experimentos: "Não são aqueles cuja posição permanece em desvantagem (minoria estável) que estão ansiosos para sair [...] mas aqueles cuja posição dentro de um grupo está melhorando (ex-minorias)"[18] que são mais propensos a buscar a separação do grupo.

> ### A GRANDE IDEIA
> Em cenários da vida real, a perda de uma identidade comum pode levar os Rebeldes que Venceram a desconsiderar as opiniões potencialmente valiosas dos Novos Sem Poder ou a se comportar de maneira que produza discórdia.

Se você é um rebelde de longa data que finalmente se saiu bem, fique atento a essa dinâmica e desafie-se a discernir sobre tudo o que você e os membros dos Novos Sem Poder podem ter em comum. Desafie os seus impulsos tribais, alcance seus antigos adversários e reforce uma identidade compartilhada na medida do possível.

Embora possamos nos sentir alienados dos outros em certos aspectos, quase sempre podemos encontrar identidades não ideológicas que nos unem graças a interesses comuns, circunstâncias de vida ou experiências passadas. Podemos, por exemplo, compartilhar nossas identidades como levantadores de peso, aficionados por charutos, amantes de frutos do mar, pessoas que cresceram com pais divorciados, sobreviventes dos parques de diversão mais perigosos do mundo[19] no Action Park – nunca ouviu falar? Era a minha "meca" da infância! – e a lista continua.

Faça um inventário de sua infância, adolescência e fase adulta, observando as identidades que você tem em comum com pessoas que parecem estar aprisionadas em antagonismo com você. É possível criar novas normas ou rituais que incluam pessoas que inicialmente considerava fora de sua tribo? Desafie-se a deixar de lado a antipatia persistente ou aquela sensação de superioridade que você pode sentir em relação aos membros dos Novos Sem Poder. Como Martin Luther King Jr. ensinou: "Se quisermos ter paz na terra, nossa lealdade deve se tornar ecumênica, em vez de seccional. Nossas lealdades devem transcender nossa raça, nossa tribo, nossa classe e nossa nação, e isso significa que devemos desenvolver uma perspectiva mundial".[20] Você também deve desenvolver uma "perspectiva mundial" maior em relação às seitas dentro de seu grupo, mesmo que as relações entre elas permaneçam cruas.

O PESADELO DO REBELDE

Em 1969, depois de 268 anos como uma escola só para homens, a Universidade de Yale admitiu 588 mulheres para ingressar em sua turma de 1973.[21] Vários homens não aceitaram bem essa notícia. Sarah Birdsall, estudante na época, lembrava-se dos meninos do segundo ano como amigáveis e solidários, mas "os alunos do último ano foram horríveis naquele primeiro ano. Afinal, nós, garotas, arruinamos sua experiência fraterna perfeita. Para eles, as garotas existiam para se divertir no fim de semana". Os administradores de Yale não se esforçaram para fazer as mulheres se sentirem bem-vindas. Yale não forneceu recursos para equipes esportivas femininas e, quando uma mulher se inscreveu no time de futebol masculino, os funcionários disseram a ela para desistir "pelo bem da faculdade". Seus companheiros de equipe masculinos se esqueceram de estar à altura da ocasião. Em vez disso, eles anunciaram sua intenção de desistir de qualquer jogo em que uma atleta feminina jogasse.[22]

Não é de admirar que os Rebeldes que Venceram não se identifiquem calorosamente com os Novos Sem Poder. Quando os partidos majoritários perdem seu poder, eles tendem a se comportar mal. Como a pesquisa da dra. Prislin e seus colegas documentaram, os Novos Sem Poder recusam ajuda ao grupo, expressando sua hostilidade ao se aproveitar do grupo quando podem, e esperando hostilidade e falta de ajuda de Rebeldes que Venceram.[23] Essa reação, por sua vez, gera desconfiança e hostilidade nos Rebeldes que Venceram. Reconhecendo que os Novos Sem Poder se tornaram amargurados e hostis (o que poderíamos chamar de "pesadelo dos rebeldes"), os Rebeldes que Venceram reagem na defensiva, gastando muito tempo procurando sinais de desrespeito e rejeição, encontrando esses sinais e lutando contra eles. Tudo isso os distrai de perseguirem seus próprios objetivos. Em Yale, uma aluna queria trabalhar no prestigioso *Yale Daily News*, mas explicou: "Realmente havia uma sensação de que as mulheres não seriam consideradas para cargos de liderança.[24] Fiquei desanimada com isso, e acho que a mensagem foi forte o suficiente para me fazer não querer me esforçar".

O antagonismo gera antagonismo. A agressão gera agressão. Como outra aluna refletiu: "A tragédia de tudo isso é que eu assumi muitas das atitudes machistas em relação às mulheres [...] Eu não achava que valia a pena gastar tempo com mulheres. Eu fui contaminada com esse pensamento na instituição, e só agora estou me livrando disso".[25] Basicamente, essa aluna (e provavelmente muitas outras) internalizou as atitudes hostis dos meninos misóginos de Yale.

Como resultado dessa dinâmica, os Rebeldes que Venceram muitas vezes acabam se afastando dos valores que prezavam enquanto eram minoria. Pense no presidente boliviano Evo Morales, que literalmente usou fita adesiva industrial para calar a boca daqueles que discordavam de suas ideias e práticas. Considerando que anteriormente eles poderiam ter valorizado a dissidência, acreditando que todas as facções merecem uma chance de falar e ser ouvidas, e que as divergências são saudáveis, agora os Rebeldes que Venceram têm segundas intenções. Desconfiados dos motivos dos oponentes e temendo a agressão deles, os Rebeldes que Venceram tornam-se menos interessados em acolher opiniões divergentes, pois parecem diminuir a capacidade do grupo reestruturado de resolver problemas e travar o progresso. Em vez de buscar diversos pontos de vista, os Rebeldes que Venceram sufocam o debate.

Na pesquisa da dra. Prislin, os Novos Sem Poder tornaram-se mais tolerantes ao debate, enquanto os Rebeldes que Venceram interpretavam cada vez mais o desacordo como indesejável e insalubre, valorizando a diversidade cognitiva 50% menos do que antes. Os Rebeldes que Venceram tornaram-se rígidos, tolerando as opiniões dos Novos Sem Poder de uma forma fria e desrespeitosa. Em vez de fomentar o debate, os Rebeldes que Venceram sentiram que havia apenas um caminho: o deles. A revolta agora parecia perigosa e inútil. Na verdade, ideias divergentes permanecem valiosas, não importa quem esteja no comando (como discutido no Capítulo 3). Ao endurecer sua posição e reprimir, os Rebeldes que Venceram não conseguiram colher os benefícios contínuos da dissidência e, novamente, semearam as sementes para futuras discórdias.

> ### A GRANDE IDEIA
> Se você, como um rebelde bem-sucedido, está ganhando adeptos e poder, faria bem em garantir a todos os envolvidos na guerra de ideias – amigos, inimigos e observadores neutros – que a opinião deles ainda conta.

Atravesse a linha divisória para atrair antigos adversários. Entenda a dor que os Novos Sem Poder estão sentindo devido à perda de status e à realidade de que apenas estar perto de você os lembra dessa perda. Reflita sobre traumas persistentes que você pode ter sofrido em consequência de anos de rejeição como uma minoria marginalizada. A dor da rejeição pode estar prejudicando a qualidade de suas atitudes e decisões hoje, colorindo sua visão de antigos oponentes. Como suas emoções podem piorar as coisas, mesmo que a desconfiança e a agressão de ex-adversários permaneçam palpáveis? Lembre-se de como *você* se sentiu uma vez como membro da minoria.

Antes de tudo, resista ao desejo de se afastar do "outro" descredibilizado, mesmo quando ele expressa hostilidade. Como a dra. Prislin e seus colegas descobriram, interações repetidas ao longo do tempo entre os Rebeldes que Venceram e os Novos Sem Poder trouxeram certa reconciliação. Inicialmente, as relações entre essas partes eram desconfortáveis ou tensas. Mas, depois de quatro ou cinco interações com seus oponentes, os Rebeldes que Venceram acharam mais fácil conviver e colaborar com eles. Eles conseguiam reconhecer mais prontamente a humanidade e os interesses em comum que compartilhavam com os Novos Sem Poder. Todos ficaram mais apegados ao grupo e dispostos a se sacrificar por ele. Com tempo e esforço, os antigos antagonismos desapareceram,[26] substituídos por um novo e incipiente espírito de cooperação.

A CEGUEIRA DO REBELDE

No auge da Revolução Francesa, durante o Reinado do Terror, de setembro de 1793 a julho de 1794, cerca de 300 mil cidadãos foram presos, cerca de 17 mil foram executados e outros milhares morreram na prisão.[27] Mas veja só: Maximilien de Robespierre, um ex-juiz que se tornou o arquiteto do Terror, anteriormente argumentou *contra* a violência judicial. Robespierre até renunciou ao cargo de juiz após pressão para sentenciar um criminoso à pena de morte. Ainda em 1791 – apenas dois anos antes do Reinado do Terror –, ele argumentou: "O legislador que prefere a morte e penas atrozes aos meios mais suaves em seu poder ultraja o sentimento público e enfraquece o sentimento moral entre as pessoas que ele governa; como um preceptor desajeitado que, pelo uso frequente de punições cruéis, entorpece e degrada a alma de seu aluno; ele desgasta e enfraquece as molas do governo por querer enrolá-las com força demais".[28] E, no entanto, uma vez no poder, Robespierre liderou uma lei que permitia a pena de morte se o governo revolucionário *suspeitasse* que alguém discordasse da ordem recém-estabelecida.[29] "Existem apenas dois partidos na França: o povo e seus inimigos", disse ele. "Devemos exterminar esses vilões miseráveis que estão eternamente conspirando contra os direitos do homem [...] Devemos exterminar todos os nossos inimigos."[30]

Vimos que os dissidentes que assumem o poder abandonam regularmente suas crenças fundamentais sobre os benefícios da diversidade e da dissidência. Mas a hipocrisia incomparável e terrível de Robespierre sugere outra dinâmica em jogo: uma incapacidade assustadora dos insubordinados vitoriosos de permanecerem autoconscientes. De fato, Robespierre parecia felizmente ignorante de qualquer contradição com suas crenças anteriores. Em um discurso de 1793, ele proclamou que os regimes constitucionais precisam apenas "proteger o cidadão individual contra o abuso de poder pelo governo; mas, sob um regime revolucionário, o governo tem que se defender contra todas as facções que o atacam; e nessa luta pela vida só os bons cidadãos merecem proteção pública, e o castigo dos inimigos do povo é a morte".[31] Tais palavras não transmitem nenhuma pista de qualquer divergência de suas crenças anteriores. Como notou um observador, os ideólogos radicais acreditam fortemente em suas próprias justificativas para a violência. De fato, "as atrocidades apenas fortalecem a absoluta certeza com que os ideólogos mantêm suas convicções e impõem seu objetivo".[32]

Como a dra. Prislin e seus colegas descobriram, a hipocrisia surge quase imediatamente após uma mudança de poder dentro de um grupo.[33] Em seus experimentos, os Rebeldes que Venceram abusaram de seu poder criando regras que favoreciam seu endogrupo em detrimento dos Novos Sem Poder. Os Rebeldes que Venceram implementaram novas regras que desmoralizaram os Novos Sem Poder em uma tentativa de fortalecer o novo *status quo*. Como sugere o trabalho da dra. Prislin, os Rebeldes que Venceram tornam-se inconscientes de sua própria hipocrisia por medo de perder o poder, o status e a aprovação duramente conquistados. Sem saber se os Novos Sem Poder apoiam o grupo reformulado, os Rebeldes que Venceram acreditam que seu poder é instável. Se eles não reforçarem agressivamente seu poder,[34] pensam que isso será passageiro. Essa lógica domina, deixando de lado outras considerações, como a consistência de seu comportamento atual com valores de longa data.

> **A GRANDE IDEIA**
> Para evitar que você se perca como um rebelde vitorioso, mantenha o foco nas maneiras pelas quais o poder compromete a autoconsciência.

Lembre-se frequentemente de seus próprios valores estabelecidos. Deixando de lado sua necessidade de consolidar o poder, suas ações atuais são realmente consistentes com o legado desejado? Como você gostaria que as gerações futuras se lembrassem de suas realizações depois que obteve poder? Existem formas de exercer o poder mais humanas, racionais e razoáveis? Você está cumprindo a regra de ouro de fazer aos outros o que gostaria que fizessem a você? Você está indo além, como aconselhou o dramaturgo George Bernard Shaw,[35] e levando em consideração as necessidades e perspectivas únicas de outras pessoas ao determinar seu tratamento em relação a elas? Para ajudar a manter a compaixão, comprometa-se com dois princípios-chave de liderança: (1) bloqueie medidas ou regras que degradem ou tratem injustamente a minoria; e (2) bloqueie medidas que ofereçam privilégios extras à maioria. Você lutou muito para nivelar o campo de jogo para o seu endogrupo. Agora faça o seu melhor para mantê-lo nivelado para a próxima geração de conformistas e inconformistas.

AS PERGUNTAS QUE DEVEMOS FAZER

Referenciei exemplos históricos neste capítulo, mas a questão de como os rebeldes vitoriosos tratam as minorias é uma questão contemporânea urgente. Enquanto escrevo isto em 2021, minorias historicamente oprimidas nos Estados Unidos estão prestes a reivindicar poderes sem precedentes e talvez até ingressar no poder dominante. A sociedade norte-americana está apoiando os direitos dos homossexuais como nunca antes. Mulheres e negros estão ganhando acesso sem precedentes (embora ainda imperfeito) às alavancas do poder na academia, nos negócios e no governo. Pela primeira vez na história norte-americana, as minorias raciais estão prestes a se tornar a maioria numérica.[36]

Embora essa mudança de poder permaneça incompleta, agora é a hora de levantar questões difíceis sobre o exercício do poder e as responsabilidades que ele implica. Os membros ascendentes do novo poder dominante estão preparados para "ganhar com responsabilidade"? O que eles podem fazer para garantir que não exerçam a mesma repressão imposta a eles como minorias sem poder? Poucas pessoas se atrevem a fazer tais perguntas, temendo que outros as acusem de banalizar a opressão histórica. Não subestimo a necessidade de justiça e uma mudança de poder para minorias sub-representadas. Mas, tendo mergulhado na pesquisa psicológica apresentada neste capítulo, me pergunto: qual é o fim do jogo da luta contra a opressão? O que, em última análise, esperamos realizar e que tipos de ações e políticas nos levarão até lá? A menos que os proponentes de grupos historicamente oprimidos esclareçam seus objetivos, suas atitudes provavelmente mudarão ao conquistar o poder, reforçando as fortunas de suas próprias tribos e diminuindo os ideais de igualdade e justiça pelos quais lutam há muito tempo. Nosso país agora pode estar melhor, mas pior do que poderia.

À medida que as minorias tradicionalmente desprivilegiadas ganham poder, elas devem ter o cuidado de exercer moderação. Em vez de simplesmente contratar, respeitar ou ouvir pessoas que parecem e pensam como elas, devem manter um respeito saudável pela diferença e acolher *todos*, incluindo aquelas que podem não passar nos testes ideológicos usuais que os progressistas apreciam. A influência deve derivar de nosso intelecto e sabedoria, não de nossa cor de pele, gênero, origem socioeconômica, sexualidade ou qualquer outra diferença percebida. Vamos permitir um discurso próspero em que as ideias de todos estejam sujeitas à crítica por seus méritos e em que o ceticismo e a insubordinação de todos os tipos sejam incentivados.

Todos nós, sejam os Rebeldes que Venceram, sejam os Novos Sem Poder, devemos considerar cuidadosamente como expressamos nosso ceticismo. Nas mídias sociais, desacordos justos facilmente se transformam em ira desenfreada, e nossas expressões de preocupações legítimas podem destruir a reputação, a carreira e o sustento bem merecidos de uma pessoa em um único ciclo de notícias de 24 horas. Os defensores de minorias historicamente oprimidas têm sido tão culpados de tal imprudência discursiva quanto seus oponentes. Em 2020, vários alunos da Faculdade Skidmore circularam uma petição com quinze exigências para aumentar a justiça racial, sendo a terceira a demissão imediata do professor David Peterson, que dava aulas de joalheria e metal na faculdade havia trinta e um anos. Suas aulas foram boicotadas. Ele foi assediado on-line com e-mails e postagens nas redes sociais alegando que ele era racista, sexista e transfóbico. Na porta de sua sala de aula, alguém colocou uma placa com a seguinte declaração:

> PARE: ao entrar nesta aula, você está cruzando uma linha de piquete em todo o campus e quebrando o boicote contra o professor David Peterson, notório pelo sexismo descarado com que trata suas alunas, seu tratamento aparentemente transfóbico de estudantes trans e seu desrespeito geral por todos os alunos que não são homens cis brancos [...] Este não é um ambiente seguro para estudantes marginalizados. Ao continuar a fazer este curso, você está permitindo um comportamento preconceituoso [sic] neste campus.

O que o professor Peterson fez? Ele não se envolveu em discriminação racial, não usou linguagem depreciativa, não segurou cartazes ofensivos, nem mesmo expressou um ponto de vista. O que ele fez foi assistir silenciosamente a um comício com sua esposa, ouvindo palestrantes que apoiavam os policiais locais.[37] O presidente da universidade cogitou demitir o professor Peterson e iniciou uma investigação de dois meses sobre as acusações dos alunos, das quais foi considerado inocente.

Ainda assim, milhares de estudantes indignados e membros da comunidade local chegaram a suas próprias conclusões rapidamente e destruíram a reputação desse homem de 61 anos. Ninguém foi responsabilizado pelas denúncias públicas de que ele era racista, sexista e transfóbico, incluindo um artigo (repleto de erros factuais) publicado no *Skidmore News* da faculdade.[38] Na ausência de evidências para sugerir que ele fez algo errado, os alunos conseguiram manchar uma reputação construída ao longo de trinta e um anos de trabalho leal. Um dos propósitos de ir para a faculdade não é adquirir informações e perspectivas além do que você tinha anteriormente? Não seria valioso perguntar sobre o lado de alguém da história antes de exigir sua demissão? Em vez de asseverar normas de justiça e tratar a todos com um senso de dignidade, os alunos, nesse caso (e em outros), perpetraram um clima de medo que engrossou o discurso público. Devemos estar atentos para não nos tornarmos o que antes desprezávamos.

A GRANDE IDEIA

Além de mostrar moderação e reunir empatia e caridade para com os Novos Sem Poder (mesmo que eles próprios não tenham demonstrado tanta generosidade de espírito), os Rebeldes que Venceram devem acolher o ceticismo de boa-fé de todos os quadrantes, reconhecendo o poder do ceticismo de remodelar e refinar a ortodoxia para benefício de todos. Da mesma forma, eles devem dar boas-vindas ao humor.

Zombar é uma estratégia de longa data para lidar com mudanças de poder, desde que venha de um lugar de compreensão, boa-fé e um desejo sincero de provocar reflexão. Tanto as elites quanto os grupos oprimidos são rápidos em criticar o humor apontado para eles, mas, em uma boa dose, ele incorpora exatamente o que os insubordinados de princípios defendem: leves transgressões das normas sociais. Na melhor das hipóteses, os comediantes são contadores da verdade, dizendo o que o restante de nós percebe, mas tem medo de tocar. O humor nos permite fazer perguntas sobre pessoas ou práticas que nos confundem e intrigam. Como sugeri em relação à falsa acusação contra o professor Peterson, uma atitude de "eu posso dizer o que eu quiser para quem eu quiser da maneira que eu quiser" é altamente problemática, independentemente quem esteja dizendo isso. Mas o politicamente correto é igualmente problemático porque sufoca o debate. A sociedade se beneficia quando humoristas bem-intencionados percebem algo disfuncional e sem sentido em qualquer canto e zombam disso.

Quando o presidente George W. Bush prometeu vingar os ataques de 11 de setembro de 2001, mergulhamos de cabeça em uma guerra mal travada no Afeganistão que continuou por mais vinte *anos*. Stephen Colbert cutucou o presidente, a guerra ao terror, tudo isso, no que é considerado o número de comédia mais controverso já apresentado no Jantar dos Correspondentes da Casa Branca[39] (onde os jornalistas devem zombar do presidente dos Estados Unidos, de maneira bem-humorada, por diversão). Colbert zombou de Bush por sua decisão prematura de iniciar uma guerra com o Iraque e declarar o fim dela:

Acredito que o governo que governa melhor é o governo que governa menos. E, por esses padrões, estabelecemos um governo fabuloso no Iraque.

Brilhantemente sucinto. E então Colbert mergulhou:

Eu apoio este homem porque ele defende as coisas. Não só apoia as coisas como também se apoia literalmente nelas. Coisas como porta-aviões e escombros e praças recentemente inundadas. E isso envia uma mensagem forte: não importa o que aconteça com a América, ela sempre vai se recuperar – e com os ensaios fotográficos mais poderosos do mundo.

Mas, quando Colbert contou essas piadas pela primeira vez, os conservadores ficaram indignados[40] e enviaram volumosas mensagens de ódio ("o empregador de Colbert, a emissora de TV Comedy Central, disse que recebeu quase 2 mil mensagens de e-mail" em 48 horas). Como membro de um grupo oprimido que está ganhando poder atualmente, você deve manter os mesmos padrões de honestidade — seja a favor, seja contra sua tribo. Se você tem inclinação liberal e gostou das provocações ao presidente Bush, deve mostrar a mesma disposição de ouvir a verdade sobre as fraquezas dos membros de sua própria tribo.

Tornou-se mais difícil brincar com alguém sem ofender. Talvez *devêssemos* permitir piadas sobre minorias por causa de um próspero mercado de ideias, para que a sociedade possa continuar a colher os benefícios da insubordinação. Em seu ensaio da revista *Time* intitulado "Make Fun of Everything" [Faça piada de tudo],[41] os comediantes multirraciais Keegan-Michael Key e Jordan Peele lamentam a suposição de que ser diferente de branco, homem, heterossexual e fisicamente apto implica fragilidade.

O que é pior, eles perguntam, "tirar sarro das pessoas ou pressupor que elas são fracas demais para aguentar?". Há valor na igualdade, e a verdadeira medida do progresso pode vir quando podemos brincar com as supercorreções sociais e declarações hiperbólicas e *não* ofender. Como quando o comediante Bill Burr[42] tentou responder a críticas desonestas:

> *Tenho que pedir desculpas a todos. Porque é assim que meu país está agora. Você conhece Bryan Cranston, certo? Esse cara fez um filme. Ele interpretou um tetraplégico e as pessoas o criticaram [...]. "Por que há uma pessoa fisicamente apta interpretando um tetraplégico?", reclamaram. "É porque ele estava atuando. [...]" Veja, se fosse um tetraplégico interpretando um tetraplégico, isso não seria atuar. Seria apenas ficar deitado, repetindo a merda de roteiro que outra pessoa escreveu.*

Enraizados na sinceridade brutal, embora divertida, os comediantes oferecem um presente à sociedade. Independentemente de qual área do espectro político está sendo satirizada, eles alertam quando a sociedade está à deriva e escorregando para um território sem sentido.

O desejo de proteger os Rebeldes que Venceram até mesmo do mais modesto dos ataques é compreensível, dada a história de opressão da América. Mas, os membros desses grupos devem se perguntar quando o jogo termina. Igualdade perante a lei e no local de trabalho é uma coisa. Mas, enquanto virmos as pessoas com deficiência física, determinadas raças, gêneros e orientação sexual como fracos demais para serem imitadas, continuaremos colocando-as abaixo dos membros da maioria histórica. Em seu discurso mais famoso, o presidente Teddy Roosevelt exortou seu público a ser aquele que realmente entra na arena, "cujo rosto está manchado de poeira, suor e sangue; que luta valentemente; que erra, que falha repetidas vezes, porque não há esforço sem erro e falha; mas quem realmente se esforça para agir [...] e quem, na pior das hipóteses, se falhar, pelo menos o faz enquanto ousa muito".[43] Permitir que os outros tirem sarro de você e zombar de boa-fé – em suma, romper com uma forma perniciosa de correção política – é um portal que garante a entrada na arena.

Como a pesquisa neste capítulo também sugere, proteger membros de grupos anteriormente desprivilegiados de ataques pode ter consequências graves e não intencionais. A menos que sejam cuidadosos, os membros desses grupos e seus apoiadores correm o risco de fomentar novas injustiças ao assumir o poder. A última coisa de que nosso mundo devastado precisa é de mais trauma, agressão e competição olho por olho, mas isso parece inevitável, a menos que os Rebeldes que Venceram de hoje assumam a responsabilidade de fazer melhor do que as gerações anteriores de rebeldes fizeram e mostrem compaixão por aqueles que eles já suplantaram. Vamos romper com o pensamento de soma zero que sustenta que estamos certos e nossos oponentes estão errados. Vamos romper com o desejo de consolidar o poder sobre os Novos Sem Poder a todo custo. Vamos proteger não apenas os membros de nossa própria tribo, mas também o respeito pela insubordinação que sempre sustentou os esforços de mudança social.

Os rebeldes assumem uma grande responsabilidade depois de tomarem o poder. Mas o fardo não recai apenas sobre eles. Os Novos

Sem Poder devem treinar-se psicologicamente para manter a mente aberta diante de ideias desconhecidas ou indesejadas. Se você está na maioria, qual é a maneira mais saudável de reagir quando alguém identifica falhas em suas suposições existentes? Como veremos no próximo capítulo, os não dissidentes podem ajudar a melhorar a sociedade ouvindo de verdade os outros cujas ideias diferem das suas – com expressões de curiosidade e humildade intelectual. Somente explorando a bagunça e o desconforto da insubordinação de princípios como ela é, não como esperamos ou queremos que seja, podemos ter acesso às melhores ideias disponíveis. A ciência descobriu alguns princípios e diretrizes que podem ajudar.

MODO DE FAZER

1. *Envolva-se com os Novos Sem Poder.* Contrarie os seus impulsos tribais, alcance seus antigos adversários e reforce uma identidade compartilhada na medida do possível. Forneça garantias a todos os envolvidos na guerra de ideias – amigos, inimigos e observadores neutros – de que suas opiniões ainda contam.

2. *Mantenha o foco nas maneiras pelas quais o poder compromete a autoconsciência.* Lembre-se frequentemente de seus próprios valores estabelecidos. Deixando de lado sua necessidade de consolidar o poder, suas ações atuais são realmente consistentes com o legado desejado? Faça o seu melhor para manter o campo de jogo nivelado para a próxima geração de conformistas e inconformistas.

3. *Cultive o pensamento crítico.* Os Rebeldes que Venceram devem dar as boas-vindas ao ceticismo de boa-fé de todos os quadrantes, reconhecendo o poder do ceticismo de remodelar e refinar a ortodoxia para o benefício de todos.

PARTE III

CANALIZANDO A DESOBEDIÊNCIA

CAPÍTULO 8

ENGAJE O ULTRAJANTE

Como superar as barreiras que nos impedem de dar atenção a ideias não convencionais

Encontramos muitos heróis até agora, intrépidos inconformistas que assumiram grandes riscos por um bem maior. Tenho orgulho de dizer que pessoalmente tive um encontro com um deles: um administrador de bolsas do Departamento de Informática Biomédica da Universidade de Buffalo. Em 2007, Cheryl Kennedy,[1] então estudante de pós-graduação de 30 anos e coordenadora de projetos do Instituto de Pesquisa e Clínica sobre Vícios da universidade, tornou-se uma delatora. Ela expressou sérias preocupações sobre seu chefe, dr. William Fals-Stewart, nosso mentor conjunto e um proeminente pesquisador de vícios. Durante anos, Fals-Stewart publicou vários artigos e garantiu toneladas de verbas para pesquisas. Nos bastidores, alguns alunos (inclusive eu) sentiram que algo não estava certo. Nós nos perguntamos, por exemplo, onde ele recrutou 120 casais para um estudo sobre a eficácia de um programa de tratamento de uso abusivo de substâncias. Ele lidou com os formulários de consentimento. Ele tratou dos pagamentos. Ninguém além de Fals-Stewart jamais conheceu um participante da pesquisa.

Cheryl decidiu agir. Ela sabia que acusar Fals-Stewart de fraude acadêmica trazia grandes riscos para a carreira. Fals-Stewart pagava seu salário e, como estudante de pós-graduação, ela tinha pouco poder. Mas Cheryl estava convencida de que Fals-Stewart havia cometido fraude acadêmica.[2] "Sou uma pessoa muito forte", ela me disse. "Não me intimido com as pessoas. Não me importa qual seja o cargo delas."

Eu gostaria de poder dizer que Cheryl saiu vitoriosa e ilesa após seu ato de insubordinação de princípios, mas não foi isso que aconteceu. O instituto acompanhou suas informações, convocando Fals-Stewart para comparecer perante um painel de ética. Pediram-lhe os endereços das clínicas de terapia onde ele coletava os dados, e ele os forneceu. Ao visitar as clínicas, os membros do painel não encontraram evidências de que ele já houvesse realizado pesquisas. Preocupados, eles pediram a Fals-Stewart os formulários de consentimento assinados dos participantes do estudo. Antes que ele pudesse produzi-los, um armazém que aparentemente continha as únicas cópias dos documentos de pesquisa foi queimado em um incêndio suspeito.

Um inquérito formal de má conduta lançado pela universidade exigiu uma audiência para os investigadores obterem depoimentos das testemunhas de Fals-Stewart. Coincidentemente, Fals-Stewart disse que cada uma dessas testemunhas estava fora da cidade. Elas só podiam testemunhar por telefone. E, acredite se quiser, o painel de inquérito aceitou sua história em vez de atrasar a investigação. Cada testemunha contou que a pesquisa de Fals-Stewart era legítima. Em uma reviravolta digna de cinema, as testemunhas eram na verdade atores pagos que não tinham ideia de que estavam participando de um processo formal (eu juro que não estou inventando essa história).[3] O roteiro que eles leram exigia que eles se passassem pelos membros reais da equipe de Fals-Stewart e prestassem falso testemunho em uma audiência real. Cada ator lia um roteiro que incluía o nome da pessoa responsável por incendiar o armazém, destruir documentos e falsificar os dados. Esse nome era Cheryl Kennedy, a delatora. Alguém havia vazado sua identidade para Fals-Stewart, e esse era seu plano de vingança.

Com base no depoimento de "testemunhas", o painel de ética absolveu Fals-Stewart e, incrivelmente, demitiu Cheryl. Mas isso não foi suficiente para Fals-Stewart. Cheryl havia se envolvido em fraude, insistiu Fals-Stewart. Ele pretendia processar a Universidade de Buffalo por difamação de caráter. Aqui ele ultrapassou todos os limites. Seu processo chamou a atenção do procurador-geral do

Estado de Nova York. Depois de analisar o caso, o Estado de Nova York acusou Fals-Stewart de catorze crimes por fraudar o governo ao aceitar doações de dólares com dados falsos. Algumas semanas depois, Fals-Stewart se suicidou.

Embora Cheryl tenha conseguido levar Fals-Stewart à justiça, o processo a devastou. A liderança do instituto aceitou acusações feitas por ele e a demitiu sem o devido processo. Depois que o procurador-geral a exonerou, ela não recebeu nenhuma indenização por danos. Nem uma única pessoa pronunciou: "Sinto muito". Ninguém a apoiou ou ofereceu proteção e, como ela relatou em nossa conversa, "acabou com a minha vida". Até hoje, ela permanece condenada ao ostracismo por colegas acadêmicos.

Ao ouvir Cheryl contar sua história, me senti ao mesmo tempo comovido por seu heroísmo e indignado com o tratamento desagradável que ela recebeu. Era importante, pensei, evitar que a próxima Cheryl fosse desrespeitada e punida injustamente para que o restante de nós pudesse se beneficiar das verdades importantes que denunciantes e outros inconformistas contam. O que pode ter ajudado os membros do painel de ética e outros líderes do instituto a ouvir Cheryl com mais atenção e levá-la mais a sério? Como qualquer um de nós poderia defender melhor as pessoas que vivem à margem, que, sem as credenciais "certas", ainda assim, têm as melhores ideias e soluções?

Examinando a pesquisa psicológica, descobri três poderosas barreiras mentais[4] que fecham nossas mentes às noções alternativas que encontramos. Embora ouvir ideias desconhecidas, provocativas ou criativas jamais seja fácil, entender e superar essas barreiras pode ajudar. Nossa psicologia nos torna vulneráveis aos argumentos e às suposições das autoridades e dos desinteressados entre nós que apoiam sem pensar o *status quo* e tornam certas crenças e falas fora dos limites. Felizmente, podemos nos treinar para ouvir os inconformistas de maneira mais imparcial, focando menos no mensageiro e mais no valor da própria informação. Quando ouvimos ideias que realmente têm mérito, podemos evoluí-las, aumentando a extensão em que os inconformistas convencem a maioria.

> ### A GRANDE IDEIA
> Sua própria mente o impede de aceitar novas ideias, sem que você perceba. Felizmente, você pode retomar o controle e aprender a se tornar mais receptivo.

BARREIRA 1: SOFRIMENTO PSICOLÓGICO

Como membros da maioria, nos esforçamos para ouvir o que pessoas como Cheryl têm a dizer porque suas ideias nos assustam um pouco. Especificamente, elas provocam o que as pessoas em minha linha de trabalho chamam de "incerteza ansiosa". O ser humano tem a mente fechada por natureza. Nós nos apegamos firmemente aos nossos sistemas de crenças, especialmente se autoridades poderosas os promovem, porque eles dão estrutura e significado a nossas vidas. Quando um rebelde surge com uma ideia nova e provocativa, nos sentimos inquietos. Essa incerteza nos causa angústia. Sim, *precisamos* nos sentir inquietos e incertos às vezes[5] – é assim que crescemos. Mas não é divertido. Quando os adultos sentem uma incerteza ansiosa sobre como lidar com uma situação, eles recuam da criatividade e se apegam ao familiar.[6] Os professores dizem que querem alunos criativos, mas preferem de longe os obedientes seguidores das regras em suas aulas do que aqueles garotos criativos indisciplinados.[7] Para piorar as coisas, novas ideias não apenas desencadeiam emoções negativas em nós como também emoções *sobre* essas emoções. Sentimo-nos inseguros por nos sentirmos incertos, com medo de sentir medo, envergonhados por nos sentirmos assim.

Como nos libertamos dessa armadilha emocional? Uma solução é nos afastar totalmente da situação e olhar para ela de longe. Se conseguirmos sair de nossos próprios egos, poderemos entender uma ideia com mais clareza sem que nossas emoções deem um colorido a ela. Os cientistas desenvolveram e testaram uma estratégia mental para fazer isso, o que eles chamam de "autodistanciamento".[8]

Enraizado em psicoterapias cognitivo-comportamentais[9] padrão-ouro, o autodistanciamento nos faz diminuir o zoom e observar de uma maneira mais objetiva o quadro geral do que está acontecendo, incluindo os atores envolvidos e suas perspectivas. A estratégia nos tira de uma mentalidade egocêntrica e nos ajuda a receber informações externas relevantes. Ao libertar nosso pensamento de distorções devido a acontecimentos passados, suposições ou expectativas, obtemos insights mais sábios sobre os desafios que enfrentamos e os melhores cursos de ação disponíveis para nós.

Ao ouvir os pensamentos de um rebelde de princípios, o autodistanciamento tem duas etapas principais. Primeiro, *detalhe o desafio que você enfrenta como ouvinte.* Um inconformista questiona seu ponto de vista e oferece uma alternativa. Você forma impressões iniciais sobre esse inconformista com base em vários fatores: se ele pertence ao seu endogrupo, sua aparência física (idade, raça, sexo, gênero, altura, peso, atratividade física), sua popularidade (poder e simpatia) e sua personalidade (como volatilidade emocional, entusiasmo e polidez). Reconheça como é difícil ouvir a mensagem dessa pessoa com a mente aberta devido aos preconceitos que você nutre, bem como ao velho impulso que sente de manter o *status quo.*

Segundo, *adote intencionalmente uma mentalidade mais ampla.* Você pode fazer isso de duas maneiras. Primeiro, tente falar consigo mesmo na terceira pessoa.[10] Em vez de se sentar em uma reunião e ouvir o que um inconformista tem a dizer, pensando algo como "Não estou entendendo isso" ou "Isso não faz sentido para mim", tente enquadrar esses pensamentos na terceira pessoa. Quando um administrador chamado Brian usou o autodistanciamento ao revisar as evidências que Cheryl trouxe contra o dr. William Fals-Stewart, sua narrativa interna poderia ter soado assim:

> Brian leu a declaração do dr. Fals-Stewart. Brian se perguntou por que ninguém achou surpreendente que o único prédio a ser queimado fosse aquele com os únicos arquivos que o dr. Fals-Stewart tinha. Quero dizer, o dr. Fals-Stewart estava por perto quando o fogo aconteceu. Brian quase levantou suas dúvidas para Clarence [outro administrador]. Brian jamais exteriorizou seus pensamentos porque ninguém mais no comitê expressou ceticismo. Se ele é o único cético, Brian achou que ele devia estar errado.

Criar uma narrativa interna como essa para si mesmo pode parecer estranho. Resista ao impulso natural de contar o que acontece de maneira egocêntrica. Você pode tentar interrogar seus sentimentos. Mas considere uma alternativa para a pergunta: "Por que me sinto assim?". Se o seu nome é Brian, saia do seu próprio ego e pergunte: "Por que Brian se sente assim?". Usar os pronomes "eu" e "meu" não permite que você questione verdadeiramente sobre o que acredita e pensa, nem mantém a mente aberta para novas perspectivas.

Para superar vieses pessoais, descreva o que está acontecendo em uma situação emocionalmente carregada como se você estivesse sendo observado por alguém. Um observador usaria seu nome ("Todd, comece a agir como um professor em vez de um garoto de 14 anos"), pronomes de segunda pessoa ("Você vai ofender alguém com esse desejo por linguagem obscena. Tudo bem para você ofender uma pequena porção de leitores?") ou pronomes de terceira pessoa ("Para modelar o comportamento rebelde, ele deve apostar em alguns riscos linguísticos cuidadosamente elaborados"). Tente entender o que você pensa e sente usando o pronome "você" e "[seu próprio nome]" tanto quanto possível ("Todd está ficando frustrado com uma sétima rodada de edições de parágrafo. Pode ser que ele consiga ilustrar melhor seu argumento com uma autoavaliação extremamente sincera e autoconsciente"). Não há problema em falar de si mesmo, mas você tem que fazer isso como se fosse uma "mosca na parede" à espreita;[11] use a conversa interna como celebridades altamente narcisistas. Ao contrário delas, no entanto, você está se engajando em uma estratégia introspectiva no interesse de lidar com emoções fortes e se tornar mais aberto quando confrontado com ideias impopulares, embora potencialmente valiosas.

Normalmente, os psicólogos pedem às pessoas que usem o autodistanciamento para verificar suas emoções[12] na terceira pessoa e, em seguida, ir mais fundo, investigando as razões subjacentes dos pensamentos ou emoções. Quando interrogamos nossas reações na terceira pessoa, suspendemos os julgamentos comuns que fazemos sobre nós mesmos, libertando-nos de preconceitos. Você provavelmente já percebeu que resolve problemas de forma muito mais eficaz quando um amigo lhe pede conselhos do que quando você próprio enfrenta os mesmos problemas. Agora você tem uma ferramenta para ajudar a liberar seu melhor pensamento criativo quando estiver no calor de uma situação complicada. Isso mesmo, você pode se tornar seu próprio amigo de resolução de problemas, apenas modificando a conversa interna![13]

Cientistas da Northwestern e da Stanford University exploraram o que acontece quando os casais adotam o autodistanciamento. A resposta: coisas boas. Os casais do estudo foram convidados a pensar em como se comunicam e se comportam da perspectiva de um terceiro que os observa (como um cinegrafista vasculhando imagens de uma câmera de vigilância). Os casais deveriam imaginar o que esse observador pensaria, quais sugestões dariam e, então, anotar o conselho imaginado. Esse exercício, com duração de apenas alguns minutos, levou os casais a experimentar maior satisfação no relacionamento ao longo de dois anos, independentemente de quanto brigassem.[14] Soldados nas Forças Armadas também adotam[15] o autodistanciamento ao relatar missões bem e malsucedidas – porque funciona.

Uma segunda maneira de se distanciar é ampliar seu horizonte de tempo. Aqui estão algumas diretrizes para fazer isso durante uma situação emocionalmente carregada:

> Feche os olhos e tente imaginar como será sua vida daqui a cinco anos. Considere como você se sentirá sobre esse acontecimento em cinco anos. Que emoções e pensamentos, se houver, você pode experimentar ao refletir sobre seu problema em um futuro distante? Se você não precisasse se preocupar com a aprovação social, o que você estaria dizendo ou fazendo hoje que teria um impacto positivo em um futuro distante? Como se julgará no futuro distante com base no que decidiu evitar por medo e no que foi corajoso o suficiente para fazer apesar dele? Ao contemplar essas perguntas e suas respostas, esteja disposto a tomar decisões que podem parecer desconfortáveis hoje, mas que em um futuro distante você apreciará. Minimize as decisões das quais vai se arrepender mais tarde.[16]

Quando encontramos ideias desafiadoras, muitas vezes reagimos de maneiras que nos fazem sentir melhor a curto prazo, sem pensar em um prazo mais longo. Devemos superar o impulso de rejeitar o novo, e a maneira de fazer isso é evocar uma imagem vívida de um futuro alternativo. Os pessimistas muitas vezes ficam presos ponderando as minúcias necessárias para colocar novas ideias em ação, o que os leva à inação. Podemos evitar essa armadilha pensando em um futuro imaginado quando essas mesmas ideias novas ganham força. Em vez de ficarmos atolados nas razões onerosas pelas quais não podemos fazer algo, podemos produzir uma visão concreta dos benefícios potenciais de novas ideias que podem nos levar a escolher a ação (em vez da inação).

Seja qual for a técnica que você escolher, o autodistanciamento é uma estratégia promissora para interagir com insubordinados. Mudanças linguísticas na conversa interna[17] custam pouco em termos de tempo e esforço e oferecem um retorno substancial sobre o investimento. Pesquisas descobriram que a mudança de perspectiva que essa estratégia traz ajuda as pessoas a lidar melhor com acontecimentos emocionalmente intensos,[18] levando a menos angústia, menor atividade cardiovascular e pressão arterial, mais percepção e maior capacidade de agir de maneira positiva. As pessoas que se distanciam ficam mais confortáveis sentindo-se desconfortáveis. Elas também se tornam mais humildes intelectualmente e mais receptivas às ideias de pessoas que mantêm crenças ideológicas opostas.[19]

O simples ato de autodistanciamento tem um efeito duradouro. Estudos mostraram que, dias e semanas após a adoção do autodistanciamento, as pessoas lidam melhor com a dor psicológica e física, ajudando-as a obter um maior senso de significado na vida depois de tomar decisões difíceis. Estudos também sugeriram que o autodistanciamento permite que as pessoas separem seu julgamento de ideias da fonte que as articula. Um estudo recente descobriu que, quando perguntados "Quem sou eu?", os participantes pensaram sobre sua identidade de forma diferente do que quando solicitados a pensar na terceira pessoa: "Quem é Todd?". Solicitados a se descreverem usando declarações "Eu sou", os participantes produziram uma longa lista de associações concretas a grupos (como "liberal", "ateu", "judeu" e assim por diante). Quando solicitados a se descreverem a distância usando declarações de terceira pessoa (como "Todd é..."), as pessoas responderam com descrições de personalidade mais abstratas (como "emocionalmente estável", "assertiva", "proposital" e "imaginativa").[20] Algo semelhante aconteceu quando os participantes avaliaram seus amigos. Quando solicitados a julgar sua amiga Juliana com a pergunta "Quem é Juliana?", as pessoas a descreveram pela presença de traços de personalidade e caráter em oposição à menção de associações exclusivas a grupos. O autodistanciamento, portanto, parece nos tornar menos obcecados com a demografia dos inconformistas, dando-nos mais pistas sobre sua individualidade e o mérito de suas mensagens. Com uma conversa interna distanciada, nós nos representamos mentalmente e julgamos outras pessoas de maneiras mais sutis. Tornamo-nos mais abertos e mais receptivos ao que os dissidentes dizem.

A GRANDE IDEIA

Novas ideias podem causar sofrimento psicológico desnecessário. Use o autodistanciamento para "curto-circuitar" esse problema e se tornar mais aberto à novidade.

BARREIRA 2: EXCESSO DE CONFIANÇA

Devemos fazer mais do que transcender nossas reações emocionais iniciais para nos envolvermos bem com os insubordinados de princípios. Uma grande razão pela qual dispensamos pessoas como Cheryl tão rapidamente é que achamos que sabemos mais do que de fato.[21] Esse problema se torna especialmente pronunciado se recebemos treinamento especializado em um tópico ou, inversamente, somos totalmente ignorantes em relação a isso. Adicionar sopa de letrinhas após o nosso nome obtendo um diploma, licença ou certificação profissional nos faz sentir excessivamente competentes,[22] por sua vez obscurecendo nossas deficiências intelectuais, quais sejam: conhecimento limitado, pontos cegos, viés partidário, sorte ou falha em explicar as especificidades de uma situação. Também estamos arraigados em ideias porque nos identificamos com o que achamos que sabemos e nos sentimos próximos dos membros dos grupos aos quais nos afiliamos. Nos estudos, os participantes lembrados de suas afiliações políticas[23] ou outras identidades sociais mostraram um excesso de confiança mais forte no que sabiam, dificultando a consideração de novos argumentos e ideias. Enquanto isso, outras pesquisas descobriram que, quanto *menos* alguém sabe sobre um tópico, maior a probabilidade de ter opiniões fortes sobre ele.[24] Ficamos com a mente fechada quando temos muito ou pouco conhecimento, o que muitas vezes nos deixa excessivamente confiantes no conhecimento existente.

A GRANDE IDEIA

Não aprenderemos muito com os rebeldes de princípios se acharmos que sabemos o suficiente por conta própria para chegar a julgamentos e decisões competentes. Felizmente, podemos encolher as nossas grandes cabeças cultivando a mais preciosa das virtudes: a curiosidade.

A curiosidade ajuda de todas as formas,[25] levando-nos a uma inteligência e crescimento superiores. Os altamente curiosos entre nós não apenas perseveram por mais tempo em tarefas difíceis, mas também têm um desempenho melhor e se cansam menos. Em um estudo, fazer um participante simplesmente descrever uma experiência passada quando se sentiu curioso[26] levou a um aumento de 20% na energia mental e física em comparação com a lembrança de momentos de profunda felicidade. Inteligência, tenacidade e energia são importantes quando tentamos superar a resistência e ouvir insubordinados de princípios. A curiosidade também nos ajuda a ouvir *melhor* os outros. Muitas vezes, deixamos de entender verdadeiramente os rebeldes entre nós porque passamos mais tempo explicando com confiança *nossas* posições do que pensando no que eles têm a oferecer. A curiosidade nos arranca de nossa autoabsorção, deixando-nos mais receptivos a ideias novas e úteis.

Não é difícil cultivar mais curiosidade[27] – basta *fazer mais e melhores perguntas*. Quando você encontrar um ponto de vista oposto ou desconhecido, comece com um ceticismo aberto sobre suas próprias crenças, perguntando: *O que esse insubordinado de princípios sabe que eu não sei? O que posso extrair de seu conhecimento único para melhorar minha vida e meu pensamento?* E, se você estiver participando de uma conversa com outra pessoa, em vez de tentar mostrar o quão inteligente ou competente você é e detalhar o motivo pelo qual está tão inequivocamente certo e seu interlocutor, errado, tente pedir a essa pessoa que reflita e explique como suas ideias preferidas funcionam.[28] Diga o seguinte: "Estou interessado no que você está dizendo. Pode me contar mais sobre como chegou a essa conclusão?".

Muitas vezes, reagimos a novas ideias de modo defensivo em um esforço para reforçar nossos próprios argumentos. Mas esse dificilmente é o caminho para um encontro produtivo. Como observa o filósofo Alain de Botton,[29] o conversador excepcional não é um bom ouvinte, mas sim um "interruptor habilidoso". Ele não "interrompe para se intrometer em suas próprias ideias", como a maioria das pessoas faz, mas sim "para ajudar o outro a voltar às suas preocupações originais, mais sinceras, mas evasivas". A ciência comprova isso. Em um estudo, os pesquisadores fizeram com que um grupo de participantes se concentrasse em seus próprios argumentos ao ouvir alguém apresentar um ponto de vista oposto, enquanto outros participantes faziam perguntas abertas ao orador destinadas a ajudá-los a entender por que acreditam no que acreditam. "O mero ato de *formular* perguntas de elaboração[30] foi suficiente para mudar suas reações", disse o pesquisador principal do estudo. Os pesquisadores descobriram que, quando as pessoas deixam de tentar persuadir[31] os parceiros de conversa e, em vez disso, abordam o tempo juntos como uma oportunidade para aprender algo novo, isso leva a um maior prazer, atitudes mais positivas e um desejo maior de se verem novamente. Melhore o diálogo civilizado esclarecendo que o objetivo da conversa é aprender, não persuadir. Demonstre seu interesse no que alguém diz com gestos visíveis, como acenos de cabeça e inclinações, olhar direto, olhos semicerrados em concentração e ruídos como "uhum".

Ser um ouvinte orientado para o aprendizado e não para a persuasão pode ser a diferença para poder lucrar com a abertura libertadora da mente que os dissidentes estimulam.

Em outro estudo, fazer uma única pergunta curiosa – uma pergunta aberta com o objetivo de entender melhor por que alguém sente ou pensa como eles – alterou os debates entre duas pessoas com visões opostas. Com uma única pergunta curiosa, o questionador tornou-se mais receptivo[32] às opiniões da outra pessoa, mais ansioso para continuar a conversa e mais propenso a ver a oposição como calorosa, de mente aberta, inteligente, razoável, objetiva e moral. A pessoa média não faz mais do que seis perguntas durante um bate-papo on-line inicial de quinze minutos com um estranho. Em uma conversa virtual, as únicas coisas que você pode fazer é escrever, ler ou pensar. Seis perguntas nesse ponto de encontro oferecem uma oportunidade de conhecer a personalidade, os interesses e os valores de alguém. Sim, fazer mais perguntas ajuda. Mas que tipo de perguntas você faz é muito mais importante. Em dois estudos, os pesquisadores descobriram que fazer uma alta taxa de perguntas de acompanhamento levou a uma maior simpatia e a um maior desejo de aprender mais sobre um parceiro de conversa. Os parceiros, por sua vez, acharam os questionadores receptivos mais simpáticos e os consideraram mais atenciosos.[33]

Acompanhar o assunto de interesse de alguém mostra que você está prestando atenção e procurando entendê-lo. Aumente sua atratividade social fazendo um grande número de *perguntas na sequência* (a pessoa diz: "Estou com desejo de comer um sushi de enguia de água doce", e você responde: "Agora, se você pudesse consumir apenas um alimento para sempre, qual seria?"). Compare essa poderosa sintonia de conversação com estratégias que são menos propensas a prever a simpatia, como um grande número de *perguntas sobre troca de tópicos* (elas dizem: "Lamento comprar um ouriço", e você responde: "Mas você lê história em quadrinhos?"), *perguntas-espelho* (a pessoa: "O que você faz quando é trolado na internet?", e você responde: "Eu costumo enviar um vídeo do meu cachorro dormindo em uma rede. O que você faz?") ou *perguntas retóricas* (a pessoa: "Quando foi a última vez que você se sentiu muito envergonhado?", e você responde: "Acidentalmente, cortei 22% da minha gravata com uma guilhotina de cortar papel. Não é um ótimo nome para um item de escritório?"). Mostre que você se importa. Mostre que você é responsivo. Mostre que você quer mais informações porque se sente inspirado ou intrigado. Sinalize que aquilo com que alguém se preocupa é interessante para você. Com perguntas de acompanhamento frequentes e bem colocadas, você dá aos parceiros de conversa a oportunidade de detalhar suas histórias e pensamentos com maior profundidade, e eles o apreciarão por isso.

Interrompa o excesso de confiança com curiosidade. Equívocos sobre o que faz um grande conversador nos impedem de nos conectar com rebeldes de princípios e, de fato, com todos os outros. A maioria das pessoas experimenta conversas repletas de decisões sobre o que dizer e como agir. Confiando no instinto, admiramos pessoas que parecem espirituosas, contam histórias intrigantes e são "suaves" ao responder a perguntas. Presumimos que os outros nos verão como grandes conversadores se formos espirituosos e suaves. Não, não, não, diz a ciência moderna.

A maioria das pessoas – inclusive nós – anseia por parceiros de conversa que demonstrem interesse no que sentimos ou pensamos – o que nos incomoda, nos intriga, nos excita. Seja o parceiro altamente qualificado que você deseja, mergulhando mais fundo naquilo que outras pessoas estão interessadas.[34] Faça perguntas como: "O que você está pensando?", "Quero saber mais sobre...", "O que iniciou seu interesse em...", "Por que isso aconteceu?", "Como você se sentiu quando...", "E o que mais?". Para se destacar nas conversas, pare de ser tão egocêntrico.

Redirecione sua atenção para o que os outros oferecem. Fale menos e pergunte mais. Ao conversar com alguém e acompanhar seus comentários perguntando "por que", faça isso com curiosidade, não julgamento. O "por que" curioso tenta explorar o que outra pessoa está dizendo ou fazendo no momento presente com o único propósito de entendê-lo. O "por que" de julgamento critica a afirmação ou comportamento, afastando-o. Se perguntar por que no espírito de "Por que você está aqui?" ou "O que há de errado com você?", você não apenas parecerá um idiota – você não conseguirá atrair as pessoas ao seu redor, incluindo aqueles inconformistas imensamente valiosos. A curiosidade é um antídoto para a defesa.

Quando se trata de lidar efetivamente com inconformistas ou denunciantes, fazer perguntas e manter uma postura de curiosidade faz toda a diferença. No caso do dr. William Fals-Stewart, Cheryl apresentou uma série de alegações. Embora o bom doutor tivesse publicado um artigo referenciando 120 casais participantes de um programa de terapia, Cheryl examinou os arquivos e encontrou apenas três. Como Cheryl também observou, o dr. Fals-Stewart preferiu não usar cheques ou cartões de crédito, mas em vez disso pagou as despesas relacionadas ao trabalho em dinheiro, embora o financiamento de subsídios do governo exija recibos e registros cuidadosos. Isso por si só, ela sentiu, era altamente suspeito. Infelizmente, os administradores não demonstraram um nível comparável de curiosidade em sua avaliação dos fatos. Eles não apenas não investigaram essas duas questões como também não questionaram a credibilidade[35] das testemunhas do dr. Fals-Stewart, nem perguntaram por que o dr. Fals-Stewart era mais confiável do que Cheryl. Em pontos-chave, eles se sentiram confiantes demais nas informações apresentadas e, portanto, não fizeram perguntas de acompanhamento.

Fazer perguntas difíceis, mesmo perigosas, raramente é bom no momento. A preferência pela simplicidade cognitiva nos leva a recorrer a suposições. Generalizamos indevidamente, pensando que todos os afro-americanos são politicamente liberais[36] ou que todos os republicanos apoiam Trump sem pensar.[37] Pressupomos que questões complexas revertem para pensamentos binários. Ou você é a favor de fronteiras abertas para imigrantes, ou contra elas. Ou você é a favor da liberdade de expressão, ou contra ela. E, assim, nos recusamos a fazer certas perguntas porque presumimos saber a resposta.

Para nos envolvermos melhor com os rebeldes de princípios, devemos resistir ao desejo de pintar tudo como ou/ou. Existem poucas pessoas inerentemente boas ou más. Muitos de nós somos uma mistura de valores e uma ampla gama de decisões éticas, antiéticas e moralmente ambíguas que fazem pouco sentido quando retiradas do contexto. Vamos mostrar um pouco de curiosidade, pessoal. Vamos explorar os elementos novos, complexos, ambíguos e misteriosos do nosso mundo.[38] Vamos abraçar a complexidade e resistir à tentação de categorizar as pessoas ou seus pontos de vista de uma maneira excessivamente simplificada.[39] Vamos gastar mais tempo *perguntando*. Você nem sempre pode ser feliz, mas quase sempre pode ser curioso.

BARREIRA 3: INTOLERÂNCIA

Um assalto ocorreu em uma casa suburbana, e a polícia prendeu três suspeitos. Como investigador do caso, você tem uma fotografia de cada suspeito e você sabe o nome, a ocupação, o álibi, o registro policial, o que eles tinham e como eles se comportaram durante sua prisão. Revendo todas essas informações a seguir, quem você mais suspeita que tenha cometido o crime?

NOME	PETER ALLEN	MARK MATHER	STEVEN JONES
ÁLIBI	Estava jogando bridge com o grupo da igreja	Estava passeando com o cachorro	Estava assistindo à TV sozinho em casa
ANTECEDENTE ANTERIOR	Excesso de velocidade, 128 km/h	Nenhum	Passou seis meses preso por roubo em 2002
POSSES QUANDO APREENDIDO	US$ 35, baralho de cartas	Guia, cigarros, golden retriever, US$ 6 em trocados	U$ 400 em dinheiro, chave de fenda, goma de mascar
COMPORTAMENTO QUANDO APREENDIDO	Colaborou com o policial	Ofendeu verbalmente o policial	Colaborou com o policial
OCUPAÇÃO	Contador	Corretor de imóveis	Desempregado

Você deve ter notado que um suspeito, Steven Jones, não tinha um álibi, apresentava antecedentes criminais e dispunha de US$ 400 em dinheiro e uma chave de fenda quando a polícia o prendeu. Ele também era o único suspeito desempregado. Tudo aponta para ele. Também é o único suspeito negro.

Um estudo fascinante colocou os participantes na posição de investigadores e pediu-lhes que considerassem esses três potenciais infratores.[40] Os participantes pegaram uma caneta e desenharam um círculo ao redor da foto de Steven Jones, depois a entregaram. Mas esse não foi o fim do experimento. Ao sair da sala, os participantes souberam que outra pessoa do estudo já havia completado a mesma tarefa. Os participantes receberam uma pasta de documentos com a resposta dessa outra pessoa. Ao abrir a pasta, os participantes encontraram uma nota manuscrita dessa pessoa dizendo: "Eu me recuso a fazer uma escolha aqui – essa tarefa é obviamente tendenciosa. Acho ofensivo fazer de um homem negro o suspeito óbvio. Eu me recuso a jogar esse jogo". Movimento bem ousado, certo? Essa outra pessoa acusou os pesquisadores de serem racistas!

Como você acha que os participantes reagiram ao encontrar esse ato de rebelião moral? Você poderia esperar que eles aplaudissem o rebelde que denunciou o racismo, mas eles não o fizeram. Eles o detestaram, percebendo-o como hipócrita, defensivo, teimoso, crítico e facilmente ofendido. Ao observar o rebelde tomar uma posição que eles não haviam considerado ou temiam tomar, os outros "detetives" no estudo declararam que não queriam ser amigos do rebelde, não o queriam como companheiro de quarto nem queriam trabalhar em um projeto com ele.

Não nos relacionamos mal com os rebeldes simplesmente porque suas ideias nos perturbam ou presumimos que sabemos tudo, mas porque nos ressentimos desses indivíduos por nos tornar dolorosamente conscientes de nossas próprias limitações. Se você tivesse trabalhado no Instituto de Pesquisa sobre Vícios quando o dr. William Fals-Stewart se envolveu em fraude, talvez tivesse rejeitado Cheryl e suas provas porque ela expôs sua falha em identificar um criminoso. Como uma pessoa altamente instruída que passou todos os dias de trabalho com o dr. Fals-Stewart, você poderia ter se sentido envergonhado por Cheryl ter detectado um problema que você não percebeu. Então você poderia tê-la difamado como uma estratégia para se proteger da autocrítica.

Reconhecer essa dinâmica nos leva a outra estratégia que podemos usar para nos tornarmos mais receptivos às ideias inconformistas, o que podemos chamar de "humildade deliberada"[41] ou *nos lembrar de nossas próprias falhas e limitações*. A humildade deliberada pode parecer contraintuitiva: se tememos a autocrítica, por que fazemos questão de nos criticar? A resposta é que, quando "temos" o sentimento de inferioridade intelectual e moral ao sermos confrontados por insubordinados de princípios, podemos considerá-los como um sinal de força e nos sentirmos melhor em relação a nós mesmos. Tornamo-nos menos inclinados a nos apegar a alguma noção de autoperfeição apenas para vê-la despedaçada por um insubordinado de princípios. Isso nos deixa mais dispostos a lutar pelo oprimido em vez de resistir ou se recolher em silêncio. A humildade deliberada também ajuda[42] a nos tornar mais sábios, uma vez que a sabedoria surge da compreensão das limitações de nosso próprio conhecimento, respeitando os pontos de vista dos outros, permanecendo abertos e receptivos às críticas e comunicando nossas ideias com respeito. Lembrados de quanta humildade intelectual serve para aumentar nossa sabedoria,[43] nos tornamos mais tolerantes com pessoas que diferem em ideologia, ideias e maneiras.

Praticar a humildade deliberada pode nos tornar mais abertos a ideias divergentes.[44] Escolha um momento em que você mostrou falta de humildade e modéstia, que pode ser aquele em que você não consegue parar de pensar sobre suas boas qualidades ou boas ações ou quando alguém compartilhou uma ideia e você o ignorou ou desmoralizou. Você poderia ter passado mais tempo como um interruptor habilidoso fazendo perguntas, coletando informações e aprendendo alguma coisa, mas não o fez. Agora recrie esse evento em sua mente o mais vividamente possível. Considere como você se sentiu e reagiu ao evento nos dias que se seguiram. Liste as emoções que sentiu, trazendo a habilidade de rotular emoções do Capítulo 6. Examine esse acontecimento do ponto de vista de outra pessoa assistindo a uma gravação de vídeo dele. Como ela veria isso? O que você poderia ter feito diferente? Por fim, considere como você pode mudar seu comportamento daqui para a frente com base nas lembranças dessa situação. Esse tipo de contemplação e autoquestionamento realmente funciona.[45] Vários estudos descobriram que as pessoas que passaram por esse processo de pensamento emergiram mais humildes, mais tolerantes, mais pacientes e menos críticas de si mesmas e dos outros.

Em estudos realizados em seis universidades diferentes,[46] os cientistas descobriram que, durante um desacordo, pessoas intelectualmente humildes mostravam mais interesse na opinião da oposição, a tratavam com mais respeito e dignidade e refletiam mais sobre a precisão de sua própria posição, o que as ajudou a adquirirem mais conhecimento. Da próxima vez que você se encontrar perto de pessoas que desafiam o *status quo*, diga a si mesmo que elas sabem algo que você não sabe e tenha como missão descobrir o que é isso. Lembre-se: você *deve* atualizar seu sistema de crenças à medida que encontra novas informações. É assim que você cresce! Quão triste seria se daqui a dez anos você ainda nutrisse as mesmas velhas crenças. A menos que esteja buscando novas informações com humildade, você está apenas fazendo proselitismo, não mostrando curiosidade real.

A GRANDE IDEIA

A sociedade precisa de menos pregadores de rua e mais pensadores intelectualmente humildes que possam superar as divisões sociais e intelectuais. Resista corajosamente a simples falsidades e, em vez disso, torne sua prática explorar verdades complexas de forma completa e honesta.

EXPERIMENTE MELHOR

Quando se trata de melhorar a sociedade, os inconformistas não são os únicos responsáveis por nos convencer de suas verdades. O restante de nós deve receber e avaliar suas contribuições com equanimidade para que possamos aceitar ideias e soluções que melhorem o que já existe. Mas, como vimos neste capítulo, envolver-se produtivamente com rebeldes não é simplesmente uma questão de *querer* ouvi-los. Precisamos superar a bagagem emocional e mental que carregamos e que nos faz recuar diante de ideias novas e incomuns antes que tenhamos a chance de avaliá-las racionalmente.

Vamos lembrar o que está em jogo. Denunciantes, ativistas políticos, artistas, cientistas e outros que ousam "pensar diferente" são agentes de melhoria social. Precisamos que as Cheryls deste mundo identifiquem imoralidade, injustiça, ineficiência, irracionalidade e má conduta em nossos sistemas onde elas existem. Precisamos que gritem: "Isso não está certo!" e "Nós podemos fazer melhor!". Também precisamos que nos mostrem o que "melhor" poderia ser, visualizando novas soluções nas quais ainda não pensamos.

As sociedades de hoje estão em movimento, transformando-se mais rapidamente do que nunca. Seja por causa de pandemias, transformações tecnológicas, mudanças geracionais ou outros fatores, muitos de nós estão abandonando hábitos e práticas de décadas quase da noite para o dia. Quando nem os especialistas mais aclamados conseguem prever o que virá a seguir, resta-nos experimentar a melhor forma de nos alimentar, trabalhar, educar nossos filhos, cuidar de nossos pais idosos e assim por diante. Esses experimentos funcionam melhor quando temos várias ideias alternativas à nossa disposição. Só conseguiremos isso se abrirmos nossas mentes cultivando uma mistura de tomada de perspectiva, curiosidade e humildade intelectual.

Não são apenas os indivíduos que devem aprender a se tornar mais receptivos e responsivos aos inconformistas, mas também grupos de pessoas. Grande parte da melhoria social ocorre em escolas, empresas, comunidades, times e bairros. No entanto, convenções sociais arraigadas nos impedem de considerar ideias desconhecidas e potencialmente ameaçadoras. Vamos considerar como podemos mudar as normas e culturas que surgem nos grupos para torná-los mais receptivos aos rebeldes em seu meio e mais capazes de se beneficiar de sua visão única.

MODO DE FAZER

1. *Para interagir de forma mais produtiva com insubordinados, pratique o autodistanciamento.* As pessoas que se distanciam experimentam maior equanimidade em situações emocionalmente intensas. Ao usar o autodistanciamento, você se torna menos defensivo quando exposto às ideias de pessoas que mantêm crenças ideológicas opostas.

2. *Cultive a curiosidade.* Quando você encontrar um ponto de vista oposto ou desconhecido, comece com um ceticismo saudável sobre suas próprias crenças. Redirecione sua atenção para o que os outros oferecem. Fale menos e faça mais perguntas de acompanhamento.

3. *Para se tornar mais receptivo às ideias inconformistas, pratique a "humildade deliberada".* Quando admitimos e reconhecemos a *nossa* falibilidade, sentimos maior apreço pelo valor dos insubordinados de princípios e lhes oferecemos maior respeito. Quando intelectualmente humildes, estamos mais dispostos a lutar pelos oprimidos em vez de resistir ou nos recolher em silêncio.

CAPÍTULO 9

EXTRAIA SABEDORIA DOS "ESQUISITÕES"

Como cultivar culturas que acolham os rebeldes em ambientes coletivos

Tudo parecia normal em 25 de outubro de 1994, quando a piloto de combate da Marinha dos Estados Unidos, tenente Kara Hultgreen, tentou pousar seu F-14A Tomcat no porta-aviões U.S.S. *Abraham Lincoln*. O tempo estava limpo, e, quando Hultgreen fez a curva final a apenas um quilômetro e meio do pouso, os motores de seu avião estavam funcionando bem. Mas algo aconteceu durante sua aproximação final. Seu motor esquerdo falhou, e Hultgreen ultrapassou a linha central amarela da área de pouso. Seu avião virou para a esquerda e, para compensar, Hultgreen o fez capotar no oceano Pacífico. Sentado atrás dela, o tenente Matthew Klemish iniciou a sequência de ejeção para Hultgreen e para ele próprio. Klemish escapou com vida. Uma fração de segundo depois, o assento da tenente Hultgreen foi ejetado para baixo, diretamente para o oceano Pacífico. Ela morreu com o impacto.

Por mais horrível e trágico que tenha sido, o acidente também envolveu a Marinha em uma grande controvérsia política. No ano anterior, apesar das objeções de altos líderes militares, o Congresso revogou uma legislação de décadas que excluía as mulheres de posições militares de combate.[1] Pressionados a concordar, o comando da Marinha implementou um plano para impulsionar os serviços da primeira mulher piloto de combate até o fim de 1994. Era Hultgreen. Agora que ela havia morrido, todos queriam saber por quê. As mulheres eram inadequadas para o combate, como argumentaram algumas vozes masculinas das forças armadas? A Marinha havia levado Hultgreen para um cenário de combate cedo demais sem o treinamento adequado? Ou ela tinha sido apenas a infeliz vítima da falha do equipamento?

A principal autoridade legal da Marinha, o Auditor-Geral,[2] divulgou um relatório oficial do acidente culpando a falha do equipamento pela morte de Hultgreen. Mas, em março de 1995, alguém vazou uma investigação interna realizada pelo Conselho de Segurança da Marinha.[3] A conclusão era: um erro do piloto causou a morte de Hultgreen.[4] Um oficial da Marinha, o capitão Patrick Burns, abriu o caso, vazando os registros confidenciais de treinamento de Hultgreen para uma organização independente, o Centro de Prontidão Militar, que, por sua vez, compartilhou essa informação com a imprensa. Como esses registros mostravam, a Marinha havia sido menos rígida com ela durante o treinamento do que com outros aspirantes a pilotos de caça. Quando um piloto do sexo masculino passava por treinamento e recebia uma baixa ou desqualificação por não conseguir pousar um avião com sucesso, eles normalmente recebiam mais duas chances antes da expulsão. A transcrição do treinamento da tenente Hultgreen mostrou evidências de quatro baixas.[5]

Um cético pode ser levado a descartar Burns como um misógino assumido, que nunca acreditou que Hultgreen tinha capacidade para voar em missões de combate. Sem dúvida, a tenente Hultgreen e outras mulheres encontraram resistência considerável na Marinha, incluindo hostilidade de oficiais do sexo masculino. Alguns oficiais não apreciaram a atenção da mídia concedida à tenente Hultgreen, com jornalistas muitas vezes na base observando-a. Alguns oficiais tinham fortes crenças sobre a inferioridade das mulheres em relação aos homens. Mesmo quando os oficiais do sexo masculino não eram abertamente misóginos, muitos não sabiam como falar e agir em torno das mulheres. "Acho que é um erro abrir bombardeiros e caças para as mulheres", testemunhou o general Merrill A. McPeak, chefe do Estado-Maior da Força Aérea, em uma reunião de 1993 do Comitê Consultivo de Defesa sobre Mulheres nos Serviços. "Eu tenho um problema de natureza cultural: não consigo aceitar essa imagem de homens velhos ordenando jovens mulheres a combater."[6]

Outras condições também dificultavam a vida de pilotos do sexo feminino. Por exemplo, o equipamento da Marinha não era adequado para seus corpos. Quase tudo no cockpit foi projetado para se adequar às dimensões físicas dos homens,[7] que, em média, são 119 centímetros mais altos que as mulheres e têm mãos 20 centímetros mais longas. As mulheres terão mais dificuldade em pilotar com segurança enquanto os equipamentos não forem projetados para seu corpo, como altura do assento, apoio para ombros e costas, distância dos pedais e da marcha e distância entre os botões do painel de controle.

A tenente Hultgreen não queria que ninguém mudasse os padrões da Marinha para ela ou outras mulheres. Ela só queria uma chance justa. "Não acho que a Marinha deva uma carreira às mulheres. Acho que o ponto é que devem querer a melhor pessoa para o serviço", disse ela.[8] "Se as pessoas me avaliarem por um padrão de exigência mais baixo, é a minha vida que está em jogo. Eu poderia morrer."[9] Mas esse foi precisamente o argumento de Burns. Como ele viu, a Marinha exigiu menos da tenente Hultgreen por causa da pressão que os líderes sentiram para cunhar sua primeira piloto de combate. Burns apoiou a integração de gênero desde que existissem evidências claras da prontidão para o combate das mulheres. Ele arriscou sua carreira militar de vinte e oito anos[10] para vazar informações porque não viu outra maneira de resistir à pressão política que a Marinha sentia. "Eu devia isso à Marinha", ele testemunhou ao Inspetor-Geral Naval. "É um verdadeiro desserviço para as mulheres que estão fazendo um bom trabalho, que são totalmente capazes de pilotar aviões de combate e lançar bombas no alvo. Elas estão sendo avaliadas por um critério diferente de seus contemporâneos masculinos. E isso não é justo com elas. Então, não está prestando um serviço a ninguém."[11]

Nunca saberemos ao certo o que causou a morte da tenente Hultgreen. O que parece claro é que a Marinha não fez o suficiente para acolher adequadamente as contribuições dos insubordinados de princípios – tanto soldados mulheres pioneiras quanto denunciantes como Burns. A pressão política externa não erradicará magicamente os vieses e preconceitos que tornam um grupo pouco acolhedor para grupos minoritários. Da mesma forma, não se pode esperar que as pessoas sirvam como honestas contadoras da verdade se a própria organização tenta ocultar fatos importantes em uma investigação. Para tirar o máximo proveito da insubordinação de princípios, agências governamentais, empresas, equipes e outros grupos devem treinar as pessoas a pensar de forma diferente. Eles devem intencionalmente projetar culturas nas quais os dissidentes que quebram estereótipos, como a tenente Hultgreen, recebam uma chance justa. Eles também devem projetar culturas nas quais rebeldes de princípios como o Capitão Burns possam expressar abertamente fatos inconvenientes sem temer punição.

Muitos grupos reprimem as contribuições de membros minoritários, incluindo insubordinados de princípios. Mesmo grupos que se orgulham de serem "diversos" muitas vezes não conseguem colher os benefícios esperados. Embora a diversidade demográfica receba muita atenção, os pesquisadores encontraram pouca relação entre essa diversidade em um grupo[12] e seu desempenho. Dimensões de diversidade relacionadas ao trabalho, como a formação educacional de uma pessoa, anos de experiência e conhecimento e habilidades funcionais, impactam minimamente o desempenho do grupo.[13] Não é que a diversidade seja inútil. Em vez disso, como argumentam os pesquisadores, "certos tipos de grupos podem ser mais capazes de capitalizar as vantagens que a diversidade oferece".[14] Para aumentar a capacidade de um grupo se beneficiar da diversidade de todos os tipos, incluindo pessoas com ideias que podemos achar "estranhas" ou "incomuns", devemos abandonar a ideia de que apenas recrutar indivíduos diversos e adicioná-los à mistura melhorará o desempenho do grupo.

A partir daí, devemos sondar as condições que permitem que a presença de pessoas e pontos de vista diversos funcionem para nós e para eles,[15] e devemos fazer mudanças culturais com base nessas condições. Pesquisadores da Universidade de Amsterdã e da Universidade de Kiel descobriram dois caminhos poderosos[16] para grupos que buscam fazer um trabalho melhor ao acolher inconformistas, extrair sua sabedoria e melhorar o desempenho do grupo. Vamos examinar cada um deles, investigando como a Marinha poderia ter encorajado uma investigação mais honesta e aberta da morte de Hultgreen, ou talvez a evitado em primeiro lugar.

> **A GRANDE IDEIA**
>
> Por si só, a diversidade ou a presença de inconformistas não vão melhorar magicamente o desempenho nas configurações de um grupo. Precisamos promover mudanças culturais entendendo o que faz a presença de pessoas e perspectivas diversas funcionar a nosso favor.

CAMINHO 1: CRIE UM AMBIENTE QUE INCENTIVE TODOS A CONTRIBUIR

Os grupos muitas vezes não conseguem aproveitar ao máximo a diversidade porque se esforçam para extrair conhecimento das pessoas à margem. Como líder, você quer que seu grupo seja bem unido e coeso, pois isso permite que ele opere com eficiência. Com um senso de harmonia e positividade, pessoas de mentalidade semelhante podem coordenar seus pensamentos e ações rapidamente – pense em bombeiros colaborando perfeitamente para chegar com prontidão a uma cena de emergência. No entanto, a coesão pode impedir que rebeldes de princípios, que, por definição, pensam de forma diferente da maioria, compartilhem suas mensagens. Também pode impedir que outros membros do grupo considerem essas mensagens de forma justa. Você só pode ter acesso às ideias valiosas dos rebeldes – aumentando assim a capacidade do grupo de buscar, conquistar,[17] pensar, aprender e criar – se tratar os rebeldes como colaboradores de valor único e se os atrair, elaborando e melhorando suas ideias. Caso contrário, você não chegará às melhores soluções, apenas às mais rápidas. A inteligência coletiva do grupo sofrerá.

> **A GRANDE IDEIA**
>
> Para maximizar a inteligência coletiva de um grupo, construa uma cultura que afirme certos valores: autonomia, pensamento crítico, liberdade de pensamento e o desejo de buscar informações úteis, independentemente de sua origem.

Os psicólogos chamam esses valores de "motivação epistêmica", definida como a "vontade de despender esforços para alcançar uma compreensão completa do mundo, incluindo a tarefa do grupo ou o problema de decisão em questão".[18] Para um grupo buscar soluções criativas, os membros devem querer fazer algo diferente e útil, porque os métodos antigos não estão funcionando. Um grupo com forte motivação epistêmica entende que uma busca profunda e sistemática por novas possibilidades vale o esforço.

Os grupos raramente extraem sabedoria de rebeldes de princípios se os membros sentem que têm as informações necessárias para tomar uma decisão. Mas grupos nos quais a motivação epistêmica é forte tendem a olhar mais gentilmente para ideias inconformistas. Um estudo descobriu que, quando as pessoas se lembravam de normas de motivação epistêmica e escreviam sobre comportamentos passados consistentes com elas, viam os dissidentes duas vezes mais positivamente em comparação com pessoas que se concentraram na unidade e na coesão como elementos definidores do grupo.[19] Grupos que se comprometem com valores de motivação epistêmica[20] têm melhor desempenho na resolução de problemas, criatividade e inovação, talvez porque provocam e desenvolvem ideias intrigantes dos esquisitos e rebeldes entre eles.

Como você incorpora valores associados à motivação epistêmica em sua cultura? Você não pode apenas proclamá-los como normas mas deve também moldar o pensamento dos membros individuais e influenciar como os grupos realmente processam as informações. Aqui estão algumas práticas específicas para experimentar:[21]

- Se você estiver liderando uma reunião, comece falando sobre como os participantes podem se envolver melhor com outras pessoas e suas mensagens. Diga explicitamente aos membros o que o grupo valoriza e não valoriza. Ofereça histórias e exemplos para tornar os valores abstratos mais concretos e fáceis de replicar. Lembre a todos que você quer pessoas que discordem da maioria. Para manter o ímpeto, você quer que as pessoas expressem o desacordo de maneira construtiva. Esclareça que os desacordos exigem uma audiência justa na qual as pessoas buscam conhecimento e sabedoria em vez de tentar validar seus pontos de vista. Faça isso todas as vezes.

- Exiba com destaque uma lista de comportamentos para os membros do grupo manterem em mente enquanto falam, ouvem, interagem e durante a tomada de decisões. Você pode, por exemplo, incluir uma regra de que cada participante recebe apenas três chances de falar por reunião, a menos que alguém especificamente peça a eles que participem mais para que possam compartilhar conhecimento especializado. Você deseja evitar que alguns tagarelas dominem a conversa, facilitando a participação de diversas vozes. Crie um folheto de uma página para os membros pegarem, lerem e assinarem antes da reunião do grupo.[22]

- Para aumentar o compromisso com a autonomia, o pensamento crítico e a busca de informações novas e úteis, peça às pessoas que listem o que fizeram no passado ou viram outros fazerem que seja consistente com esses valores.

- Peça aos membros do grupo que formem duplas e discutam os comportamentos que adotarão ou evitarão nas reuniões que demonstrarão compromisso com cada valor. Quando você se compromete publicamente com um curso de ação específico, torna mais provável a adesão aos valores.[23]

- Crie tempo para contemplação e deliberação. Reduza a pressão que as pessoas sentem para tomar decisões rapidamente.

- Reduza a influência do status e do poder sobre quem fala, por quanto tempo fala e quais opiniões são mais valorizadas. Treine membros de grupos populares e de alto status para ampliar as ideias de pessoas com menos status ou poder. Lembre a todos que boas ideias podem surgir de qualquer um.

- À medida que as conversas em grupo terminam, peça às pessoas que reflitam sobre várias perguntas: qual foi a ideia mais útil que você aprendeu com os outros hoje? O que você não entendeu completamente que só poderia esclarecer perguntando a outra pessoa? O que você pode concluir do processo de coleta de informações que se desenrolou durante a reunião para melhorar a forma como você se envolve intelectualmente na próxima vez? Essas reflexões ajudam as pessoas a lembrar que o grupo é um processo e que podemos melhorar constantemente e garantir que não voltemos aos maus hábitos.

Para incorporar a motivação epistêmica na dinâmica do grupo, encoraje os membros da equipe a confiar em seus pontos fortes à medida que realizam seu trabalho e recorrer a membros com capacidades diferentes para obter ajuda em áreas em que não têm experiência. Combinar os pontos fortes únicos e as áreas de especialização do grupo leva a mais perguntas e à geração de mais ideias. Com mais recursos[24] à disposição da equipe, surgem soluções mais criativas e eficazes.

É claro que os membros da equipe só podem se concentrar em seus pontos fortes e recorrer a outras pessoas para aprimorar seu conhecimento se reinar uma ética de humildade intelectual. Sua própria humildade e a dos membros de sua equipe estimulam mais investigações sobre o conhecimento dos outros. Da mesma forma, um grupo amigável a rebeldes de princípios tende a se concentrar nos resultados em vez dos meios de obtê-los.[25] Focados em resultados, os membros do grupo acolherão os rebeldes de princípios, pois quem fizer perguntas, oferecer críticas e contra-argumentos úteis e identificar soluções negligenciadas melhorará a equipe. Para promover e sustentar a humildade intelectual, crie uma estrutura de incentivos que recompense o esforço e a produtividade do grupo, oferecendo instruções sobre como cooperar (compartilhando o que você sabe e o que pode fazer de melhor).

Promover a motivação epistêmica instila uma cultura saudável, na qual as pessoas consideram o desacordo como um trampolim para o progresso e as diferenças entre os membros do grupo como portais para novas informações e soluções. Como os cientistas descobriram, você pode otimizar ainda mais a tomada de decisões em grupos aproveitando as informações únicas que os rebeldes de princípios carregam, combinando motivação epistêmica com uma orientação pró-social – o desejo de trabalhar para o bem do grupo e não apenas para si mesmo. Em três estudos separados, os grupos que produziram o maior número de ideias possível para resolver um problema, as ideias mais originais e as discordâncias construtivas mais frequentes adotaram os valores de autonomia e pensamento crítico em vez de conformidade e lealdade. Grupos que valorizam a autonomia e o pensamento crítico[26] direcionam sua energia para o que melhor ajudaria o grupo a ter sucesso (uma orientação pró-social que faltava em grupos que abraçavam a conformidade e a lealdade).

CAMINHO 2: DESFAÇA AS PANELINHAS

Digamos que você seja uma das poucas pilotas que procuram se integrar a um grupo grande e preexistente de pilotos. Os pilotos veem as mulheres como estranhas e agem, francamente, como idiotas. As mulheres lidam com a tensão se aproximando e se apoiando, enxergando umas nas outras fontes de apoio. Essa conexão é positiva, mas pode abrir espaço para uma divisão que enfraquece. Os homens sentem-se no direito de tratar desfavoravelmente as recém-chegadas, que, à primeira vista, parecem não querer se integrar ao grupo maior. As mulheres sentem-se no direito de querer trabalhar juntas como um subgrupo, pois se sentem psicologicamente seguras ali para expressar impressões e ideias distintas para modificar o ambiente de trabalho. O perdedor desse "viés intergrupal", como os psicólogos o chamam, é o grupo maior, que tem mais dificuldade de criar um ambiente no qual os inconformistas sintam-se acolhidos e capacitados a contribuir.

O preconceito intergrupal atrapalha sua equipe? Pergunte a si mesmo: alguns em sua equipe se distanciam fisicamente dos outros se deixados sozinhos? Alguns exibem posturas corporais fechadas ou cochicham juntos quando outros do grupo falam? Alguns param suas brincadeiras amigáveis ou mudam de assunto quando uma pessoa que não está em seu subgrupo aparece? Alguns tendem a criticar ou mostrar cinismo em relação a outros que não fazem parte de seu subgrupo? A presença de limites de subgrupo e distanciamento social diminui a capacidade de um grupo de extrair sabedoria de quem é diferente e, em geral, de oferecer um bom desempenho. Para neutralizar tais limites, mobilize "estratégias de remoção de viés",[27] que, como disse um pesquisador, guiam as pessoas para "fora do reconhecimento de padrões [ou estereótipos] para um modo de pensamento mais analítico, fornecendo uma correção mental para otimizar a tomada de decisões".

Uma dessas estratégias é instruir as pessoas com antecedência sobre como ver além das barreiras usuais dentro e fora do grupo para ter mais empatia com os outros. Em um experimento de laboratório, a dra. Inga Hoever e seus colegas da Erasmus University Rotterdam reuniram 77 equipes de três pessoas e pediram que organizassem uma produção criativa de teatro comunitário.[28] Com um conjunto de equipes, os pesquisadores estabeleceram a diversidade funcional atribuindo a cada membro da equipe um papel especializado: o diretor artístico era responsável pela reputação criativa e qualidade das peças; o gerente financeiro, pelo sucesso financeiro e pela lucratividade do teatro; e o gestor do evento, por tornar a visita ao teatro agradável para o público. Cada membro do grupo recebeu informações diferentes (plano de localização, cronograma de peças, custos de produção etc.) e um ponto de vista distinto sobre o que faria uma produção bem-sucedida, imitando a diversidade funcional em uma organização que lida com objetivos concorrentes. Em uma segunda equipe, os três membros não dispunham de diversidade funcional – eles colaboravam com as mesmas informações, mas sem atribuições de funções. Todas as equipes tiveram vinte minutos para desenvolver um plano de ação criativo final para a companhia de teatro, enquanto observadores independentes analisavam o desenrolar do processo do grupo.

Os pesquisadores treinaram metade dos grupos em uma estratégia de baixo custo chamada "tomada de perspectiva", que os ajudou a diminuir a divisão entre pessoas com interesses variados, ou seja, o experimento teve quatro grupos: dois (diversos *versus* homogêneos) vezes dois (que receberam treinamento de perspectiva ou não). Falar de "treinamento" talvez seja um pouco generoso nesse caso: os membros dessas equipes receberam uma página sobre tomada de perspectiva que os treinou sobre como melhor interagir com outras pessoas que eram diferentes deles e "avaliar assuntos como se você estivesse no lugar da outra pessoa". O folheto de uma página encorajou os membros da equipe a considerar com o que os outros se importavam, por que eles se comportavam daquela maneira e a identificar onde estariam as sementes de qualquer desacordo.

Os resultados foram impressionantes. Grupos diversos não se saíram melhor em criatividade do que grupos homogêneos. Na verdade, grupos diversos que não receberam orientações sobre como se relacionar demonstraram menos pensamento criativo – ainda menos do que os grupos sem diversidade em suas funções. Mas, ao dar aos membros de grupos diversos um folheto simples de uma página sobre como ver as coisas de diferentes perspectivas, eles atingiram o máximo de desempenho criativo – duas vezes mais do que os grupos sem diversidade funcional e do que os grupos diversos sem orientações sobre como trabalhar com colegas diferentes.

Esses achados se somam a outras pesquisas que mostram que, se você antevir proativamente as diferenças de opinião, estará mais propenso a entender e apreciar o motivo das divergências. Em um estudo de campo, os pesquisadores ministraram a israelenses e palestinos workshops de cinco horas sobre habilidades de tomada de perspectiva,[29] incluindo a capacidade de assumir os pontos de vista de outra pessoa e experimentar suas emoções. Eles ouviram uma história sobre um líder que não empregou a tomada de perspectiva e como isso prejudicou seu relacionamento com os funcionários, além de aprenderem sobre líderes famosos como Martin Luther King Jr. e Steve Jobs, que se beneficiaram da tomada de perspectiva. Os participantes praticaram a tomada de perspectiva durante uma negociação simulada e aprenderam como a tomada de perspectiva ajudou em lugares como a Irlanda do Norte. Em nenhum momento o workshop abordou o conflito israelo-palestino. Após o workshop, os participantes receberam atualizações semanais sobre tomada de perspectiva que os levaram a pensar sobre como estavam aplicando essas habilidades. Os pesquisadores descobriram que esse único workshop levou a uma redução de atitudes negativas entre israelenses e palestinos e a um aumento não só na esperança de que o conflito israelo-palestino pudesse ser resolvido mas também no comportamento conciliatório – mudanças que persistiram por seis meses ou mais.

Podemos aprimorar nossa tomada de perspectiva treinando-nos para olhar o mundo – e, em particular, as alegações dos inconformistas – de forma mais objetiva. Quando categorizamos uma pessoa como um "outro",[30] tendemos a buscar informações que confirmem essa hipótese, mesmo que na verdade nos ajude mais a buscar evidências que conflitam[31] com nossas suposições. Se você acredita que uma mulher não pode servir como piloto de combate da Marinha, se concentrará seletivamente em dados que parecem "provar" que ela não pode e evitar informações contraditórias. Percorra os fóruns on-line para militares e você verá o pior viés de confirmação. "Deveríamos desenterrar mais exemplos de mulheres de carreira 'caindo de cara' (sem trocadilhos) quando apoiadas por ações afirmativas como essa", diz um comentário.[32] Outro observa que "Há alguns estudos biológicos [...] que mostram que as mulheres são inerentemente piores em consciência espacial (voando em 3D) e lógica (compreendendo os computadores de voo em F-14s [...] ou qualquer outra coisa)".[33] E esses são os comentários relativamente inócuos.

Pense no significado desses dois comentários. O primeiro afirma que, em vez de tentar determinar objetivamente se homens e mulheres diferem na habilidade de pilotagem, devemos apenas desenterrar casos que se encaixem na história "as mulheres são piores". O segundo afirma explicitamente que existem estudos mostrando diferenças entre homens e mulheres, sem se preocupar com a qualidade da pesquisa ou sua relevância. Nós, humanos, adoramos estar certos,[34] o que significa que vamos nos esforçar para encontrar, ignorar e distorcer seletivamente informações que apoiem o que já pensamos. Tornamo-nos ainda mais arraigados em nossos vieses intergrupais e, como equipe, menos capazes de extrair informações de minorias e usá-las para melhorar.

A GRANDE IDEIA

Para resolver conflitos com mensageiros que desafiam nosso sistema de crenças e aumentam nossa capacidade de considerar as mensagens, devemos nos livrar dos vieses de confirmação.

Crie o hábito de fazer perguntas que desafiem suas crenças preexistentes, em particular levantando várias explicações possíveis sobre o comportamento de pessoas que pensam, agem e têm uma aparência diferente de você. Se presumir que alguém em sua equipe sempre contribui com ideias ruins, pode ser que você perceba que a implementação da última ideia desse integrante tenha sido onerosa para a equipe. Faça perguntas como: "Quantas vezes o grupo ignorou suas preocupações sobre um projeto que acabou se tornando um problema mais à frente?" ou "Quantas vezes ele sugeriu ideias que melhoraram um projeto, recebendo ou não crédito?". Se presumir que alguém é um membro ruim de sua equipe, você pode pensar nas vezes em que outros reclamaram sobre esse indivíduo. Levante questões que potencialmente desafiem essa suposição, como: "Por que outras pessoas em outros ambientes gostam de trabalhar com ele?" ou "Por que ele teve um desempenho excepcional em outros grupos que não este?".

Treinar-nos para invalidar nossas hipóteses preexistentes, em vez de confirmá-las alegremente, nos ajudará a reverter percepções errôneas, que, por sua vez, nos permitem gerar mais amizades e reduzir conflitos sociais. Em essência, queremos nos treinar para nos comportar como cientistas ao avaliar a insubordinação de princípios, em vez de advogados que procuram enterrar informações que entram em conflito com conclusões preexistentes.

Condicionar-nos a sair de nossas próprias mentes e considerar os pontos de vista dos outros realmente funciona. Em outro estudo sobre se intervenções psicológicas breves funcionam em conflitos intratáveis, os participantes israelenses instruídos sobre como entrar em contato com os pensamentos e sentimentos dos outros responderam com menos raiva aos palestinos e, por sua vez, expressaram mais apoio às políticas de reconciliação e menos apoio à agressão militar. Cinco meses depois, os israelenses que receberam essas instruções continuaram a sentir menos raiva em relação aos palestinos e ainda expressaram mais apoio às políticas que promovem a paz em vez da guerra.[35]

CONSTRUINDO CULTURAS QUE ACOLHEM OS REBELDES

A decisão do Congresso de permitir que as mulheres assumissem funções como a de piloto de combate estava muito atrasada e era um importante passo à frente. Mas não podemos apenas exigir a inclusão de grupos minoritários, incluindo rebeldes de princípios, e esperar ver um progresso instantâneo. A mera presença desses insubordinados de princípios não significa que empresas, equipes, partidos políticos e outros grupos da sociedade terão sucesso em colher suas percepções únicas e valiosas. Cada um de nós, como indivíduo, deve trabalhar para se tornar mais compatível com os inconformistas e seus pontos de vista, e devemos criar grupos aptos a extrair sabedoria dos esquisitões. Devemos criar oportunidades dentro dos grupos para que rebeldes de princípios compartilhem o que sabem, bem como garantir que os recém-chegados ou membros à margem do grupo possam exercer influência na mesma medida que os membros do grupo estabelecido. A construção da cultura leva tempo, e, uma vez que vemos o progresso, devemos permanecer vigilantes para evitar retrocessos. Com foco e determinação, podemos construir grupos nos quais a investigação desinteressada e a capacidade de pensar no lugar de outra pessoa se enraízam, maximizando a inteligência e a criatividade do grupo.

Para completar este livro, gostaria de nos desafiar a pensar de forma ainda mais ambiciosa. Por que devemos esperar até que as pessoas entrem em equipes e empresas antes de aumentar nossa hospitalidade para com aqueles que têm opiniões impopulares e minoritárias? Para construir uma sociedade plenamente capaz de mobilizar as percepções dos inconformistas, devemos também aumentar o número total de inconformistas entre nós. Em longo prazo, a maneira mais eficaz de fazer isso é educar as crianças desde a tenra idade para romperem com a multidão e se tornarem rebeldes de princípios. Devemos incutir na juventude a mentalidade e as habilidades que produzem e sustentam a não conformidade, assim como tornar a dissidência *legal*. Com base na ciência mais recente, o próximo capítulo fornece um roteiro para criar uma nova geração de pensadores livres corajosos e inspiradores.

MODO DE FAZER

1. *Trate os rebeldes como colaboradores de valor único.* Para maximizar a inteligência coletiva de um grupo, construa uma cultura que afirme certos valores: autonomia, pensamento crítico, liberdade de pensamento e o desejo de buscar informações úteis, independentemente de sua origem.

2. *Lute contra o viés de confirmação.* Crie o hábito de fazer perguntas que desafiem suas crenças preexistentes, em particular levantando várias explicações possíveis sobre o comportamento de pessoas que pensam, agem e parecem diferentes de você.

3. *Reforce repetidamente as normas para permitir a dissidência e aceitá-la quando presente.* Observe mudanças drásticas quando determinados membros inconformistas falam em termos de queda na atenção (recorrendo a dispositivos e conversas paralelas), acompanhamento insuficiente do que é dito (tração esmagadora) e incapacidade de oferecer compaixão (não fazendo nenhuma tentativa de encontrar a verdade ou base racional por trás das palavras de alguém). Se você acha que isso não acontece em sua equipe, está ignorando a atividade social. Agora sabemos que pequenas mudanças comportamentais ajudarão as equipes a colher os benefícios de pessoas diferentes e discordantes. Podemos construir grupos em que a humildade intelectual, a investigação desinteressada e a visão dos assuntos da perspectiva de outra pessoa se tornem comuns.

CAPÍTULO 10

CRIANDO FILHOS INSUBORDINADOS

Estratégias baseadas em evidências para treinar a próxima geração de heróis em potencial

Em agosto de 2020, a segundanista do ensino médio Hannah Watters[1] foi notícia nacional ao se envolver no que chamou de "problemas bons e necessários". Em todo o país, a controvérsia girava em torno de se as escolas deveriam abrir para as aulas em meio à furiosa pandemia de covid-19 ou realizar aulas virtuais. O presidente Donald J. Trump e outros no governo estavam pressionando pela reabertura das escolas em todo o país. Muitos pais, professores, alunos e autoridades de saúde pública duvidavam que as escolas pudessem operar com segurança. O colégio que Watters frequentava, North Paulding High School, no subúrbio de Atlanta, Geórgia, decidiu que suas aulas seriam presenciais. Os alunos que se recusassem a participar correriam o risco de serem expulsos. O plano de reabertura do colégio parecia tão imprudente que um professor pediu demissão em vez de voltar ao trabalho.

Quando Watters chegou para seu primeiro dia de aula, ficou chocada com o que viu. O colégio havia sido "reaberto de modo ignorante", disse ela. "Eles não apenas reabriram para os alunos, mas também o fizeram sem garantir nenhuma segurança."[2] Embora o Centro de Controle e Prevenção de Doenças (CDC) dos Estados Unidos e outras importantes autoridades de saúde pública tenham identificado as máscaras faciais como importantes para reduzir a propagação de covid-19, o colégio tornou o uso delas voluntário. Watters descobriu que apenas uma minoria de alunos as usava. Enquanto isso, os corredores ficavam lotados durante o dia, com os alunos às vezes espremidos um ao lado do outro. Embora o colégio tivesse políticas contra o uso de smartphones e a publicação de fotos de alunos em redes sociais sem obtenção de consentimento, Watters gravou e postou um vídeo dos corredores lotados no Twitter. "Eu estava preocupada com a segurança de todos naquele prédio e de todos no condado porque as precauções e diretrizes que o CDC nos informou há meses não estavam sendo seguidas."[3]

As imagens se tornaram virais e provocaram uma tempestade de cobertura da mídia. Os administradores aplaudiram Watters por seu ato de rebeldia de princípios? De jeito nenhum. Eles a puniram com uma suspensão de cinco dias por violar as políticas da escola. Enquanto isso, o diretor do colégio anunciou aos alunos que eles seriam punidos por postar fotos nas redes sociais. Felizmente, quando a mãe de Watters ligou para a escola, ela soube que a suspensão havia sido suspensa. Embora o distrito escolar tenha defendido sua atuação, o superintendente reconheceu que "a foto não pegou bem" e sugeriu que o colégio teria de fazer ajustes.[4]

Não deve ter sido fácil para Watters quebrar as regras. Ela sabia que iria irritar as pessoas. No entanto, ela o fez mesmo assim porque sentiu que era a coisa moralmente apropriada a fazer. Ela teve um impacto, aumentando a conscientização sobre uma questão criticamente importante que afeta a todos nós. Bastante incrível, se você me perguntar. Como seria nosso país se todas as escolas estivessem se unindo a alunos como Watters, e se meter em "algumas encrencas boas e necessárias" não fosse apenas comum, mas também "legal"? A ciência revela uma série de princípios que pais e professores podem usar para treinar os jovens a discordar, desafiar e se desviar de normas e padrões problemáticos.[5] Você pode estar utilizando alguns desses princípios agora mesmo sem perceber. A chave é tornar todos *eles* proeminentes em sua abordagem ou pedagogia parental, de modo que seus filhos se sintam inclinados e capacitados a discordar. Vamos todos nos dedicar a criar uma nova geração de jovens como Watters, que se importam tanto que se levantam e se posicionam em nome do progresso.

> **A GRANDE IDEIA**
>
> Devemos nos dedicar a criar uma nova geração de jovens que se sintam encorajados a discordar, desafiar e se desviar de normas e padrões problemáticos em prol do progresso.

PRINCÍPIO 1 DO CRIADOR DE REBELDES: MOSTRE A SEUS FILHOS QUE VOCÊ ACREDITA NELES

Você se lembra do inspirador professor de inglês interpretado por Robin Williams no filme *A sociedade dos poetas mortos*? Eu tive um professor de escola primária assim – dr. Frank Cacciutto. Certa vez, ele estava em cima de uma mesa como Robin Williams e leu em voz alta um poema que havia escrito sobre gramática – em particular, o desânimo sentido por pontos e vírgulas incompreendidos e o orgulho sentido por vírgulas e pontos de exclamação frequentemente usados (a ideia de descrever pontuação com atributos humanos nos deixou de queixo caído). Mas o dr. Cacciutto não apenas leu para nós como também pediu a nossa opinião construtiva sobre o trabalho em andamento, e, quando a demos, ele ouviu. Imagine um professor – com nada menos do que um Ph.D. – pedindo conselhos para a *minha* humilde pessoa! Enquanto a maioria dos educadores trata os alunos como crianças grandes, o dr. Cacciutto nivelou a hierarquia social da sala de aula, mostrando-nos que ele nos considerava seres humanos totalmente formados e independentes, com opiniões dignas de serem ouvidas. Não por acaso, meus amigos e eu adorávamos ir para a aula e prestávamos atenção em cada palavra dele.

Estabelecer padrões elevados e afirmar regularmente o potencial dos alunos aumenta o desempenho deles, especialmente quando os jovens pertencem a grupos marginalizados e estigmatizados.[6] Mas, se você pensar bem, mostrar às crianças que você acredita nelas também é uma ótima maneira de criá-las para se tornarem insubordinadas de princípios. Para discordar da sabedoria predominante, as crianças devem acreditar que têm a capacidade de fazer a diferença no mundo. Elas devem ter noção de seu próprio poder. Quando os pais ou professores demonstram confiança na competência de seus filhos, afirmando que eles podem criar estratégias viáveis para superar obstáculos e persistir no longo jogo de atingir metas, eles os ajudam a acreditar em si mesmos. À medida que as crianças desenvolvem ideias que se desviam da norma, elas se tornam mais inclinadas a persegui-las.

A questão então se torna: como os pais e professores podem ajudar melhor as crianças a internalizar um senso de competência? Uma maneira é simplesmente lembrar os jovens de seus sucessos passados. Pergunte ao seu filho sobre as experiências que *eles* definem como sucessos. Algumas crianças podem ter persuadido um amigo a mudar de ideia sobre um assunto, aprendido a digitar sem olhar para as mãos, feito um teste para um papel em uma peça (independentemente de terem sido aprovadas), levantado dúvidas sobre informações apresentadas em aula ou terminado um livro por conta própria para aumentar sua base de conhecimento. Faça com que seus filhos listem mudanças positivas que fizeram, habilidades que aprenderam, realizações das quais se orgulham, momentos em que assumiram uma posição ousada. Busque detalhes, fazendo perguntas como: "Quando você começou a pensar em fazer uma mudança ou melhorar seu conjunto de habilidades?"; "O que estava acontecendo na sua vida na época?"; "Você melhorou tudo de uma vez ou deu pequenos passos?"; "Quais foram alguns dos passos?"; "Como você se sente em relação ao que fez hoje?"; "Como é se lembrar disso agora?".

Uma segunda estratégia é ajudar seu filho a minimizar o que os psicólogos chamam de "incerteza de pertencimento".[7] Quando os jovens se sentem intrusos, tendem a ver os laços sociais como frágeis. Avaliar constantemente se você se encaixa[8] é exaustivo para qualquer um, ainda mais para os jovens, que ainda estão desenvolvendo um firme senso de identidade. Nós, adultos, podemos reduzir esses sentimentos de incerteza que minam a motivação e a realização. Quando os jovens estão passando por transições difíceis, deixe-os ouvir relatos de crianças que já estiveram na mesma situação e agora estão do outro lado.[9]

Baixar os padrões[10] na esperança de fazer com que os jovens se sintam bem consigo mesmos não é a resposta (muitas vezes os adultos fazem isso para que *possam se sentir positivos em relação a si mesmos e virtuosos por tentar equilibrar o campo de atuação*). Para se tornarem rebeldes de princípios, os jovens devem acreditar que têm ação suficiente para fazer a diferença. Nós, adultos, devemos construir a confiança de nossos filhos em sua capacidade de superar obstáculos e persistir no longo jogo de ter sucesso em seus objetivos.

PRINCÍPIO 2 DO CRIADOR DE REBELDES:
MOSTRE INTERESSE PELOS INTERESSES DOS SEUS FILHOS

O ex-secretário de educação de Delaware, Mark Murphy, visitou milhares de salas de aula em mais de 700 escolas. O que ele encontrou o desanimou. Os jovens estavam ansiosos para aprender, mas entediados com a educação tradicional. Eles tinham professores que acreditavam neles, mas careciam de adultos que se interessassem por seus esforços. "Há tantas coisas que quero aprender", disseram-lhe, "mas ninguém parece se importar. Sinto-me sufocado por regras, regulamentos e limites do que é certo, aceitável e valorizado. Eu não estou no controle de forma alguma".[11]

Determinado a fazer algo, Mark fundou a GripTape, uma organização que permite que adolescentes façam jornadas de aprendizado de dez semanas fora da sala de aula guiadas por seus próprios interesses. A GripTape faz duas perguntas aos jovens: qual é a ideia, assunto ou habilidade que você sempre quis aprender? Como isso está relacionado ao seu sucesso atual ou futuro? Com base em respostas satisfatórias para ambas as perguntas, eles recebem um convite para iniciar uma jornada de aprendizado.[12] Os jovens que completaram o programa aprenderam sobre comunidades de rap, codificação de computador, design de moda, tecnologia blockchain, falta de moradia, fotografia com drone e o uso de técnicas de edição genética. A GripTape é agnóstica em relação ao conteúdo,[13] prestando atenção a pesquisas que mostram que as crianças aprendem melhor e são mais motivadas a persistir em desafios e encontrar rotas alternativas em torno de obstáculos quando envolvidas em atividades pessoalmente significativas. Criticamente, a GripTape oferece aos jovens um "campeão" adulto que fornece apoio emocional, não conselhos. Para minimizar o risco de que os campeões voltem ao modo de dar conselhos, a organização exclui adultos que são especialistas nos temas que as crianças estão explorando. Essas figuras adultas estão presentes simplesmente para afirmar, validar e encorajar as crianças enquanto aprendem, não para alimentá-las com conhecimento especializado.

Os campeões fazem perguntas reflexivas, tentando entender o que os jovens acham mais energizante ou extenuante à medida que prosseguem com suas missões. Em vez de ceder à tentação de dar conselhos, fazem perguntas que orientam os jovens em tudo o que lhes interessa, como "Como vai?"; "Com o que você está tendo dificuldades?"; "Você conversou com alguém sobre isso?"; "Quem seria uma boa pessoa para contatar que sabe mais do que você?". Essas perguntas permitem que os jovens pensem sobre suas ações e resolvam o próximo passo por si mesmos. As crianças têm adultos suficientes em sua vida dizendo-lhes o que fazer. Elas querem adultos que simplesmente as ouçam sem se sentirem compelidas a entrar com uma história ou informação.

Dados preliminares mostram que a metodologia da GripTape é extremamente eficaz,[14] transformando a vida das crianças e levando-as ao poder do aprendizado. De maneira mais ampla, a ciência confirma o quão importante é para as crianças ter adultos interessados e solidários em suas vidas, os quais não apenas aprimoram o aprendizado mas também as ajudam a se tornarem rebeldes de princípios. Tornamo-nos mais curiosos e corajosos quando os outros nos deixam seguros para sermos nós mesmos e apoiar nossas descobertas.[15] Além disso, quando compartilhamos nossos interesses com outras pessoas e elas ouvem com entusiasmo, o que compartilhamos se torna mais interessante e significativo para nós.[16] Assim, nos tornamos mais curiosos e queremos correr mais riscos.[17]

Forneça esse sistema de apoio para seu filho. Seja responsivo quando ele compartilhar descobertas passadas ou planos futuros com você. Se ele se sentir desconfortável,[18] mostre-lhe que pensamentos e sentimentos ansiosos são naturais ao tentar coisas novas e enfrentar desafios. Quando você aceitar os sentimentos negativos do seu filho, ele aprenderá a fazer o mesmo. Ajude-o a regular suas emoções. Comece dando o exemplo você mesmo, expressando o nível certo de emoção para situações específicas e rompendo com as normas culturais arraigadas (por exemplo, afirme que os meninos podem chorar e as meninas podem ficar com raiva). Você não apenas aumentará a curiosidade de seus filhos como também fortalecerá seu relacionamento com eles, servindo como um facilitador da jornada da vida deles.

PRINCÍPIO 3 DO CRIADOR DE REBELDES: APOIO À AUTONOMIA

Na GripTape, os campeões adultos se abstêm de dar conselhos porque procuram avançar em outra estratégia crítica para treinar a insubordinação de princípios: dar autonomia às crianças. Os rebeldes, por definição, sentem uma forte sensação de liberdade para seguir o próprio caminho. Essa mentalidade tem de vir de algum lugar. Você a incute quando permite que as crianças sirvam como codiretoras de quando, como e o que elas aprendem. Fazer isso facilita o envolvimento ativo e uma experiência de alegria e admiração.[19] Permitir que os jovens direcionem seu tempo e energia para um objetivo significativo de uma forma que seja enriquecedora para eles oferece a melhor oportunidade de aprendizado.

Pesquisa mostraram que os jovens exploram e descobrem melhor quando estão no controle e têm permissão para resolver os problemas sozinhos.[20] Como pais e educadores, devemos deixar de lado nossos medos e nosso impulso de interceder, permitindo que nossos filhos sintam (e dominem!) momentos de desconforto. Fazer isso os ajuda a se tornarem autodirigidos em seus pensamentos e comportamentos. Se você não consegue romper com a ideia de que o aprendizado requer um aluno e um professor, faça com que as crianças ensinem outras crianças. Não há melhor maneira de consolidar o aprendizado e uma compreensão mais profunda do material do que verbalizá-lo e explicá-lo a um colega[21] com profundo interesse no assunto em questão.

O QUE OS ADULTOS PODEM DIZER E FAZER[22] PARA APOIAR A AUTONOMIA

1. Não dê sermão em seus filhos. Em vez disso, passe um tempo ouvindo-os. Mostre-lhes que o que eles dizem é importante. Você deve reexpressar o que

uma criança diz com tanta clareza e vivacidade que ela responda: "Nossa, eu gostaria que você fosse meu redator de discursos".

2. Encontre momentos para as crianças desfrutarem da independência, oferecendo-lhes espaço para resolver problemas e quebra-cabeças à sua maneira.

3. Dê aos seus filhos oportunidades de falar com frequência. Mesmo que seus argumentos sejam quase inarticulados, encontre a ideia principal e valide-a. Passe a palavra para eles quando estiverem perto de outros adultos.

4. Observe os indicadores de que seu filho está aperfeiçoando ou dominando uma habilidade e anuncie-a. Tente conectar o que eles fazem aos seus objetivos pessoais. Por exemplo, você pode dizer: "E é por isso que você vai mandar o *ollie* no skate em breve!" ou "Falou como um futuro veterinário".

5. Não dê ordens aos seus filhos. Em vez disso, incentive-os enquanto eles trabalham, dizendo "Veja o que conseguiu fazer" e "Quase lá", acompanhado de lembretes do que eles fizeram no passado ("Continue trabalhando com afinco e lembre-se de como seus esforços valeram a pena da última vez").

6. Quando seus filhos ficarem presos em um problema, não ofereça soluções, mas dê dicas úteis ("Será que se você..." ou "Pode ser mais fácil se você começar com..."). Lembre-os de que cometer erros faz parte do processo de aprendizagem.

7. Reconheça a perspectiva e a experiência de seus filhos. Mostre compaixão pela dificuldade de uma tarefa. Lembre-os de como era para você como iniciante. Explique por que você não está dando a resposta ("Vocês se lembrarão disso muito melhor e por mais tempo trabalhando por conta própria").

8. Evite declarações com palavras como "precisa" e "deve", pois elas sugerem que existe uma maneira certa e errada de chegar a soluções. Deixe as crianças experimentarem e tirarem suas próprias conclusões.

PRINCÍPIO 4 DO CRIADOR DE REBELDES: AJUDE SEUS FILHOS A RECONHECER MENTIRAS

A insubordinação de princípios depende da capacidade de uma pessoa filtrar as informações à sua disposição, bem como as coisas úteis das bobagens, e convencer os outros a aceitar o que for útil também.

Para criar jovens rebeldes, você deve ajudá-los a turbinar suas habilidades de pensamento crítico para que fiquem mais alerta a ideias bobas quando elas aparecerem. O objetivo não é tornar os jovens cínicos, mas ensiná-los a adotar uma abordagem de "confiança, mas verificação" da informação. Os jovens devem se sentir à vontade para fazer perguntas e distinguir entre dados de alta e baixa qualidade. Eles devem ter o hábito de suspender o julgamento, desacelerar seu processo analítico e deixar a análise crítica seguir seu curso.

Pais e professores podem promover habilidades de pensamento crítico fazendo perguntas reflexivas quando as crianças chegam a julgamentos aparentemente incorretos ou mal formulados. Digamos que você esteja em uma festa na piscina e seu filho adolescente e seus amigos estejam debatendo se a homossexualidade é uma escolha. Não os sobrecarregue com evidências científicas a favor ou contra. Não os force a mudar seus sistemas de crenças. Faça perguntas a eles e deixe-os fazer também. Incentive-os a se envolverem em experimentos mentais como o seguinte: "Imaginem que uma bomba está presa à perna de vocês. Além disso, vocês estão conectados a um monitor de vídeo que mostra homens e mulheres incrivelmente atraentes fisicamente e um monitor de frequência cardíaca para determinar se estão fisicamente excitados. Vocês conseguiriam mudar o sexo pelo qual se sentem fisicamente atraídos? E se a vida de vocês dependesse disso e a bomba explodisse se o coração de vocês não parasse de bater ao ver um homem bonito e a frequência cardíaca aumentasse ao ver uma mulher atraente?". Como pais e educadores, devemos ajudar as crianças a aprender *como* pensar em vez de *o que* pensar.

Os alunos dos ensinos fundamental e médio devem ter aulas nas quais não apenas recebem informações de palestras, mas também aprendem, escrevem, pensam e discutem sobre as ideias mais controversas da sociedade. Eles devem aprender sobre o funcionamento do cérebro que nos impede de reagir de maneira puramente racional (veja a lista de distorções cognitivas no Capítulo 3). E eles devem se divertir. As crianças só podem melhorar suas habilidades de pensamento quando o aprendizado as envolve emocionalmente e quando elas têm a liberdade de errar e ficar confusas às vezes.

SEIS PERGUNTAS QUE INCENTIVAM AS CRIANÇAS A AVALIAR A QUALIDADE DA INFORMAÇÃO[23]

1. "Você está confiando demais em figuras de autoridade?" Títulos sofisticados, idade e anos de treinamento não nos dizem se os especialistas estão nos fornecendo informações precisas. Verifique novamente suas declarações. Pesquise e leia as informações exatas das quais eles chegam a conclusões. Verifique se eles estão exagerando ou interpretando mal os dados.

2. "Certos ditos especialistas têm incentivos para fazer reivindicações específicas?" Desconfie de pessoas que realmente, realmente (realmente!) querem que uma afirmação seja verdadeira. Não confie em pessoas cujo salário depende de uma conclusão específica. Esteja atento a conflitos de interesse psicológicos, situações em que as pessoas investiram tempo, energia e dinheiro substanciais para chegar a um determinado resultado. Seja cauteloso quando as pessoas começam com a conclusão de que desejam[24] e só depois apresentam evidências que reforçam o seu argumento e descartam evidências contrárias.

3. "O orador incentiva o debate?" Seja cauteloso quando alguém apresenta uma ideia e recusa perguntas críticas, comentários e contradições. Até que você descubra se algo é preciso, continua sendo uma hipótese. Mantenha-se cauteloso com as ideias até que ocorra um debate genuíno e o procure. Ao fazer isso, pense em você como um jurado, editor ou cientista em vez de um advogado tentando "ganhar" o caso. O objetivo não é desenvolver uma hipótese que se mostre correta. É separar fato de ficção, sinal de ruído.

4. "A informação se encaixa com a maneira como o mundo funciona?" Embora a mente aberta seja uma virtude, algumas possibilidades são menos plausíveis do que outras. Observe se uma informação ou uma explicação requer vários saltos mentais. Quando você notar elos fracos na cadeia de um argumento, trate isso como um momento para ser cético.

5. "Para onde aponta a preponderância das evidências?" É difícil resolver problemas complicados e grandes com um único estudo ou observação. Se várias linhas de evidência apontam para a mesma direção, nossa confiança aumenta. Se diferentes pessoas coletam evidências de maneira independente e de modos diferentes, nossa confiança aumenta ainda mais. Resista à sedução por uma única pessoa ou enredo convincente no momento e verifique se há verificação independente por outras pessoas.

6. "Existe evidência verificável?" Desconfie de pessoas que confiam em histórias convincentes e emocionalmente intensas como evidência e de argumentos transmitidos de maneiras que o impeçam de testar sua legitimidade.

PRINCÍPIO 5 DO CRIADOR DE REBELDE: CONTAR HISTÓRIAS DE INSUBORDINAÇÃO DE PRINCÍPIOS BEM E MALSUCEDIDAS

Os jovens se beneficiam quando aprendem sobre histórias de vida confusas de insubordinados bem e malsucedidos. O dr. Yannis Hadzigeorgiou, da Universidade do Egeu, passou dez anos testando a hipótese tentadora de que ensinar crianças sobre o processo de descoberta científica[25] – as discussões intelectuais entre cientistas, as emoções que experimentam durante o trabalho, as relações sociais que formam e a política da ciência – as ajuda a apreciar assuntos STEM (Ciência, Tecnologia, Engenharia e Matemática). O dr. Hadzigeorgiou fez com que jovens de 16 anos aprendessem sobre a vida e os feitos de Nikola Tesla, rival de Thomas Edison e conhecido como "o gênio esquecido da eletricidade". Edison e Tesla tentaram resolver o mesmo enigma: como transmitir melhor as correntes elétricas sem fio de maneira segura e confiável? Como Hadzigeorgiou descobriu, os adolescentes apreciaram o drama da descoberta científica (nesse caso, eles descobriram que o jovem Tesla trabalhou para seu herói Edison antes que uma traição o levasse a desistir). Tesla passou a produzir mais de 700 patentes registradas, mas enfrentou a ira de Edison ao longo de sua carreira, que supostamente pagou alguém para incendiar o laboratório de Tesla e impediu oportunidades de financiamento.

Ao mergulhar na história de Tesla, os adolescentes ficaram impressionados com o funcionamento da insubordinação de princípios. "Foi porque as ideias de Tesla pareciam loucas que ele não foi totalmente aceito pela comunidade acadêmica", escreveu um aluno em seu diário de aula de ciências. "Nunca despreze as ideias científicas, por mais estranhas ou mesmo loucas que possam parecer e soar a princípio", escreveu outro aluno. Os pesquisadores descobriram que os alunos expostos a essa abordagem de ensino baseada em histórias adquiriram e retiveram um número maior de fatos científicos e experimentaram um maior senso de admiração. Tanto as meninas quanto os meninos mostraram uma maior apreciação e disposição para contestar ideias amplamente aceitas em comparação com colegas ensinados usando uma abordagem tradicional baseada em palestras.[26]

Outro trabalho descobriu que ensinar crianças do ensino médio sobre outra insubordinada de princípios subestimada, a figura dos direitos civis, Elizabeth Jennings (discutida no Capítulo 3), não apenas melhorou a compreensão delas da história, mas também promoveu força psicológica.[27] Os pesquisadores pediram às crianças que identificassem o que sabiam sobre direitos civis nos Estados Unidos, o que queriam aprender e o que as surpreendeu e interessou na história de Elizabeth Jennings. Em vez de regurgitar visões disfuncionais mantidas no fim do século XIX e início do século XX, as crianças reconheceram as limitações de ver o passado por meio da moralidade do presente, articulando o que poderiam ter feito de forma diferente se tivessem vivido durante aquele período. Aplicando uma lente histórica, os alunos mostraram sinais de empatia, tomada de perspectiva e sabedoria.

Como essa pesquisa sugere, educadores e pais podem treinar a próxima geração a lutar sem remorso por causas impopulares, mas socialmente benéficas, contando histórias de insubordinados do passado. Além disso, pais e professores podem incentivar as crianças a desenvolver interpretações não tradicionais de insubordinados de princípios. As crianças podem estudar de perto insubordinados famosos, sondando seus erros e falhas morais, bem como seus caminhos não lineares para o sucesso. Usando informações biográficas, as crianças podem refletir sobre a importância de sair da zona de conforto, correr riscos e agir de acordo com seus valores.

Nossos filhos também exigem exposição aos conflitos de escolher o caminho da insubordinação de princípios. Quando se deparam com a honestidade sobre as consequências negativas que vêm com o questionamento do pensamento dominante, as crianças podem tomar melhores decisões sobre se uma missão vale os sacrifícios que elas podem ter que fazer. Peça às crianças que relacionem as histórias encontradas com sua própria vida. Peça-lhes que comparem como decidiram se destacar ou não em relação ao rebanho, por que acreditam que a decisão delas foi boa ou ruim e o que aprenderam e planejam aplicar aos próximos desafios.

PRINCÍPIO 6 DO CRIADORS DE REBELDES: ENSINAR A BRAVURA

Como vimos ao longo deste livro, os insubordinados de princípios não são nada senão corajosos. Se queremos criar filhos capazes de desafiar o *status quo*, devemos ensiná-los o que é bravura. Comece informando a eles que a bravura vem em vários sabores – não é apenas bravura física.[28] Quando alguém se mostra disposto a defender uma causa que vai contra pessoas poderosas e até mesmo uma sociedade inteira, demonstra *coragem moral*. Pense em Cheryl Kennedy e Marty Goddard percorrendo o caminho acidentado entre a covardia e a imprudência. Esses rebeldes sacrificaram a saúde, o bem-estar e as perspectivas de carreira para defender causas morais. Ou pense em Nichelle Nichols, William Shatner e Gene Roddenberry produzindo o primeiro beijo interracial na televisão. Quando alguém supera uma limitação pessoal, demonstra *coragem pessoal*.[29] Um ato corajoso para uma pessoa, como falar na frente de uma sala cheia de pessoas ou confrontar um pai sobre favoritismo em relação aos irmãos, pode ser trivial se realizado por outra. Outras formas de coragem incluem o risco calculado de *honestidade* (falar a verdade) e *autenticidade* (apresentar-se como você realmente é) quando a maioria ainda não está do seu lado. Pense em Fugazi tocando seu próprio estilo único de música e nunca se vendendo, ou Rick Barry jogando a bola por baixo, como uma "vovozinha", enquanto grandes multidões de fãs de basquete assistiam com desprezo, ou dr. Ignaz Semmelweis, que tentava convencer seus colegas de que lavar as mãos salva a vida de pacientes.

Exponha as crianças a várias formas de coragem e dê a elas a linguagem para descrever as maneiras pelas quais elas próprias são corajosas. Aponte casos em que seus filhos agem com bravura, quando você se comporta com coragem e quando outros o fazem de maneira covarde. Quanto ao último, não desabone os atores. Em vez disso, pergunte às crianças e aos adolescentes o que eles pensam e podem sentir e fazer em uma situação semelhante. Você não quer que as crianças se sintam pressionadas ou forçadas a se comportar com coragem. Você não quer que elas sintam que a afeição depende de um comportamento corajoso. Mostre às crianças que você também já se comportou de maneira corajosa, covarde e ambígua.

Aprofunde a compreensão de seus filhos sobre coragem relacionando-a ao medo. A qualidade definidora da coragem[30] não é a ação destemida, mas a disposição de correr um risco que vale a pena, *apesar de* sentir medo. Graças às percepções de filósofos e cientistas sociais, podemos converter coragem na seguinte fórmula:

$$\text{Coragem} = \text{Vontade de agir} \div \text{Medo}$$

Como essa fórmula sugere, existem duas maneiras de ser corajoso.[31] Primeiro, podemos enfrentar nossos medos sobre se podemos superar ou subjugar as barreiras. Uma das maiores razões pelas quais 1.312 funcionários federais se recusaram a denunciar onde trabalhavam depois de obter "evidências diretas de uma ou mais atividades ilegais ou perdulárias" foi o medo de retaliação.[32] O medo de represálias é a razão número um pela qual os jovens não denunciam problemas de bullying aos adultos.[33] No Capítulo 6, aprendemos estratégias para construir sua fortaleza mental: entenda o que você está sentindo. Crie um espaço entre o que você sente e como você responde. Pergunte a si mesmo sobre a função dessas emoções indesejadas. O que o seu medo está tentando comunicar?

Segundo, podemos aumentar nossa capacidade de progredir em direção a metas pessoalmente importantes, apesar de nossos medos. No Capítulo 6, aprendemos a esclarecer o que e quem torna uma causa importante o suficiente para arriscar danos físicos, de reputação ou financeiros. Coragem não é um nível que você desbloqueia após um número suficiente de horas de treinamento. Em vez disso, é uma série de pequenas escolhas que você faz ao longo do tempo.[34] Ensine as crianças a antever e saborear esses pontos de decisão. Elas terão muitas oportunidades para testar a sua bravura física, coragem moral, persistência, honestidade e autenticidade. Incentive-as não apenas a aceitar o desafio, mas também a buscá-lo. Cada vez que escolhem se comportar com coragem, podem se orgulhar disso. Ver a coragem como uma série de escolhas em si aumenta a disposição delas para agir.

Ensine as crianças a pensarem em si mesmas como heróis em espera[35] – a pessoa que intervém para proteger um estranho de um valentão agressivo ou que se dá ao trabalho de apoiar um amigo enlutado. Com demasiada frequência, as pessoas de bom coração não conseguem avançar e se comportar corajosamente porque são vítimas do "efeito espectador". Com outros presentes, elas se sentem menos propensas a intervir para ajudar ou realizar uma tarefa, assumindo que esses outros irão agir. Os psicólogos identificaram cinco fatores que aumentam as chances de agir[36] em situações sociais perigosas e não perigosas: prestar atenção e perceber um problema; perceber que a situação é urgente; sentir um senso de responsabilidade pessoal; acreditar que você tem as habilidades para ser útil; e chegar a uma decisão consciente de ajudar. Ensine aos seus filhos esses cinco fatores e sua importância, celebrando aqueles raros indivíduos que se levantam e fazem a coisa certa diante do perigo.

Ao contrário de outras formas de educação, o treinamento de coragem exige que você considere cuidadosamente as qualidades únicas de seu filho, incluindo seu temperamento, personalidade, história pregressa e ambiente existente. Adapte o treinamento ao seu filho e como *ele* vê o medo. Lembre-se de que os recursos e as limitações pessoais dele são muito diferentes dos seus e dos de qualquer outro adulto. Não aliene as crianças referindo-se aos seus medos como infundados. Não imponha sua visão de mundo. Em vez disso, simpatize com a delas. Ofereça escolhas e desmembre a conquista de medos em etapas pequenas e gerenciáveis,[37] diminuindo a pressão que seu filho possa sentir para realizar. Aproxime-se de uma criança medrosa com paciência. Construa-a lentamente, recompensando cada pedacinho de coragem que você puder detectar. Esse jogo é para ser jogado com paciência, mostrando aos seus filhos que eles podem, de fato, aprender a reformular o medo e a se comportar com coragem ao longo do tempo.

O QUE *VOCÊ* VAI MUDAR HOJE?

Não muito tempo atrás, me ofereci para ajudar o professor na sala de aula da minha filha mais nova. Era uma cena comum naquele dia.

Sinos tocando durante toda a manhã para dizer às crianças para onde ir e quando com precisão quase militar. Planos de aula devidamente seguidos para cobrir o ABC em um minuto e adição e subtração básica no próximo. Mas então algo inesperado aconteceu. Eu fui desonesto. O professor fez uma pausa e me deixou brincar de professor convidado. Depois de me apresentar, propus uma pequena lição, escrevendo uma única fórmula no quadro: 1 + 1 + 1 = 4. Parei por um momento para absorver, então perguntei à classe: "Como essa equação pode ser verdadeira?".

A turma ficou em silêncio. Então uma garotinha levantou a mão. Em vez de chamá-la, simplesmente lhe entreguei o giz. Ela caminhou até o quadro e começou a desenhar linhas nele, contando à medida que avançava.

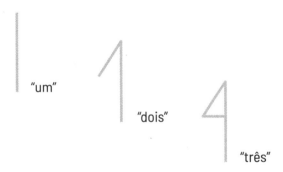

Ela devolveu o giz e caminhou até seu assento enquanto seu falso professor e a turma inteira absorviam a ideia. Ela nem chegou à cadeira antes que várias crianças assentissem com a cabeça e dissessem: "Ah, sim!" e "Claro!". Então eu também vi. Obviamente 1 + 1 + 1 somam 3, mas três linhas distintas também formam o número 4. Uau. Muito legal. Para não dizer ousado. Foi preciso confiança para essa garotinha responder à minha provocação, mas ela fez mais, arriscando ser ridicularizada ao dar uma resposta rebelde. Ela pode não ter processado esse risco da maneira que os adultos fariam, mas se desviou da multidão e da norma estabelecida por professores e pais. Todas as crianças na sala de aula sabiam como deveriam responder: "Mas, sr. Kashdan, 1 + 1 + 1 não é igual a 4!".

Como esse episódio sugere, mesmo um único insubordinado pode libertar um grupo cujos pensamentos, ideias e ações são bloqueados pela pressão social para se conformar. Um movimento simples, proposital e aberto ao que quer que venha a seguir inverte o equilíbrio de poder. Diante da insubordinação de princípios, a maioria deve mais uma vez provar o valor de suas ideias. Eles não podem mais confiar em uma ética de "É assim que sempre fizemos". Quando o *status quo* parece deficiente, esse mesmo ato simples, aberto e proposital revela novas possibilidades. Nesse caso, outras crianças de repente se sentiram inspiradas a apresentar suas próprias ideias "desviantes". Várias mãos se ergueram, e cada criança ofereceu uma nova resposta para essa equação "impossivelmente verdadeira". Em um instante, o poder opressor da norma foi quebrado. O jogo e a possibilidade tomaram conta. Novas ideias se formaram. A vontade de contribuir cresceu. Uma tribo de futuros inconformistas nasceu.

Eu desencadeei essa sinfonia de desafio porque queria fazer minha parte para educar as crianças e mostrar a elas que não havia problema em correr riscos e falar. Para que nossa espécie sobreviva, todos nós devemos orientar a próxima geração a ser mais adepta do não conformismo do que éramos. Ao incubar rebeldes de princípios, colocaremos nosso futuro nas mãos de homens e mulheres corajosos que terão voz e a usarão. Em vez de punir ou exterminar os insubordinados, nossos filhos reconhecerão a rebeldia como o superpoder de sua geração – a chave para seu sucesso – e a liberarão. Eles vão corajosamente questionar, desafiar, desmantelar e substituir sistemas disfuncionais por algo melhor.

A GRANDE IDEIA

Talvez a maneira mais profunda de criar rebeldes de princípios seja a mais simples. Você e eu devemos dar o exemplo, tornando-nos mais rebeldes e mais solícitos com a insubordinação dos outros.

Agora que terminou este livro, você dispõe de um arsenal de pesquisas científicas, ferramentas, táticas e estratégias para conquistar outros para sua causa e tornar você mesmo e seus grupos sociais mais receptivos ao inconformismo. Coloque esses recursos em uso. Dedique-se a cultivar a insubordinação de princípios. Mesmo que você tenha evitado "mudar o *status quo*", mesmo que tenha resistido ou desabonado aqueles que se rebelaram, não é tarde demais para mudar. Há muita dor desnecessária neste mundo, muita injustiça, desigualdade, ineficiência e simplesmente inconsciência. Cabe a você fazer algo a respeito. Antes de largar este livro, faça a si mesmo uma pergunta simples: o que vou mudar hoje? Nossos filhos estão observando você. Faça isso por eles.

MODO DE FAZER

1. *Promova um senso de ação em seus filhos.* Para criar rebeldes de princípios, os jovens devem acreditar que podem fazer a diferença. Seja receptivo quando seus filhos compartilharem explorações passadas ou planos futuros. Mostre a eles que pensamentos e sentimentos ansiosos são naturais ao tentar coisas novas e enfrentar desafios. Ajude seus filhos a regular suas emoções.
2. *Desenvolva as habilidades de pensamento crítico de seus filhos.* A insubordinação de princípios depende da capacidade de uma pessoa filtrar as informações à sua disposição, bem como aquilo que é útil das bobagens, e convencer os outros a aceitar o que for útil também. Os jovens devem se sentir à vontade para fazer perguntas e distinguir entre informações de boa e má qualidade. Eles devem ter o hábito de suspender o julgamento, desacelerar seu processo analítico e deixar a análise crítica seguir seu curso.
3. *Exponha as crianças a várias formas de coragem e dê a elas a linguagem para descrever sua própria bravura.* Ensine as crianças a se verem como "heróis em potencial" – aqueles que agem quando veem uma injustiça.

EPÍLOGO

PREPARANDO SUA PRÓXIMA OBRA-PRIMA DE REBELDIA

Como usar o livro de receitas do inconformista

Eu pretendia que este livro fosse um tipo muito incomum de livro de receitas. Você não aprendeu a assar um frango ou assar o suflê perfeito. Não há nada aqui sobre preaquecer o forno a 350 graus ou onde e como comprar peixe branco fresco. Isso é importante saber, mas hoje em dia temos uma necessidade existencial de um tipo diferente de conhecimento: como desencadear o progresso por meio da insubordinação de princípios. Siga o modo de fazer a receita neste livro e você se tornará um insubordinado mais forte, mais sábio e de princípios, bem como um aliado de mente mais aberta e solidário. Se milhões de nós seguirmos esses passos, construiremos uma sociedade mais segura, mais próspera, mais dinâmica e mais harmoniosa.

Para começar, volte e releia a Parte I do livro. Como vimos, o ato de defender ideias que possam melhorar a longevidade e a vitalidade dos grupos custa caro para os rebeldes e desestabiliza os grupos no curto prazo. A criatividade inspira uma série de emoções: da apreciação ao ódio. Guiar outras pessoas para um caminho melhor é uma jornada repleta de pensamentos e sentimentos ansiosos. Antes de começar a mudar o mundo, reserve algum tempo para realmente *sentir* o dilema que os dissidentes do *status quo* enfrentam todos os dias.

Em seguida, ao começar a aplicar as ferramentas e orientações contidas nas Partes II e III deste livro, seja paciente. Para influenciar o maior número possível de pessoas com uma nova ideia, você deve apresentá-la lenta e metodicamente. Também leva tempo para construir novas habilidades e aptidões relacionadas à insubordinação. Tal como acontece com um regime de exercícios ou dieta, muitas vezes é difícil e estranho no início, e você precisa seguir uma rotina diligentemente na esperança de obter ganhos. Crie o hábito de trabalhar com os pensamentos, sentimentos e sensações corporais desconfortáveis que surgem, tendo em mente que muitas vezes leva cerca de seis a oito semanas[1] para que as intervenções de autoaperfeiçoamento funcionem.

Enquanto você se esforça para ser um rebelde melhor, cuide bem de si mesmo. Questionar a ortodoxia testa você mental, física e emocionalmente. Você não pode ser um insubordinado eficaz sem autocuidado. O básico é importante: sono, exercícios, redução do estresse. Reflita também sobre os personagens tóxicos e que consomem energia em sua rede social e considere podá-los ou pelo menos encontrar uma maneira de minimizar o contato. Além disso, use as ferramentas concretas do Painel de Flexibilidade Psicológica para lidar com situações emocionalmente intensas.

Em todos os momentos, mantenha os princípios. Lembre-se, se você tiver a sorte de triunfar como um rebelde de longa data, estará inclinado a desabonar e rejeitar aqueles que falharam em defender a causa cedo. Resista a esse impulso de vingança. Mantenha-se fiel aos mesmos valores que lhe serviram no início de sua rebelião. Continue a apreciar e acolher o ceticismo e as críticas, independentemente de sua fonte. Ofereça uma solução pacífica aos antigos céticos e adversários. Afirme publicamente que as diferenças de opinião, desacordo e diferença são dignas de celebração.

Quando você se encontrar na plateia, questionando se um rebelde de princípios oferece algum valor, confie nas virtudes gêmeas de humildade e curiosidade. Seja realista sobre o quão pouco você sabe. Ao descobrir novas informações, esteja preparado para atualizar seu próprio pensamento. A beleza da humildade e da curiosidade é que ela deixa você com uma sensação de facilidade. Você não sente mais a pressão de defender seus pontos de vista ou mostrar que está certo, é inteligente e simpático. Esteja aberto à mudança e você se divertirá mais, além de potencialmente melhorar sua vida com ideias mais novas e melhores.

Em ambientes de grupo, fique alerta para sinais de discórdia e descontentamento, bem como o oposto: pressões sobre os indivíduos para se conformarem, serem coerentes, cooperarem e fazerem uma cara alegre. Você não terá pensamentos divergentes e perspectivas únicas, a menos que modifique a cultura para permitir que uma gama mais ampla de vozes permeie. Apoie todas as medidas que reduzam a tendência de os membros do grupo seguirem o mais barulhento, o mais popular, o mais falador ou o mais distinto. Deixe as melhores ideias surgirem de qualquer pessoa, em qualquer lugar.

A não conformidade é uma parte vital do ser humano, uma consequência potencial de nossa individualidade inerente. Todos nós temos um genótipo, uma história de vida e um perfil de personalidade únicos. Nossa mistura de interesses, aspirações e relacionamentos sociais é diferente da de qualquer outra pessoa. Ao usar este livro, lembre-se de que o que mais beneficiará o mundo não é o que você compartilha com os outros, mas o que o diferencia. Use a sua singularidade com toda a força e ajude os outros a fazerem o mesmo. Faça tudo com ousadia e compaixão. Quer você tenha sucesso, quer não, é a única maneira de alcançar seu potencial humano.

AGRADECIMENTOS

Este é um livro profundamente pessoal. Meu irmão gêmeo e eu crescemos como parte da minoria racial em um bairro predominantemente negro. Roxanne, a mãe solteira que nos criou, arcava com um grande ônus financeiro e social. Eu já a valorizava naquela época. Agora que sou pai, valorizo ainda mais.

Desde cedo, me identifiquei como um inconformista, periférico, alguém que é diferente. Na minha juventude, sem uma figura paterna, tive poucos modelos de como ser homem. Aprendi observando e desconstruindo. Em termos de como praticar esportes, como andar de bicicleta, como ser espirituoso, como atrair amigos e amantes, como responder a insultos verbais e provocações físicas, aprendi por tentativa e erro. À media que fui crescendo, tive professores do ensino fundamental, vizinhos, família, amigos e chefes que me ajudaram a repensar a adversidade. Eles me ajudaram a identificar como ser alguém que não se encaixa constrói fortaleza. Devo imensa gratidão a cada um desses catalisadores sem nome que me mantiveram em um caminho saudável.

Escrevi o livro que teria me beneficiado, um adolescente cuja mãe morreu aos 39 anos. Um manual fácil de usar que teria me ajudado como um jovem adulto tentando gerenciar minha própria psicologia. Um marco para consultar durante a vida adulta, especialmente ao criar três filhas; me dói saber que minha mãe nunca verá o ponto mais alto de seus sacrifícios. Nunca conhecerá as três netas que carregam seu legado. Como todos os meus escritos, este livro é dedicado à minha mãe. Seu legado continua a se expandir.

Tenho um grande conjunto de familiares e amigos responsáveis por transformar o que era uma ideia incipiente no que está em suas mãos. Por mais de vinte anos, tive a sorte de liderar um conjunto diversificado de pensadores inteligentes, criativos e perspicazes em meu Laboratório de Bem-Estar na Universidade George Mason. Eu seria menos produtivo, menos criativo e obteria muito menos prazer, significado e momentos de fluidez sem eles. Muitos não têm ideia do quanto ganhei com seus esforços e perspectivas. Agradecimentos especiais às amplas contribuições de Anna Lewis (a versão feminina de Sherlock Holmes), Angela Furst, Aslihan Imamogl, Bradley Brown, David Disabato, David Choi, David Hamlette, James Doorley, Kerry Kelso, Laura Wallace, Logan Craig, Sai Kanuri e Shely Benitah. Também aprecio as centenas de alunos matriculados em meu curso "Ciência do Bem-Estar" que me permitiram experimentar muitas das ideias deste livro.

Ao longo de vinte e três anos, colaborei com um conjunto incrível de pesquisadores. Há muitos para citar, mas felizmente nosso trabalho está imortalizado nos anais da ciência. Sinto intensa gratidão ao ver a lista de artigos científicos que publicamos juntos em periódicos e as centenas de pôsteres de conferências e palestras que compartilhamos com a comunidade em geral. Resistirei a listar o grande número de cientistas que contribuiu para este livro, compartilhando suas pesquisas inéditas e respondendo a uma enxurrada de perguntas por e-mail, telefonemas e conversas cara a cara. Você encontrará muito do trabalho deles nas notas ao fim de cada capítulo. Considere ler o trabalho original deles referenciado com suas contribuições adicionais, que podem ser encontradas on-line.

A solidão é o estado mais frequente como cientista e escritor. Para lidar com esses momentos, sou grato pela vitalidade, apoio, brilho, sabedoria e jovialidade de amigos, parentes, colegas e conhecidos que, sem saber, forneceram ideias, histórias e críticas essenciais. Como hobby, coleciono personagens interessantes com os quais quero fundir mundos. Vocês sabem quem são. Os encontros ao redor de fogueiras, passeios, interações fora de campo no futebol e episódios duradouros de uísque e charutos me mantiveram são e tranquilo antes e durante a pandemia. Em tempos de guerra, eu sacrificaria meu corpo e meu sustento para proteger pelo menos 71,8% de vocês.

Tive alguns membros do meu sábio conselho que ofereceram contribuições particularmente significativas. Fallon Goodman, você é uma das minhas pessoas favoritas no planeta. Sua franqueza, integridade e contribuições intelectuais não podem ser facilmente quantificadas. Tirar ideias de você é algo que sempre vou valorizar. Nossas brincadeiras, risadas, discussões e debates elevam a qualidade da minha vida e deste livro. Patrick McKnight, você é meu colaborador ao longo da vida. Irmãos de mães diferentes nesta jornada pela vida e pela ciência. Se há uma razão pela qual eu apreciei dezesseis anos trabalhando na George Mason University é o nosso tempo juntos. Robert Biswas-Diener, você é um dos pensadores mais criativos que já conheci. Escrever o livro anterior, conduzir workshops e simplesmente passar uma dúzia de horas ao telefone por semana com você me enche de energia. Quanto mais lóbulos, melhor; e vocês três continuam a ser meu último alimento intelectual. Recuso-me a imaginar uma existência em que não tenha acesso a suas mentes e corações.

Seth Schulman, você é um dos escritores mais convincentes que conheço. Trabalhar com você neste livro foi um privilégio. Divulgarei seus pontos fortes até o fim dos meus dias.

Muitos escritores sonham em encontrar um agente, qualquer agente. Christy Fletcher tem sido uma bênção. Ela faz as coisas acontecerem com a combinação ideal de ceticismo e perseverança. Como uma sábia compassiva, ela muitas vezes entende o que eu deveria ou poderia estar fazendo melhor do que faço. Desde que começamos a trabalhar juntos, sei a cada segundo que ela é a parceira ideal nessa missão. Obrigado por me dar uma chance.

Há algo de bonito em trabalhar com a mesma editora em vários livros. Você aprende e cresce junto. Caroline Sutton, você sabe exatamente como me motivar e como ajustar meu pensamento e minha escrita. Com agilidade requintada, você sabe quando criticar e quando elogiar. Falar com você, trabalhar com você, é gratificante e fácil. Sou infinitamente mais rico por ter você ao meu lado. O mesmo pode ser dito para trabalhar com a liga de indivíduos extraordinários da Avery: Casey Maloney, Farin Schlussel, Hannah Steigmeyer, Anne Kosmoski e Roshe Anderson. Quando cercado por pessoas que conhecem tão bem seu ofício, você abre mão das rédeas e observa com admiração. Eu me pego fazendo isso muitas vezes com a equipe de Avery.

Há outros membros do meu sábio conselho que mantêm minha vida em perspectiva. Barry e Marilyn Spitz são meu segundo par de pais. Gosto de vê-los conversando com sete netos — nunca subestimando suas capacidades, sempre ouvindo, sempre hipnotizando-os com uma ideia, história ou pergunta incomum.

Barry é meu modelo de como ser pai e avô. Se o centro de uma vida plena é a capacidade de amar e ser amado, e uma coleção de experiências ricas e interessantes, então Barry é lendário. Tomei notas de suas aulas. Muitas notas. Carrego um pequeno Barry nos ombros, sentindo o calor e a estabilidade de sua presença até o fim dos dias. Barry morreu de covid-19 durante os estágios iniciais da escrita deste livro. Um acontecimento evitável se apenas alguns insubordinados de princípios tivessem se levantado, falado e desafiado a liderança fracassada nos Estados Unidos. Eu esperei que eles aparecessem, mas isso nunca aconteceu. Escrevo este livro na esperança de incubar uma armada de insubordinados de princípios que estarão prontos e ativos na prevenção da próxima tragédia. Faça isso por Barry e pelas centenas de milhares de outros que morreram desnecessariamente.

Minha família é a parte mais importante da minha vida, e Sarah é a fonte. Nos sentimos amados e cuidados em sua presença. Ela é intencional em criar um mundo mais gentil e benevolente. Incentiva todos a oferecer um pouco mais de generosidade e preocupação com os necessitados. Quem a conhece está em melhor estado de espírito por causa dela.

Este livro é para minhas três filhas, Chloe, Raven e Violet, que são minhas maiores fontes de felicidade, significado e riqueza psicológica. Eu valorizo todos os seus atos de rebeldia de princípios e sempre serei o campeão delas.

NOTAS

PARTE I | CELEBRANDO A INSUBORDINAÇÃO

CAPÍTULO 1: A IMPORTÂNCIA CRÍTICA DE DAR UMA ESTRELINHA NA BIBLIOTECA

1. Podemos resumir a teoria da evolução em quatro palavras: variação, seleção, retenção e competição. **Variação:** existe uma variedade de criaturas com qualidades distintas que podem ou não as ajudar a sobreviver e procriar. **Seleção:** criaturas que tenham qualidades que melhorem sua sobrevivência e sucesso reprodutivo serão mais espertas e durarão mais que o resto. **Retenção:** diferentes taxas de sobrevivência para diversas qualidades acabam produzindo criaturas que funcionam muito bem em seus ambientes particulares. **Competição:** sempre haverá pressões, como rivais e condições climáticas, que testam se certas qualidades permanecem ou não mais adequadas para manter uma linhagem saudável de descendentes. Aqui estão meus oito livros favoritos sobre teoria da evolução: Richard Dawkins, *The Greatest Show on Earth: The Evidence for Evolution* (Londres: Bantam, 2009); Daniel Dennett, *Darwin's Dangerous Idea* (Nova York: Simon & Schuster, 1995); Jared Diamond, *Guns, Germs, and Steel: The Fates of Human Societies* (Nova York: Norton, 1997); Douglas T. Kenrick e Vladas Griskevicius, *The Rational Animal: How Evolution Made Us Smart Than We Think* (Nova York: Basic Books, 2013); Geoffrey Miller, *Spent: Sex, Evolution and Consumer* (Nova York: Penguin/Putnam, 2009); Steven Pinker, *The Blank Slate* (Nova York: Viking, 2002); Christopher Ryan e Cacilda Jethá, *Sex at Dawn: The Prehistoric Origins of Modern Sexuality* (Nova York: Harper, 2010); Robert Wright, *The Moral Animal: Evolutionary Psychology and Everyday Life* (Nova York: Vintage Books, 1994).

2. Charles Darwin, *On the Origin of Species by Means of Natural Selection* (Londres: Murray, 1859); Curtis Neal Johnson, "The Preface to Darwin's *Origin of Species*: The Curious History of the 'Historical Sketch'", *Journal of the History of Biology 40*, no. 3 (2007): 529-56, https://doi.org/10.1007/s10739-006-9118-0.

3. Em sua obra, ele se esforçou para entender os mecanismos subjacentes à competição animal, a fim de evitar ser comido e de procriar. Ao observar dezenas de espécies animais, ele destacou: "Os fatores ambientais influenciam os organismos a

desenvolver novas características para garantir a sobrevivência, transformando-os em novas espécies. Animais que sobrevivem para procriar podem passar suas características de sucesso para seus descendentes". Seu livro, *Kitab al-Hayawan*, ou *O livro dos animais*, hipnotizou o mundo muçulmano. Um lembrete de como a sorte e as circunstâncias desempenham um papel na fama e na fortuna. Ver Abī 'Uthmān 'Amru Ibn Baḥr al-Jāḥiz, Kitāb Al-ḥayawān (Cairo: Maktabat Muṣṭafā al-Bābī al-Ḥalabī, s.d.).

4. Muḥammad ibn Abd al-Malik, apelidado de Ibn al-Zayyat. Pode-se argumentar que tentar lembrar esses nomes é uma das muitas razões pelas quais Darwin recebe mais crédito na descoberta da teoria da evolução. Ver Rebecca Stott, *Darwin's Ghosts: The Secret History of Evolution* (Nova York: Spiegel & Grau Trade Paperbacks, 2012), 57.

5. Stott, *Darwin's Ghosts*.

6. Johnson, "The Preface to Darwin's *Origin of Species*"; Stott, *Darwin's Ghosts*.

7. Aqui está um breve resumo da narrativa da criação bíblica. No primeiro dia, Deus criou a Luz. No segundo dia, Ele/Ela passou a criar a atmosfera/firmamento. No terceiro dia, terra seca e plantas. No quarto dia, o Sol, a Lua e as estrelas. No quinto dia, pássaros e animais marinhos. No sexto dia, animais terrestres e humanos. E, no sétimo dia, Deus descansou. Existe um debate polêmico sobre se Deus criou animais e humanos em dois ou seis dias. Ver Gênesis 1:1-31, 2:1-2.

8. Um sentimento semelhante ao que o escritor de ciência Matt Ridley descobriu, em que uma visão evolucionária oferece um relato mais preciso e elegante do que uma visão criacionista ou de um inteligente criador das transformações culturais e tecnológicas. Ver Matt Ridley, *The Evolution of Everything: How New Ideas Emerge* (Nova York: HarperCollins, 2015).

9. Jolanda Jetten e Matthew J. Hornsey, "Deviance and Dissent in Groups", *Annual Review of Psychology 65*, no. 1 (2014): 461-85, https://doi.org/10.1146/annurev-psych-010213-115151; Bibb Latané e Sharon Wolf, "The Social Impact of Majorities and Minorities", *Psychological Review 88*, no. 5 (1981): 438-53, https://doi.org/10.1037/0033-295x.88.5.438; Charlan Jeanne Nemeth e Brendan Nemeth-Brown, "Better than Individuals? The Potential Benefits of Dissent and Diversity for Group Creativity", em *Group Creativity: Innovation through Collaboration*, ed. Paul B. Paulus e Bernard Arjan Nijstad (Nova York: Oxford University Press, 2003), 63-84, http://doi.org/10.1093/acprof:oso/9780195147308.003.0004; Wendy Wood et al., "Minority Influence: A Meta-Analytic Review of Social Influence Processes", *Psychological Bulletin 115*, no. 3 (1994): 323-45, https://doi.org/10.1037/0033-2909.115.3.323.

10. Paul Johnson, *Darwin: Portrait of a Genius* (Nova York: Penguin Books, 2013); Randy Moore, "The Persuasive Mr. Darwin", *BioScience 47*, no. 2 (1997): 107-14, https://doi.org/10.2307/1313021; David Quammen, *The Reluctant Mr. Darwin: An Intimate Portrait of Charles Darwin and the Making of His Theory of Evolution* (Nova York: Atlas Books/Norton, 2007).

11. Lisa Feldman Barrett e James A. Russell, *The Psychological Construction of Emotion* (Nova York: Guilford Press, 2014); Jolanda Jetten e Matthew J. Hornsey, *Rebels in Groups: Dissent, Deviance, Difference and Defiance* (Chichester, Reino Unido: Wiley-Blackwell, 2011); James C. Kaufman e Robert J. Sternberg, *The Cambridge Handbook of Creativity* (Cambridge, Reino Unido: Cambridge University Press, 2010); Robin Martin e Miles Hewstone, *Minority Influence and Innovation: Antecedents, Processes and Consequences* (Hove, Reino Unido: Psychology Press, 2010); Tom Postmes e Jolanda Jetten, *Individuality and the Group: Advances in Social Identity* (Thousand Oaks,

CA: Sage, 2006); Kathleen D. Vohs e Eli J. Finkel, *Self and Relationships: Connecting Intrapersonal and Interpersonal Processes* (Nova York: Guilford Press, 2006).

12. Johnson, *Darwin: Portrait of a Genius*; Moore, "The Persuasive Mr. Darwin"; Quammen, *The Reluctant Mr. Darwin*.

13. Johnson, *Darwin: Portrait of a Genius*.

14. William D. Crano e Radmila Prislin, "Attitudes and Persuasion", *Annual Review of Psychology 57*, no. 1 (2006): 345-74, https://doi.org/10.1146/annurev.psych.57.102904. 190034; Richard E. Petty e John T. Cacioppo, *Attitudes and Persuasion: Classic and Contemporary Approaches* (Boulder, CO: Westview Press, 1996).

15. Darwin, *On the Origin of Species*; Johnson, *Darwin: Portrait of a Genius*; Moore, "The Persuasive Mr. Darwin".

16. Colegas científicos zombavam desse dispositivo retórico. No entanto, o estilo de comunicação de Darwin é o que atraiu o público para ler e apreciar o trabalho. Ver Darwin, *On the Origin of Species*.

17. Ayelet Fishbach, Julia Steinmetz e Yanping Tu, "Motivation in a Social Context: Coordinating Personal and Shared Goal Pursuits with Others", *in Advances in Motivation Science*, ed. Andrew Elliot (Cambridge, MA: Academic Press, 2016), 35-79; Gráinne M. Fitzsimons, Eli J. Finkel e Michelle R. vanDellen, "Transactive Goal Dynamics", *Psychological Review 122*, no. 4 (2015): 648-73, https://doi.org/10.1037/a0039654; Edward Orehek, Amanda L. Forest e Nicole Barbaro, "A People-as-Means Approach to Interpersonal Relationships", *Perspectives on Psychological Science 13*, no. 3 (2018): 373-89; Jordan E. Theriault, Liane Young e Lisa Feldman Barrett, "The Sense of Should: A Biologically-Based Framework for Modeling Social Pressure", *Physics of Life Reviews 36* (2021): 100-136.

18. As diferenças entre pessoas que se identificam fortemente com determinados tipos de música e mostram desdém por outros tipos são uma forma subestimada de tribalismo que afeta muito do que as pessoas consomem e as normas sociais de comportamento. Ver Gideon Nave et al., "Musical Preferences Predict Personality: Evidence from Active Listening and Facebook Likes", *Psychological Science 29*, no. 7 (2018): 1145-58; Peter J. Rentfrow e Samuel D. Gosling, "The Content and Validity of Music-Genre Stereotypes Among College Students", *Psychology of Music 35*, no. 2 (2007): 306-26; Peter J. Rentfrow e Samuel D. Gosling, "Message in a Ballad: The Role of Music Preferences in Interpersonal Perception", *Psychological Science 17*, no. 3 (2006): 236-42; Peter J. Rentfrow e Samuel D. Gosling, "The Do Re Mi's of Everyday Life: The Structure and Personality Correlates of Music Preferences", *Journal of Personality and Social Psychology 84*, no. 6 (2003): 1236-56.

19. A insubordinação é mais do que apenas discordância, desafio ou não conformidade. Em uma estrutura social hierárquica que opera na suposição de que as pessoas nos escalões mais baixos obedecerão às diretrizes estabelecidas pelas pessoas nos escalões mais altos, a insubordinação é um ato específico de rebeldia, o ato intencional de desobedecer a superiores ou autoridades. Sou a favor desse termo porque ele carrega as conotações mais negativas, apesar de depender de quais figuras de autoridade, pensamento dominante ou ortodoxia defende. Em 1851, um escravo que tentava escapar de seu senhor era considerado doente. Esses escravos sofriam de uma condição chamada "drapetomania", "a doença que fazia com que os escravos fugissem". Médicos e psiquiatras criaram esse diagnóstico infundado, e os grupos dominantes o aceitaram – um dos muitos lembretes de que o *status quo* é muitas vezes completamente errado e que exigimos insubordinação para acertar

as coisas. Ver Samuel A. Cartwright, "Report of the Diseases and Peculiarities of the Negro Race", *New Orleans Medical and Surgical Journal* (1851): 691-715.

20. "Insubordination", *Cambridge Dictionary Online*, Google, acesso em: 13 fev. 2020, https://dictionary.cambridge.org/us/dictionary/english/insubordination.

CAPÍTULO 2: AS COISAS ESTRANHAS QUE FAZEMOS PARA SERMOS AMADOS

1. Rick Barry e Bill Libby, *Confessions of a Basketball Gypsy: The Rick Barry Story* (Nova York: Dell Publishing Company, 1972).

2. Isso foi durante a temporada 2015-2016, que teve sua maior porcentagem de lances livres nos últimos cinco anos de sua carreira. Resolvi ser generoso e não incluir os anos de 2016 a 2020, quando ele lançou com menos precisão. Ver Barry e Libby, *Confessions*.

3. Hiroki Okubo e Mont Hubbard, "Dynamics of the Basketball Shot with Application to the Free Throw", *Journal of Sports Sciences 24*, no. 12 (2006): 1303-14; Curtis Rist, "Physics Proves It: Everyone Should Shoot Granny-Style", *Discover*, 19 de julho de 2008, https://www.discovermagazine.com/the-sciences/physics-proves-it--everyone-should-shoot-granny-style; Curtis Rist, "Underhanded Achievement", *Discover*, outubro de 2000: 34-36; A. Tan e G. Miller, "Kinematics of the Free Throw in Basketball", *American Journal of Physics 49*, no. 6 (1981): 542-44; Hannah Devlin, "'Granny Style' Is Best Way to Take a Basketball Free Throw, Study Shows", *Guardian*, 25 de abril de 2017, https://www.theguardian.com/science/2017/apr/26/granny--style-is-best-way-to-take-a- basketball-free-throw-study-shows.

4. Shaquille O'Neal batizou seu barco de *Free Throw* (Lance Livre)... para que ele "nunca afunde". Ver Rick Barry, "590: Choosing Wrong", entrevista de Malcolm Gladwell, *This American Life*, NPR, 24 de junho de 2016, 10:00, https://www.thisamericanlife.org/590/transcript.

5. Dan Feldman, "Shaq on Free Throws: 'I Told Rick Barry I'd Rather Shoot 0% Than Shoot Underhand'", *NBC Sports*, 11 de dezembro de 2017, https://nba.nbcsports.com/2017/12/11/shaq-on free-throws-i-told-rick-barry-id-rather-shoot-0-than--shoot-underhand/.

6. Michelle Kaufman, "Rick Barry Was Known for 'Granny-Style' Free-Throws. His Son's Bringing Them Back, *Miami Herald*, 23 de março de 2017, https://www.miamiherald.com/sports/college/sec/university-of-florida/article140384263.html.

7. "Wilt Chamberlain", *Career Regular Season Stats*, NBA, https://stats.nba.com/player/76375/career/; MayoOshin, "The Wilt Chamberlain Effect: Why We Make Bad Decisions, Even When We Know Better", *The Ladders*, 3 de setembro de 2018, https://www.theladders.com/career-advice/the-wilt-chamberlain-effect-why-we-make-bad-decisions-even-when-we-know-better.

8. Ainda é o recorde até o momento em que este artigo foi escrito em agosto de 2020, mesmo quando a NBA se transformou em uma máquina de arremesso de três pontos (são feitos menos arremessos, desconsiderando enterradas, de dois pontos). Membros do Hall da Fama, Michael Jordan marcou apenas 69 pontos em um jogo e Kobe Bryant, apenas 82. LeBron James, futuro Hall da Fama, marcou apenas 61 pontos em um jogo. Ver "NBA Advanced Stats", NBA, última modificação em 7 de março de 2021, https://www.nba.com/stats/.

9. Oshin, "The Wilt Chamberlain Effect"; Colton Wesley, "Underhanded Free Throws Work, So Why Don't Players Shoot Them?", *Detroit Jock City*, 31 de maio de 2017, https://detroitjockcity.com/2017/05/31/underhanded-free-throws-work-dont-players.

10. Wilt Chamberlain, *A View from Above* (Nova York: Signet, 1992).
11. John Branch, "For Free Throws, 50 Years of Practice Is No Help", *New York Times*, 3 de março de 2009, https://www.nytimes.com/2009/03/04/sports/basketball/04freethrow.html.
12. Bert H. Hodges, "Conformity and Divergence in Interactions, Groups, and Culture", em *The Oxford Handbook of Social Influence*, ed. Stephen G. Harkins, Kipling D. Williams e Jerry M. Burger (Nova York: Oxford University Press, 2017), 87-105; Tatsuya Kameda, Masanori Takezawa e Reid Hastie, "The Logic of Social Sharing: An Evolutionary Game Analysis of Adaptive Norm Development", *Personality and Social Psychology Review 7*, no. 1 (2003): 2-19, https://doi.org/10.1207/s15327957pspr0701_1; Theriault, Young e Barrett, "The Sense of Should".
13. Shahrzad Goudarzi et al., "Economic System Justification Predicts Muted Emotional Responses to Inequality", *Nature Communication 11*, no. 1 (2019): 1-9, https://doi.org/10.31219/osf.io/up8ay.
14. Scott Eidelman e Christian S. Crandall, "Bias in Favor of the Status Quo", *Social and Personality Psychology Compass 6*, no. 3 (2012): 270-81, https://doi.org/10.1111/j.1751-9004.2012.00427.x; Scott Eidelman, Christian S. Crandall e Jennifer Pattershall, "The Existence Bias", *Journal of Personality and Social Psychology 97*, no. 5 (2009): 765-75, https://doi.org/10.1037/a0017058.
15. Scott Eidelman, Jennifer Pattershall e Christian S. Crandall, "Longer Is Better", *Journal of Experimental Social Psychology 46*, no. 6 (2010): 993-98, https://doi.org/10.1016/j.jesp.2010.07.008.
16. Eidelman, Pattershall e Crandall, "Longer is Better".
17. Christian S. Crandall et al., "Status Quo Framing Increases Support for Torture", *Social Influence 4*, no. 1 (2009): 1-10.
18. Kristin Laurin, "Inaugurating Rationalization: Three Field Studies Find Increased Rationalization When Anticipated Realities Become Current", *Psychological Science 29*, no. 4 (2018): 483-95, https://doi.org/10.1177/0956797617738814.
19. Herbert C. Kelman, "Reflections on Social and Psychological Processes of Legitimization and Delegitimization", em *Psychology of Legitimacy*, ed. John T. Jost e Brenda Major (Cambridge, Reino Unido: Cambridge University Press: 2001), 54-76.
20. Washington Post Staff, "Full Text: Donald Trump Announces a Presidential Bid", *Washington Post*, 16 de junho de 2015, https://www.washington post.com/news/post-politics/wp/2015/06/16/full-text-donald-trump-announces-a-presidencial-bid/.
21. Luis Noe-Bustamante, Antonio Flores e Sono Shah, "Facts on Hispanics of Mexican Origin in the United States, 2017", *Pew Research Center*, 16 de setembro de 2019, https://www.pewresearch.org/hispanic/fact-sheet/u-s-hispanics-facts-on-mexican-origin-latinos/.
22. Juliana Menasce Horowitz, Anna Brown e Kiana Cox, "2. Views of Racial Inequality", *Pew Research Center*, 9 de abril de 2019, https://www.pewsocialtrends.org/2019/04/09 /views-of-racial-inequality/.
23. Jennifer Bronson e E. Ann Carson, "Prisoners in 2017", *Bureau of Justice Statistics*, 25 de abril de 2019, https://www.bjs.gov/index.cfm?ty=pbdetail&iid=6546; "COVID-19 Spurs 25% Drop in Inmates Held in Local Jails", *Bureau of Justice Statistics*, junho de 2019 a junho de 2020, https://www.bjs.gov/index.cfm?%20ty=pbdetail&iid=6546.
24. Frank Newport, Jack Ludwig e Sheila Kearney, "Black-White Relations in the United States, 2001 Update", *Gallup Poll Social Audit*, 10 de julho de 2001, https://media.gallup.com/GPTB/specialReports/sr010711.PDF.

25. Pesquisas Gallup realizadas de 8 de junho a 24 de julho de 2020 mostram que um em cada três negros diz que é tratado da mesma forma ou melhor que os brancos. Ver Megan Brenan, "New Highs Say Black People Treated Less Fairly in Daily Life", *Gallup*, 19 de agosto de 2020, https://news.gallup.com/poll/317564/new-highs-say--black-people-treated-less-fairly-daily-life.aspx.

26. Alguns podem tomar meu argumento como uma insinuação de que os negros não entendem problemas maiores e de longa data no sistema de justiça criminal, ou que eles não são narradores confiáveis de sua própria experiência. Não pretendo destacar os negros, ou mesmo qualquer grupo minoritário. Apenas apresento esses dados para ilustrar como os humanos em todos os grupos demográficos permanecem inconscientes dos vieses do *status quo* existentes e como eles tendem a priorizar a estabilidade sobre a mudança social como resultado.

27. John T. Jost e Mahzarin R. Banaji, "The Role of Stereotyping in System-Justification and the Production of False Consciousness", *British Journal of Social Psychology 33*, no. 1 (1994): 1-27, https://doi.org/10.1111/j.2044-8309.1994.tb01008.x; John T. Jost, Mahzarin R. Banaji e Brian A. Nosek, "A Decade of System Justification Theory: Accumulated Evidence of Conscious and Unconscious Bolstering of the Status Quo", *Political Psychology 25*, no. 6 (2016): 881-919, https://doi.org/10.31234/osf.io/6ue35.

28. Chuma Kevin Owuamalam, Mark Rubin e Russell Spears, "Addressing Evidential and Theoretical Inconsistencies in System-Justification Theory with a Social Identity Model of System Attitudes", *Current Directions in Psychological Science 27*, no. 2 (2018): 91-96, https://doi.org/10.1177/0963721417737136.

29. Justin P. Friesen et al., "System Justification: Experimental Evidence, Its Contextual Nature, and Implications for Social Change", *British Journal of Social Psychology 58*, no. 2 (2018): 315-39, https://doi.org/10.1111/bjso.12278; John T. Jost, "A Quarter Century of System Justification Theory: Questions, Answers, Criticisms, and Societal Applications", *British Journal of Social Psychology 58*, no. 2 (2018): 263-314, https://doi.org/10.1111/bjso.12297; Chuma Kevin Owuamalam, Mark Rubin e Russell Spears, "Revisiting 25 Years of System Motivation Explanation for System Justification from the Perspective of Social Identity Model of System Attitudes", *Journal of Social Psychology 58*, no. 2 (2018): 362-81, https://doi.org/10.31234/osf.io/y29xq.

30. Aaron C. Kay et al., "Panglossian Ideology in the Service of System Justification: How Complementary Stereotypes Help Us to Rationalize Inequality", *Advances in Experimental Social Psychology 39* (2007): 305-58, https://doi.org/10.1016/S0065-2601(06) 39006-5.

31. Bastiaan T. Rutjens, Frenk van Harreveld e Joop van der Pligt, "Yes We Can: Belief in Progress as Compensatory Control", *Social Psychological and Personality Science 1*, no. 3 (2010): 246-52, https://doi.org/10.1177/1948550610361782; Bastiaan T. Rutjens et al., "Steps, Stages, and Structure: Finding Compensatory Order in Scientific Theories", *Journal of Experimental Psychology: General 142*, no. 2 (2013): 313-18, https://doi.org/10.1037/a0028716.

32. Steven Shepherd et al., "Evidence for the Specificity of Control Motivations in Worldview Defense: Distinguing Compensatory Control from Uncertainty Management and Terror Management Processes", *Journal of Experimental Social Psychology 47*, no. 5 (2011): 949-58, https://doi.org/10.1016/j.jesp. 2011.03.026.

33. David W. Moore, "Bush Job Approval Highest In Gallup History", *Gallup*, 24 de setembro de 2001, https://news.gallup.com/poll/4924/bush-job-approval-highest-gallup-history.aspx.

34. "Presidential Approval Rating – George W. Bush", *Gallup*, modificado pela última vez em 11 de janeiro de 2009, https://news.gallup.com/poll/116500/Presidential-Approval--Ratings- George-Bush.aspx. Para pesquisas que detalhem os mecanismos psicológicos para os diversos índices de aprovação do presidente Bush, ver Mark J. Landau et al., "Deliver Us from Evil: The Effects of Mortality Salience and Reminders of 9/11 on Support for President George W. Bush", *Personality and Social Psychology Bulletin 30*, no. 9 (2004): 1136-50, https://doi.org/10.1177/0146167204267988; Thomas A. Pyszczynski, Sheldon Solomon e Jeff Greenberg, *In the Wake of 9/11: The Psychology of Terror* (Washington, DC: APA Press, 2003).

35. Tom Douglas, *Scapegoats: Transferring Blame* (Nova York: Routledge Press, 1995); Mark J. Landau et al., "Deriving Solace from a Nemesis: Having Scapegoats and Enemies Buffers the Threat of Meaninglessness", em *Meaning, Mortality, and Choice: The Social Psychology of Existential Concerns*, ed. Phillip R. Shaver e Mario Mikulincer (Washington, DC: APA Press, 2012), 183-202; Daniel Sullivan, Mark J. Landau e Zachary K. Rothschild, "An Existential Function of Enemyship: Evidence That People Attribute Influence to Personal and Political Enemies to Compensate for Threats to Control", *Journal of Personality and Social Psychology 98*, no. 3 (2010): 434-49, https://doi.org/10.1037/a0017457.

36. Steven Shepherd, Richard P. Eibach e Aaron C. Kay, "'One Nation Under God': The System-Justifying Function of Symbolically Aligning God and Government", *Political Psychology 38*, no. 5 (2017): 703-20, https://doi.org/10.1111/pops.12353.

37. Keisha M. Cutright et al., "When Your World Must Be Defended: Choosing Products to Justify the System", *Journal of Consumer Research 38*, no. 1 (2011): 62-77, https://doi.org/10.1086/658469.

38. David Skarbek, "Prison Gangs, Norms, and Organizations", *Journal of Economic Behavior & Organization 82*, no. 1 (2012): 96-109, https://doi.org/10.1016/j.jebo.2012.01.002.

39. Aaron C. Kay et al., "Inequality, Discrimination, and the Power of the Status Quo: Direct Evidence for a Motivation to See the Way Things Are as the Way They Should Be", *Journal of Personality and Social Psychology 97*, no. 3 (2009): 421-34, https://doi.org/10.1037/a0015997; Jojanneke van der Toorn et al., "A Sense of Powerlessness Fosters System Justification: Implications for the Legitimation of Authority, Hierarchy, and Government", *Political Psychology 36*, no. 1 (2014): 93-110, https://doi.org/10.1111/pops.12183; Jojanneke van der Toorn, Tom R. Tyler e John T. Jost, "More than Fair: Outcome Dependence, System Justification, and the Perceived Legitimacy of Authority Figures", *Journal of Experimental Social Psychology 47*, no. 1 (2011): 127-38, https://doi.org/10.1016/j.jesp.2010.09.003.

40. Chuma Kevin Owuamalam e Russell Spears, "Do Humans Possess an Autonomous System Justification Motivation? A Pupillometric Test of the Strong System Justification Thesis", *Journal of Experimental Social Psychology 86* (2020), https://doi.org/10.31219/osf.io/jx7rs.

41. Experimentos 1 e 2. Ver Kristin Laurin, Steven Shepherd e Aaron C. Kay, "Restricted Emigration, System Inescapability, and Defense of the Status Quo", *Psychological Science 21*, no. 8 (2010): 1075-82, https://doi.org/10.1177/0956797610375448.

42. Experimento 3. Ver Laurin, Shepherd e Kay, "Restricted Emigration".

43. Kay et al., "Inequality, Discrimination, and the Power of the Status Quo".

44. Chuma Kevin Owuamalam, Mark Rubin e Christian Issmer, "Reactions to Group Devaluation and Social Inequality: A Comparison of Social Identity and System Justification Predictions", *Cogent Psychology 3*, no. 1 (2016) 1188442, https://doi.org/10.1080/23311908.2016.1188442.

45. Luca Caricati e Chuma Kevin Owuamalam, "System Justification Among the Disadvantaged: A Triadic Social Stratification Perspective", *Frontiers in Psychology 11* (2020): 40, https://doi.org/10.3389/fpsyg.2020.00040.

46. Chuma Kevin Owuamalam et al., "Why Do People from Low-Status Groups Support Class Systems That Disadvantage Them? A Test of Two Mainstream Explanations in Malaysia and Australia", *Journal of Social Issues 73*, no. 1 (2017): 80-98, https://doi.org/10.1111/josi.12205.

47. Angela L. Duckworth et al., "Cognitive and Noncognitive Predictors of Success", *Proceedings of the National Academy of Sciences 116*, no. 47 (2019): 23499-504, https://doi.org/10.1073/pnas.1910510116; Angela Duckworth e James J. Gross, "Self-Control and Grit: Related but Separable Determinants of Success", *Current Directions in Psychological Science 23*, no. 5 (2014): 319-25, https://doi.org/10.1177/0963721414541462.

48. Esses sete itens vêm diretamente da Escala de 12 itens de Enfrentamento Ativo de John Henryism. Ver Sherman A. James, "John Henryism and the Health of African Americans", *Culture, Medicine and Psychiatry 18*, no. 2 (1994): 163-82, https://doi.org/10.1007/bf01379448.

49. James, "John Henryism and the Health of African-Americans".

50. Emiliano Albanese et al., "Hostile Attitudes and Effortful Coping in Young Adulthood Predict Cognition 25 Years Later", *Neurology 86*, no. 13 (2016): 1227-34, https://doi.org/10.1212/wnl.0000000000002517.

51. Aaron C. Kay e Justin Friesen, "On Social Stability and Social Change: Understanding When System Justification Does and Does Not Occur", *Current Directions in Psychological Science 20*, no. 6 (2011): 360-64, https://doi.org/10.1177/0963721411422059; Owuamalam, Rubin e Spears, "Addressing Evidential and Theoretical Inconsistencies".

CAPÍTULO 3: OS RENEGADOS ARRASAM

1. A atual pesquisadora responsável sobre sua vida é a dra. Katherine Perrotta, da Universidade do Estado de Kennesaw. Aqui está uma amostra de seu trabalho: Katherine Perrotta, "A Century Apart: An Evaluation of Historical Comparisons between Elizabeth Jennings and Rosa Parks in Narratives of the Black Freedom Movement", *American Educational History Journal 44*, no. 1 (2017): 33-48; Katherine Perrotta e Chara Haeussler Bohan, "Nineteenth Century Rosa Parks? Assessing Elizabeth Jennings' Legacy as a Teacher and Civil Rights Pioneer in Antebellum America", *Vitae Scholasticae: The Journal of Educational Biography 30*, no. 2 (2013): 5-23.

2. John H. Hewitt, "The Search for Elizabeth Jennings, Heroine of a Sunday Afternoon in New York City", *New York History 71*, no. 4 (1990): 386-415; Jerry Mikorenda, *America's First Freedom Rider: Elizabeth Jennings, Chester A. Arthur, and the Early Fight for Civil Rights* (Guilford, CT: Lyons Press, 2020).

3. Relatado em uma edição de março de 1855 da New-Lisbon, Ohio's *Anti-Slavery Bugle*. Ver "Anti-Slavery Bugle", *Library of Congress*, "Chronicling America: Historic American Newspapers", 10 de março de 1855, https://chroniclingamerica.loc.gov/lccn/sn83035487/1855- 03-10/ed-1/seq-3/.

4. G. Clay Whittaker, "A History of West Wing Whiskers", *Men's Journal*, 13 de novembro de 2014, https://www.mensjournal.com/style/a-history-of-west-wing-whiskers-20141113/james-garfield/.

5. Rhoda Golden Freeman, "The Free Negro in New York City in the Era Before the Civil War" (diss. de doutorado, Columbia University, 1966); Hewitt, "The Search for Elizabeth Jennings".

6. Anne Farrow, Joel Lang e Jenifer Frank, *Cumplicity: How the North Promoted, Prolonged, and Profited from Slavery* (Nova York: Ballantine Books, 2006); Leslie M. Harris, *In the Shadow of Slavery: African Americans in New York City, 1626-1863* (Chicago: University of Chicago Press, 2004); Mikorenda, *America's First Freedom Rider*.

7. Joyce A. Hanson, *Rosa Parks: A Biography* (Santa Barbara, CA: Greenwood Biographies, 2011).

8. Bill Clinton, "Hillary Clinton and the Changing Political Landscape: The Daily Show", entrevista de Trevor Noah, *The Daily Show*, 15 de setembro de 2016, 9:34, https://www.youtube.com/watch?v=h-H1LddWxo8&feature=youtube.

9. Evan Andrews, "7 Unusual Ancient Medical Techniques", *History*, modificado pela última vez em 22 de agosto de 2018, https://www.history.com/news/7-unusual-ancient-medical-techniques.

10. Juan Escrivá Gracia, Ricardo Brage Serrano e Julio Fernández Garrido, "Medication Errors and Drug Knowledge Gaps among Critical-Care Nurses: A Mixed Multi-Method Study", *BMC Health Services Research 19*, no. 640 (2019), https://doi.org/10.1186/s12913-019-4481-7; Ghadah Asaad Assiri et al., "What Is the Epidemiology of Medication Errors, Error-Related Adverse Events and Risk Factors for Errors in Adults Managed in Community Care Contexts? A Systematic Review of the International Literature", *BMJ Open 9*, no. 5 (2018), https://doi.org/10.1136/bmjopen-2017-019101; Gili Kadmon et al., "Case Not Closed: Prescription Errors 12 Years after Computerized Physician Order Entry Implementation", *Journal of Pediatrics 190* (2017): 236-40, https://doi.org/10.1016/j.jpeds.2017.08.013; Institute of Medicine (U.S.) Committee on Quality of HealthCare in America, *To Err Is Human: Building a Safer Health System*, ed. Linda T. Kohn, Janet M. Corrigan e Molla S. Donaldson (Washington, DC: National Academies Press, 2000).

11. Adam G. Riess et al., "Large Magellanic Cloud Cepheid Standards Provide a 1% Foundation for the Determination of the Hubble Constant and Stronger Evidence for Physics Beyond ΛCDM", *Astrophysical Journal 876*, no. 1 (2019): 85, https://doi.org/10.3847/1538-4357/ab1422; Corey S. Powell, "The Universe May Be a Billion Years Older than We Thought. Scientists Are Scrambling to Figure Out Why", *NBC News*, 18 de maio de 2019, https://www.nbcnews.com/mach/science/universe--may-be- billion-years-younger-we-thought-scientists-are-ncna1005541.

12. Thomas D. Snyder, ed., *120 Years of American Education: A Statistical Portrait* (Washington, DC: U.S. Department of Education, janeiro de 1993).

13. "Americans' Civics Knowledge Increases but Still Has a Long Way to Go", *Annenberg Public Policy Center*, 12 de setembro de 2019, https://www.annenbergpublicpolicycenter.org/americans-civics-knowledge-increases-2019-survey/.

14. John Cawley, Chad Meyerhoefer e David Newhouse, "The Impact of State Physical Education Requirements on Youth Physical Activity and Overweight", *Health Economics 16*, no.12 (2007): 1287-1301, https://doi.org/10.1002/hec.1218; John Cawley, Chad Meyerhoefer e David Newhouse, "Not Your Father's PE: Obesity, Exercise, and the Role of Schools", *Education Next 6*, no. 4 (2006): 61-66; "Teens Only Active in Gym Class for 16 Minutes", *NBC News*, 19 de setembro de 2006, https://www.nbcnews.com/health/health-news/teens-only-active-gym-class-16-minutes-flna1C9438469.

15. "PoliceOne's 2013 Gun Policy & Law Enforcement Survey Results: Executive Summary", *PoliceOne*, 8 de abril de 2013, https://www.policeone.com/policeproducts/firearms/accessories/articles/policeones-2013- gun-policy-law-enforcement-survey-results-executive-summary-x02GJHRSJXGbGwH9/.

16. Bernard D. Rostker et al., *Evaluation of the New York City Police Department Firearm Training and Firearm-Discharge Review Process*, RAND Center on Quality Policing (Santa Mônica, CA: RAND Corporation, 2008), http://www.nyc.gov/html/nypd/downloads/pdf/public_information/RAND_FirearmEvaluation.pdf.

17. Bret Sanner e J. Stuart Bunderson, "When Feeling Safe Isn't Enough: Contextualizing Models of Safety and Learning in Teams", *Organizational Psychology Review* 5, no. 3 (2015): 224-43, https://doi.org/10.1177/2041386614565145.

18. Bernard A. Nijstad, Floor Berger-Selman e Carsten K. W. de Dreu, "Innovation in Top Management Teams: Minority Dissent, Transformational Leadership, and Radical Innovations", *European Journal of Work and Organizational Psychology 23*, no. 2 (2012): 310-22, https://doi.org/10.1080/1359432x.2012.734038; Carsten K. W. de Dreu e Michael A. West, "Minority Dissent and Team Innovation: The Importance of Participation in Decision Making", *Journal of Applied Psychology 86*, no. 6 (2001): 1191-201, https://doi.org/10.1037/0021-9010.86.6.1191; Carsten K. W. de Dreu, "Team Innovation and Team Effectiveness: The Importance of Minority Dissent and Reflexivity", *European Journal of Work and Organizational Psychology 11*, no. 3 (2002): 285-98, https://doi.org/10.1080/13594320244000175.

19. Katherine J. Klein e David A. Harrison, "On the Diversity of Diversity: Tidy Logic, Messier Realities", *Academy of Management Perspectives 21*, no. 4 (2007): 26-33, https://doi.org/10.5465/amp.2007.27895337.

20. Michael A. Hogg, "Social Identity Theory", em *Contemporary Social Psychological Theories*, ed. Peter James Burke, ed. Peter James Burke (Palo Alto, CA: Stanford University Press, 2006), 111-36; Matthew J. Hornsey, "Social Identity Theory and Self-Categorization Theory: A Historical Review", *Social and Personality Psychology Compass 2*, no. 1 (2008): 204-22, https://doi.org/10.1111/j.1751-9004.2007.00066.x; Henri Tajfel e John C. Turner, "The Social Identity Theory of Intergroup Behavior", em *Political Psychology*, Key Readings in Social Psychology, ed. John T. Jost e Jim Sidanius (Hove, Reino Unido: Psychology Press, 2004), 276-93.

21. Cory J. Clark e Bo M. Winegard, "Tribalism in War and Peace: The Nature and Evolution of Ideological Epistemology and Its Significance for Modern Social Science", *Psychological Inquiry 31*, no. 1 (2020): 1-22, https://doi.org/10.1080/10478 40x.2020.1721233.

22. Um grande corpo de pesquisa sugere que as opiniões dos indivíduos se tornam mais radicais quando eles são agrupados com indivíduos de mentalidade semelhante. Para uma revisão clássica, ver Helmut Lamm e David G. Myers, "Group-Induced Polarization of Attitudes and Behavior", *in Advances in Experimental Social Psychology*, vol. 11, ed. Leonard Berkowitz (San Diego, CA: Academic Press, 1978), 145-95.

23. Stefan SchulzHardt, Marc Jochims e Dieter Frey, "Product Conflict in Group Decision Making: Genuine and Contrived Dissent as Strategies to Counteract Biased Information Seeking", *Organizational Behavior and Human Decision Processes 88*, no. 2 (2002): 563-86, https://doi.org/10.1016/s0749-5978(02)00001-8. Uma descoberta final neste corpo de trabalho merece menção: a dissidência genuína produziu muito mais benefícios em termos de menos viés e melhor tomada de decisão do que treinar alguém para ser o advogado do diabo inautêntico no grupo. Em estudos de acompanhamento, esses pesquisadores descobriram mais uma vez que grupos semeados com dissidentes genuínos mostraram menos viés de confirmação, e essa melhora na coleta de informações e disposição para tolerar conversas difíceis se traduziu em melhores soluções e tomadas de decisão (muito melhor do que os grupos homogêneos). Ver Stefan Schulz-Hardt et al., "Group Decision

Making in Hidden Profile Situations: Dissent as a Facilitator for Decision Quality", *Journal of Personality and Social Psychology 91*, no. 6 (2006): 1080-93, https://doi.org/10.1037/0022-3514.91.6.1080.

24. Robert S. Dooley e Gerald E. Fryxell, "Attaining Decision Quality and Commitment from Dissent: The Moderating Effects of Loyalty and Competence in Strategic Decision-Making Teams", *Academy of Management Journal 42*, no. 4 (1999): 389-402, https://doi.org/10.5465/257010; Charlan Nemeth, "Interactions Between Jurors as a Function of Majority vs. Unanimity Decision Rules", *Journal of Applied Social Psychology 7*, no. 1 (1977): 38-56, https://doi.org/10.1111/j.1559-1816.1977.tb02416.x; Elizabeth Levy Paluck, Hana Shepherd e Peter M. Aronow, "Changing Climates of Conflict: A Social Network Experiment in 56 Schools", *Proceedings of the National Academy of Sciences 113*, no. 3 (2016): 566-71, doi:10.1073/pnas.1514483113; Floor Rink et al., "Team Receptivity to Newcomers: Five Decades of Evidence and Future Research Themes", *Academy of Management Annals 7*, no. 1 (2013): 247-93, https://doi.org/10.5465/19416520.2013.766405.

25. Mark A. Runco et al., "Torrance Tests of Creative Thinking as Predictors of Personal and Public Achievement: A Fifty-Year Follow-Up", *Creativity Research Journal 22*, no. 4 (2010): 361-68, https://doi.org/10.1080/10400419.2010.523393.

26. Linn Van Dyne e Richard Saavedra, "A Naturalistic Minority Influence Experiment: Effects on Divergent Thinking, Conflict and Originality in Work-Groups", *British Journal of Social Psychology 35*, no. 1 (1996): 151-67, https://doi.org/10.1111/j.2044-8309.1996.tb01089.x.

27. Charlan Nemeth e Cynthia Chiles, "Modelling Courage: The Role of Dissent in Fostering Independence", *European Journal of Social Psychology 18*, no. 3 (1988): 275-80, https://doi.org/10.1002/ejsp.2420180306. Vale ressaltar que esta é uma replicação e extensão do estudo seminal que descobriu que testemunhar a dissidência nos liberta mentalmente, especialmente para aqueles que inicialmente não concordam publicamente conosco. Ver Serge Moscovici, Elisabeth Lage e Martine Naffréchoux, "Influence of a Consistent Minority on the Responses of a Majority in a Color Perception Task", *Sociometry 32*, no. 4 (1969): 365-80, https://doi.org/10.2307/2786541.

28. Anne Maass, S. G. West e Robert B. Cialdini, "Minority Influence and Conversion", em *Group Processes: Review of Personality and Social Psychology*, vol. 8, ed. Clyde A. Hendrick (Newbury Park, CA: Sage, 2987), 55-79.

PARTE II | O LIVRO DE RECEITAS DO INCONFORMISTA

CAPÍTULO 4: FALE DE FORMA PERSUASIVA

1. O acrônimo significa "Fucked Up Got Ambushed Zipped In" (O Encrencado Foi Emboscado e Ensacado) (em um saco de transportar cadáver), que captura as ameaças diárias enfrentadas por veteranos militares na Guerra do Vietnã. Como pode ser visto, o nome da banda exala subversão política. Ver "Fugaze/Fugazi", *Urban Dictionary*, 7 de junho de 2018, https://www.urbandictionary.com/define.php?term=Fugaze%2FFugazi; Mark Baker, *Nam: The Vietnam War in the Words of the Men and Women Who Fought There* (Nova York: Berkley, 1981).

2. Vincent Caruso, "30 Years Ago: Fugazi Is Born", *Difusor*, 31 de maio de 2017, https://difusor.fm/fugazi-formed/.

3. Para livros sobre Fugazi, ver Michael Azzerad, *Our Band Could Be Your Life: Scenes from the American Indie Underground, 1981-1991* (Boston: Back Bay: 2001); Daniel

Sinker, *We Owe You Nothing, Punk Planet: The Collected Interviews* (Nova York: Akashic Books, 2007). Para entrevistas com membros do Fugazi, ver Ian MacKaye, "Ian MacKaye Doesn't Do Many Interviews, but This Is One of His Most Enlightening", entrevista de Daniel Dylan Wray, *Loud and Quiet*, 26 de maio de 2015, https://www.loudandquiet.com/interview/ian-mackaye-dischord/; Ian MacKaye, "Special Guest: Ian MacKaye of Dischord Records, Fugazi, & Much More", entrevistado por Brian Nelson-Palmer, *DC Music Rocks*, 6 de fevereiro de 2018, https://www.dcmusicrocks.com/episodes/2018-02-06-special-guest-ian-mackaye-of-dischord-records-fugazi-and-more. Para artigos sobre Fugazi, ver Anthony Pappalardo, "Why Fugazi Are Still the Best Punk Band in the World – an Op-Ed", *Alternative Press*, 20 de novembro de 2014, https://www.altpress.com/features/fugazi_are_the_best_punk_band_in_the_world/; Andrea Kurland, "Getting Deep with Ian MacKaye, the Godfather of DIY Culture", *Huck*, 27 de maio de 2020, https://www.huckmag.com/art-and-culture/ian-mackaye-survival-issue-interview/; Eric Brace, "Punk Lives! Washington's Fugazi Claims It's Just a Band. So Why Do So Many Kids Think It's God?", *Washington Post*, 1º de agosto de 1993, https://www.washingtonpost.com/archive/lifestyle/style/1993/08/01/punk-lives-washingtons-fugazi-claims-its-just-a-band-so-why-do-so-many-kids-think-its-god/6c56fef5-780a-4a6e-8411-8c6b407e1eed/?noredirect=on&utm_term=.8b4b5f2e0312; Greg Kot, "Fugazi Making Punk Rock Relevant Again", *Chicago Tribune*, 10 de agosto de 1991, https://www.chicagotribune.com/news/ct-xpm-1991-08-10-9103270453-story.html; Karen Bliss, "Pearl Jam's Eddie Vedder Talks Surfing, Story behind 'Jeremy' in Rediscovered 1991 Interview", *Billboard*, 6 de abril de 2017, https://www.billboard.com/articles/columns/rock/7751635/pearl-jam-eddie-vedder-1991-interview-vintage; Paul Brannigan, "Ian MacKaye on Minor Threat, Fugazi and the Power of Punk Rock", *Louder*, 16 de abril de 2014, https://www.loudersound.com/features/ian-mackaye-on-minor-threat-fugazi-and-the-power-of-punk-rock; Ryan Reft, "Musical Fugazi: Politics, Post Punk, and Reevaluating D.C.'s Most Famous Rock Band 25 Years Later", *Tropics of Meta*, 13 de maio de 2015, https://tropicsofmeta.com/2015/05/13/musical-fugazi-politics-post-punk-and-reevaluating-d-c-s--most-famous-rock-band- 25-years-later/.

4. "Fugazi", Spotify, acesso em: 19 fev. 2020, https://open.spotify.com/artist/62sC6lUEWRjbFqXpMmOk4G; "Fugazi", *last.fm*, acesso em: 19 fev. 2020, https://www.last.fm/music/Fugazi; "Fugazi – Topic", canal do YouTube, acesso em: 19 fev. 2020, https://www.youtube.com/channel/UC2cjwtJB5rzpMetjDlnjGHg; "Fugazi", *Pandora*, acesso em: 19 fev. 2020, https://www.pandora.com/artist/full-bio/fugazi/ARP5Kb-9dKXPZvxm; "Fugazi", *deezer*, acesso em: 19 fev. 2020, https://www.deezer.com/us/artist/2873.

5. Para evidência comportamental de sua influência, ver Brendan Kelly, "Forget Nirvana, Pearl Jam Was the Most Influential Band of the 90s", *Vice*, 29 de outubro de 2015, https://www.vice.com/en_us/article/6vgpn9/pearl-jam-vs-nirvana-as-the-most-influential-90s-band. Exemplos de entrevistas com a menção intencional a Fugazi e até tendências para escrever o nome da banda em seus corpos e roupas, ver Bliss, "Pearl Jam's Eddie Vedder"; Lauren Spencer, "Nirvana: The 1992 'Nevermind' Cover Story, 'Heaven Can't Wait'", *Spin*, 1° de janeiro de 1992, https://www.spin.com/1992/01/nirvana-cover-1992-kurt-cobain-heaven-cant-wait/; Raul Rossell II, "Why Did Kurt Cobain Write Fuhgawz on His Shoe???", *feelnumb*, 13 de outubro de 2009, http://www.feelnumb.com/2009 /10/13/why-did-kurt-cobain-wrote-fuhgawz- on-his-shoe/.

6. Serge Moscovici, "Toward a Theory of Conversion Behavior", em *Advances in Experimental Social Psychology*, vol. 13, ed. Leonard Berkowitz (San Diego, CA: Academic Press, 1980), 209-39.

7. Juan Antonio Pérez e Gabriel Mugny, "The Conflict Elaboration Theory of Social Influence", em *Understanding Group Behavior: Small Group Processes and Interpersonal Relations*, vol. 2, ed. Erich H. Witte e James H. Davis (Mahwah, NJ: Erlbaum, 1996), 191-210.

8. William D. Crano, "Social Influence, Social Identity, and Ingroup Leniency", em *Group Consensus and Minority Influence: Implications for Innovation*, ed. Carsten K. W. de Dreu e Nanne K. de Vries (Oxford, Reino Unido: Blackwell, 2001), 122-43.

9. Robin Martin e Miles Hewstone, "Majority versus Minority Influence, Message Processing, and Attitude Change: The Source-Context-Elaboration Model", em *Advances in Experimental Social Psychology*, vol. 40, ed. Mark P. Zanna (San Diego, CA: Elsevier, 2008), 237-326.

10. Richard E. Petty e Duane T. Wegener, "The Elaboration Likelihood Model: Current Status and Controversies", em *Dual Process Theories in Social Psychology*, ed. Shelley Chaiken e Yaacov Trope, ed. Shelley Chaiken e Yaacov Trope (Nova York: Guilford Press, 1999), 41-72.

11. Uma exceção a isso: quando pessoas de fora têm conjuntos de habilidades especializadas e excepcionais, os membros do grupo são mais propensos a ouvir suas mensagens. Ver Ben Goldacre, *Bad Science: Quacks, Hacks, and Big Pharma Flacks* (Londres, Reino Unido: McClelland & Stewart, 2010); Michael Shermer, *Why People Believe Weird Things: Pseudoscience, Superstition, and Other Confusions of Our Time* (Nova York: Henry Holt, 2002).

12. Noga Arikha, *Passions and Tempers: A History of the Humours* (Nova York: Harper Perennial, 2007).

13. Nicholas Kadar, Roberto Romero e Zoltán Papp, "Ignaz Semmelweis: The 'Savior of Mothers': On the 200th Anniversary of His Birth", *American Journal of Obstetrics & Gynecology 219*, no. 6 (2018): 519-22; Ignaz P. S. Semmelweis, *The Etiology, Concept, and Profylaxis of Childbed Fever*, trad. K. Codell Carter (1859; Madison, WI: University of Wisconsin Press, 1983).

14. Theodore G. Obenchain, Genius Belabored: *Childbed Fever and the Tragic Life of Ignaz Semmelweis* (Tuscaloosa, AL: University of Alabama Press, 2016); Cailin O'Connor e James Owen Weatherall, *The Misinformation Age: How False Beliefs Spread* (New Haven, CT: Yale University Press, 2019).

15. World Health Organization, *WHO Guidelines on Hand Hygiene in Health Care* (Genebra, Suíça: World Health Organization, 2009).

16. Ignaz P. S. Semmelweis, "Open Letters to Sundry Professors of Obstetrics", 1861; Irvine Loudon, "Semmelweis and His Thesis", *Journal of the Royal Society of Medicine 98*, no.12 (2005): 555.

17. Robin Martin e Miles Hewstone, "Majority versus Minority Influence: When, Not Before, Source Status Instigates Heuristic or Systematic Processing", *European Journal of Social Psychology 33*, no. 3 (2003): 313-30.

18. Wood et al., "Minority Influence", 323-45.

19. Daniel W. Gorenflo e William D. Crano, "Judgmental Subjectivity/Objectivity and Locus of Choice in Social Comparison", *Journal of Personality and Social Psychology 57*, no. 4 (1989): 605; Gerd Bohner et al., "Framing of Majority and Minority Source Information in Persuasion: When and How Consensus Implies Correctness", *Social Psychology 39*, no. 2 (2008): 108-16; William D. Crano e Katherine A. Hannula-Bral,

"Context/Categorization Model of Social Influence: Minority and Majority Influence in the Formation of a Novel Response Norm", *Journal of Experimental Social Psychology 30*, no. 3 (1994): 247-76.

20. Andrew J. Elliot e Todd M. Thrash, "Approach-Avoidance Motivation in Personality: Approach and Avoidance Temperaments and Goals", *Journal of Personality and Social Psychology 82*, no. 5 (2002): 804; Judith M. Harackiewicz et al., "Revision of Achievement Goal Theory: Necessary and Illuminating", *Journal of Educational Psychology 94* (2002): 638-45.

21. Robert S. Baron e S. Beth Bellman, "No Guts, No Glory: Courage, Harassment and Minority Influence", *European Journal of Social Psychology 37*, no. 1 (2007): 101-24.

22. Richard E. Petty et al., "Individual versus Group Interest Violation: Surprise as a Determinant of Argument Scrutiny and Persuasion", *Social Cognition 19*, no. 4 (2001): 418-42.

23. Leaf Van Boven, George Loewenstein e David Dunning, "The Illusion of Courage in Social Predictions: Underestimating the Impact of Fear of Embarrassment on Other People", *Organizational Behavior and Human Decision Processes 96*, no. 2 (2005): 130-41.

24. Wood et al., "Minority Influence", 323-45.

25. Quando os últimos minutos de um encontro são marcados pelo respeito mútuo, esse ponto final afeta a avaliação geral das pessoas sobre se é uma ideia inteligente mudar. Ver Daniel Kahneman, "Evaluation by Moments: Past and Future", em *Choices, Values, and Frames*, ed. Daniel Kahneman e Amos Tversky (Nova York: Cambridge University Press, 2000), 693-708; Daniel Kahneman, "A Perspective on Judgment and Choice: Mapping Bounded Rationality", *American Psychologist 58*, no. 9 (2003): 697-720.

26. Angelica Mucchi-Faina e Stefano Pagliaro, "Minority Influence: The Role of Ambivalence toward the Source", *European Journal of Social Psychology 38*, no. 4 (2008): 612-23.

27. A dor de não agir é muito mais intensa e duradoura do que o arrependimento de correr um risco e perceber que foi um erro. Ver Thomas Gilovich, Victoria Husted Medvec e Daniel Kahneman, "Varieties of Regret: A Debate and Partial Resolution", *Psychological Review 105*, no. 3 (1998): 602. A dor específica associada ao arrependimento da inação não se limita aos Estados Unidos: Thomas Gilovich et al., "Regrets of Action and Inaction through Cultures", *Journal of Cross-Cultural Psychology 34*, no. 1 (2003): 61-71.

28. G. Tarcan Kumkale e Dolores Albarracín, "The Sleeper Effect in Persuasion: A Meta- Analytic Review", *Psychological Bulletin 130*, no. 1 (2004): 143.

29. Para um pacote de oito estudos sobre o tema, ver Laura E. Wallace et al., "Perceived Knowledge Moderates the Relation between Subjective Ambivalence and the 'Impact' of Attitudes: An Attitude Strength Perspective", *Personality and Social Psychology Bulletin 46*, no. 5 (2020): 709-22.

30. Wallace et al., "Conhecimento percebido".

31. Barbara David e John C. Turner, "Studies in Self-Categorization and Minority Conversion: The In-Group Minority in Intragroup and Intergroup Contexts", *British Journal of Social Psychology 38*, no. 2 (1999): 115-34.

CAPÍTULO 5: ATRAIA PESSOAS QUE O APOIEM

1. Dennis R. Proffitt et al., "Perceiving Geographical Slant", *Psychonomic Bulletin and Review 2*, no. 4 (1995): 409-28.
2. Dennis R. Proffitt et al., "The Role of Effort in Perceiving Distance", *Psychological Science 14*, no. 2 (2003): 106-12.
3. Mukul Bhalla e Dennis R. Proffitt, "Visual–Motor Recalibration in Geographical Slant Perception", *Journal of Experimental Psychology: Human Perception and Performance 25*, no. 4 (1999): 1076-96.
4. Simone Schnall et al., "Social Support and the Perception of Geographical Slant", *Journal of Experimental Psychology: Human Perception and Performance 44*, no. 5 (2008): 1246-55.
5. Daniel M. T. Fessler e Colin Holbrook, "Friends Shrink Foes: The Presence of Comrades Decreases the Envisioned Physical Formidability of an Opponent", *Psychological Science 24*, no. 5 (2013): 797-802.
6. Lane Beckes e James A. Coan, "Social Baseline Theory: The Role of Social Proximity in Emotion and Economy of Action", *Social and Personality Psychology Compass 5*, no. 12 (2011): 976-88; James A. Coan, Casey L. Brown e Lane Beckes, "Our Social Baseline: The Role of Social Proximity in Economy of Action", em *Nature and Formation of Social Connections: From Brain to Group*, ed. Mario Mikulincer e Phillip R. Shaver (Washington, DC: APA Press, 2014), 89-104; James A. Coan e David A. Sbarra, "Social Baseline Theory: The Social Regulation of Risk and Effort", *Current Opinion in Psychology 1* (2015): 87-91.
7. Julia L. Briskin et al., "For Better or for Worse? Outsourcing Self-Regulation and Goal Pursuit", *Social Psychological and Personality Science 10*, no. 2 (2019): 181-92; Gráinne M. Fitzsimons e Eli J. Finkel, "Outsourcing Self-Regulation", *Psychological Science 22*, no. 3 (2011): 369-75; Hans IJzerman et al., "The Human Penguin Project: Climate, Social Integration, and Core Body Temperature", *Collabra: Psychology 4*, no. 1 (2018): 37.
8. Theriault, Young e Barrett, "The Sense of Should."
9. Erica J. Boothby et al., "The World Looks Better Together: How Close Others Enhance Our Visual Experiences", *Personal Relationships 24*, no. 3 (2017): 694-714; David S. Lee et al., "I- Through- We: How Supportive Social Relationships Facilitate Personal Growth", *Personality and Social Psychology Bulletin 44*, no. 1 (2018): 37-48; Shigehiro Oishi, Jamie Schiller e E. Blair Gross, "Felt Understanding and Misunderstanding Affect the Perception of Pain, Slant, and Distance", *Social Psychological and Personality Science 4*, no. 3 (2013): 259-66; Dean Keith Simonton, "The Social Context of Career Success and Course for 2,026 Scientists and Inventors", *Personality and Social Psychology Bulletin 18*, no. 4 (1992): 452-63.
10. Anita Williams Woolley, "Evidence for a Collective Intelligence Factor in the Performance of Human Groups", *Science 330*, no. 6004 (2010): 686-88; Wendy M. Williams e Robert J. Sternberg, "Group Intelligence: Why Some Groups Are Better Than Others", *Intelligence 12*, no. 4 (1988): 351-77.
11. Gordon Hodson et al., "Intergroup Contact as an Agent of Cognitive Liberalization", *Perspectives on Psychological Science 13*, no. 5 (2018): 523-48; Elizabeth Mannix e Margaret A. Neale, "What Differences Make a Difference? The Promise and Reality of Diverse Teams in Organizations", *Psychological Science in the Public Interest 6*, no. 2 (2005): 31-55.
12. Se você quiser uma boa leitura, aqui estão meus principais títulos sugeridos da última década: Todd B. Kashdan, "10 Books to Ramp Up Your Intellect", *Psychology*

Today, 9 de dezembro de 2019, https://www.psychologytoday.com/us/blog/curious/201912/10-books-ramp-your-intellect.

13. Chelsea Duff, "Breaking Down 'The Imposter', the True Crime Documentary That's Creepy AF", *In Touch Weekly*, 13 de junho de 2018, https://www.intouchweekly.com/posts/the-imposter-documentary-155882/.

14. Amy Crawford, "Thirteen Years Later, Did Spellbound Show Us the Power or the Myth of the American Dream?", *Smithsonian Magazine*, 28 de maio de 2015, https://www.smithsonianmag.com/arts-culture/thirteen-years-later-did-spellbound-show-us-power-or-myth-american-dream-180955434/.

15. Terrence McCoy, "The Incredible Story Behind 'Searching for Sugar Man'", *Washington Post*, 14 de maio de 2014, https://www.washingtonpost.com/news/morning-mix/wp/2014/05/14/the-incredible-story-behind-searching-for-sugar-man/.

16. Arthur Aron, Elaine N. Aron e Christina Norman, "Self-Expansion Model of Motivation and Cognition in Close Relationships and Beyond", em *Blackwell Handbook of Social Psychology Interpersonal Processes*, ed. Garth J. O. Fletcher e Margaret S. Clark (Malden, MA: Blackwell Publishers, 2001), 478-501.

17. Elaine O. Cheung, Wendi L. Gardner e Jason F. Anderson, "Emotionships: Examining People's Emotion-Regulation Relationships and Their Consequences for Well-Being", *Social Psychological and Personality Science 6*, no. 4 (2015): 407-14.

18. Kim S. Cameron, *Positive Leadership: Strategies for Extraordinary Performance* (São Francisco, CA: Berrett-Koehler, 2008); Bradley P. Owens et al., "Relational Energy at Work: Implications for Job Engagement and Job Performance", *Journal of Applied Psychology 101*, no. 1 (2016): 35-49.

19. Arthur Aron et al., "When Similars Do Not Attract: Tests of a Prediction from the Self Expansion Model", *Personal Relationships 13*, no. 4 (2006): 387-96.

20. Todd B. Kashdan, Justin W. Weeks e Antonina A. Savostyanova, "Whether, How, and When Social Anxiety Shapes Positive Experiences and Events: A Self-Regulatory Framework and Treatment Implications", *Clinical Psychology Review 31*, no. 5 (2011): 786-99; David A. Moscovitch, "What Is the Core Fear in Social Phobia? A New Model to Facilitate Individualized Case Conceptualization and Treatment", *Cognitive and Behavioral Practice*, no. 2 (2009): 123-34.

21. Os pesquisadores descobriram que, depois de contemplar uma mensagem de autoexpansão (em comparação com a busca de estabilidade), os adultos brancos buscavam ativamente interações com pessoas de uma raça diferente da sua. As implicações práticas são claras. Estar perto de pessoas que não compartilham nossos valores, habilidades e perspectivas pode ser carregado de tensão e dificuldade. No entanto, ao deixar a segurança de nosso endogrupo, crescemos mais rapidamente, com horizontes mais amplos. Afastar-se da atração de círculos seguros e familiares pode ser impulsionado por cinco minutos de reflexão sobre por que a autoexpansão é benéfica. Ver Odilia Dys-Steenbergen, Stephen C. Wright e Arthur Aron, "Self-Expansion Motivation Improves Cross-Group Interactions and Enhances Self-Growth", *Group Processes and Intergroup Relations 19*, no. 1 (2016): 60-71; Stefania Paolini et al., "Self-Expansion and Intergroup Contact: Expectancies and Motives to Self-Expand Lead to Greater Interest in Outgroup Contact and More Positive Intergroup Relations", *Journal of Social Issues 72*, no. 3 (2016): 450-71.

22. Mitch Prinstein, *Popular: The Power of Likability in a Status-Obsessed World* (Nova York: Viking, 2017).

23. Michael Argyle e Monika Henderson, "The Rules of Friendship", *Journal of Social and Personal Relationships 1*, no. 2 (1984): 211-37. Embora esse artigo tenha recebido pouca atenção, as regras que ele estabelece são apoiadas por outras pesquisas. Ver Brooke C. Feeney e Nancy L. Collins, "A New Look at Social Support: A Theoretical Perspective on Thriving through Relationships", *Personality and Social Psychology Review 19*, no. 2 (2015): 113-47; Jeffrey A. Hall, "Sex Differences in Friendship Expectations: A Meta-Analysis", *Journal of Social and Personal Relationships 28*, no. 6 (2011): 723-47; Lukasz D. Kaczmarek et al., "Give and Take: The Role of Reciprocity in Capitalization", *Journal of Positive Psychology* (2021), https://doi.org/10.1080/17439760.2021.1885054; Brett J. Peters, Harry T. Reis e Shelly L. Gable, "Making the Good Even Better: A Review and Theoretical Model of Interpersonal Capitalization", *Social and Personality Psychology Compass 12*, no. 7 (2018): e12407.

24. Lane Beckes, James A. Coan e Karen Hasselmo, "Familiarity Promotes the Blurring of Self and Other in the Neural Representation of Threat", *Social Cognitive and Affective Neuroscience 8*, no. 6 (2013): 670-77. Para descobertas semelhantes, ver Sören Krach et al., "Your Flaws Are My Pain: Linking Empathy to Vicarious Embarrassment", *PloS One 6*, no. 4 (2011): e18675.

25. Simone McKnight, Patrick E. McKnight, Todd B. Kashdan, L. Alexander, E. J. de Visser e James A. Coan, "The Psychology of Trust: A Review and Reconceptualization", manuscrito em preparação.

26. Brock Bastian, Jolanda Jetten e Laura J. Ferris, "Pain as Social Glue: Shared Pain Increases Cooperation", *Psychological Science 25*, no. 11 (2014): 2079-85.

27. Brock Bastian et al., "Shared Adversity Increases Team Creativity through Fostering Supportive Interaction", *Frontiers in Psychology 9* (2018), https://doi.org/10.3389/fpsyg.2018.02309.

28. Martin P. Paulus et al., "A Neuroscience Approach to Optimizing Brain Resources for Human Performance in Extreme Environments", *Neuroscience and Biobehavioral Reviews 33*, no. 7 (2009): 1080-88.

29. Alain de Botton, *The School of Life: An Emotional Education* (Londres: School of Life Press, 2019).

30. A teoria da distinção ideal aborda as motivações concorrentes que os indivíduos devem resolver para funcionar bem na sociedade. Ver Marilynn B. Brewer, "The Social Self: On Being the Same and Different at the Same Time", *Personality and Social Psychology Bulletin 17*, no. 5 (1991): 475-82; Marilynn B. Brewer, "The Role of Distinctiveness in Social Identity and Group Behaviour", em *Group Motivation: Social Psychological Perspectives*, ed. Michael Hoff e Dominic Abrams (Hemel Hempstead, Reino Unido: Harvester Wheatsheaf, 1993), 1-16; Marilynn B. Brewer e Cynthia L. Pickett, "Distinctiveness Motives as a Source of the Social Self", em *The Psychology of the Social Self*, ed. Tom R. Tyler, Roderick M. Kramer e Oliver P. John (Hillsdale, NJ: Lawrence Erlbaum, 1999), 71-87.

31. Brewer e Pickett, "Distinctiveness Motives as a Source of the Social Self".

32. Pesquisa YouGov de 2019 com 1.254 adultos. Ver "Friendship", *YouGov RealTime*, dados coletados de 3 a 5 de julho de 2019, https://d25d2506sfb94s.cloudfront.net/cumulus_uploads/document/m97e4vdjnu/Results%20for%20YouGov%20RealTime%20(Friendship)%20164%205.7.2019.xlsx%20%20[Group].pdf.

33. Para essa pesquisa Cigna de 2018 com 20.096 adultos com 18 anos ou mais, ver "New Cigna Study Reveals Loneliness at Epidemic Levels in America", *Cigna's U.S. Loneliness Index*, 1º de maio de 2018, https://www.multivu.com/players/English/8294451-cigna-us-loneliness-survey/.

34. Davy Vancampfort et al., "Leisure-Time Sedentary Behavior and Loneliness between 148.045 Adolescents Aged 12-15 Years from 52 Low-and Middle-Income Countries", *Journal of Affective Disorders 251* (2019): 149-55.

35. Quando deixei meu emprego em que trabalhava no pregão da Bolsa de Valores de Nova York e mudei de carreira de finanças para psicologia, comecei como assistente de pesquisa não remunerado do dr. Arthur Aron na Universidade do Estado de Nova York em Stony Brook. Art começou a iterar um novo método para criar intimidade entre estranhos em 45 minutos ou menos. Esse trabalho levou a este artigo de pesquisa altamente citado: Arthur Aron et al., "The Experimental Generation of Interpersonal Closeness: A Procedure and Some Preliminary Findings", *Personality and Social Psychology Bulletin 23*, no. 4 (1997): 363-77. Usei esse método em minha própria pesquisa (incluindo minha tese de mestrado): Todd B. Kashdan e John E. Roberts, "Social Anxiety's Impact on Affect, Curiosity, and Social Self-Efficacy during a High Self-Focus Social Threat Situation", *Cognitive Therapy and Research 28*, no. 1 (2004): 119-41. Algumas das questões apresentadas no texto são variantes dessa pesquisa. Leia esses artigos científicos para obter a lista completa de perguntas originais.

36. Para um fantástico compêndio de perguntas poderosas, ver Michael Bungay Stanier, *The Coaching Habit: Say Less, Ask More and Change the Way You Lead Forever* (Toronto, Canadá: Box of Crayons Press, 2016).

37. No entanto, há outras evidências de pesquisa para uma abordagem paradoxal em que pensar em como eles são semelhantes a outras pessoas introduz uma mentalidade de lutar para acabar com isso e se tornar mais original. Ver Kimberly Rios e Zhuoren Chen, "Experimental Evidence for Minorities' Hesitancy in Reporting Their Opinions: The Roles of Optimal Distinctiveness Needs and Normative Influence", *Personality and Social Psychology Bulletin 40*, no. 7 (2014): 872-83.

38. Michael Lynn e Charles Snyder, "Uniqueness Seeking", em *Handbook of Positive Psychology*, ed. Carlos. R. Snyder e Shane J. Lopez (Londres: Oxford University Press, 2002), 395-410.

39. Silvia Bellezza, Francesca Gino e Anat Keinan, "The Red Sneakers Effect: Inferring Status and Competence from Signals of Nonconformity", *Journal of Consumer Research 41*, no. 1 (2014): 35-54.

40. Nichelle Nichols, "A Conversation with Nichelle Nichols", entrevista de Neil deGrasse Tyson, *StarTalk podcast*, 11 de julho de 2011, https://www.startalkradio.net/show/a-conversation-with-nichelle-nichols/.

CAPÍTULO 6: CONSTRUA SUA FORTALEZA MENTAL

1. Com seis mulheres, Kilpatrick estabeleceu, em 1974, o primeiro centro de crise de estupro no estado da Carolina do Sul. Dean Kilpatrick, comunicação pessoal com o autor, maio de 2020.

2. World Health Organization, "3. Service Provision for Victims of Sexual Violence", em *Guidelines for Medio-Legal Care for Victims of Sexual Violence* (2003), https://www.who.int/violence_injury_prevention/resources/publications/en/guidelines_chap3.pdf.

3. Betty Greudenheim, "Chicago Hospitals Are Using New Kit to Help Rape Victims Collect Evidence", *New York Times*, 2 de dezembro de 1978, https://www.nytimes.com/1978/12/02/archives/chicago-hospitals-are-using-new-kit-to-help-rape-victims-collect.html.

4. Marty Goddard, "Marty Goddard Interview Transcript", entrevista de Anne Seymour, *An Oral History of the Crime Victim Assistance Field*, University of Akron, 26 de fevereiro de 2003.
5. Jay D. Aronson, *Genetic Witness: Science, Law and Controversy in the Making of DNA Profiling* (Piscataway, NJ: Rutgers University Press, 2007); Patricia Yancey Martin et al., "Controversies Surrounding the Rape Kit Exam in the 1980s: Issues and Alternatives", *Crime and Delinquency 31*, no. 2 (1985): 223-46.
6. Dean Kilpatrick, comunicação pessoal.
7. Lisa Anderson, "Why Are We So Bad at Prosecuting Sexual Assault?", *Dallas Morning News*, 15 de setembro de 2019, https://www.dallasnews.com/opinion/commentary/2019/09/15/why-are-we-so-bad-at- prosecuting-sexual-assault/.
8. Shirley Feldman-Summers e Gayle C. Palmer, "Rape as Viewed by Judges, Prosecutors, and Police Officers", *Criminal Justice and Behavior 7*, no. 1 (1980): 19-40.
9. Steven C. Hayes et al., "Acceptance and Commitment Therapy: Model, Processes and Outcomes", *Behavior Research and Therapy 44*, no. 1 (2006): 1-25; Steven C. Hayes, Kirk D. Strosahl e Kelly G. Wilson, *Acceptance and Commitment Therapy: The Process and Practice of Mindful Change*, 2. ed. (Nova York: Guilford Press, 2011); Steven C. Hayes et al., "Experiential Avoidance and Behavioral Disorders: A Functional Dimensional Approach to Diagnosis and Treatment", *Journal of Consulting and Clinical Psychology 64*, no. 6 (1996): 1152-68.
10. Todd B. Kashdan e Jonathan Rottenberg, "Psychological Flexibility as a Fundamental Aspect of Health", *Clinical Psychology Review 30*, no. 7 (2010): 865-78.
11. Essa é uma variante do que meus colegas construíram, alguns dos quais criaram a matriz de Terapia de Aceitação e Compromisso (ACT): Kevin L. Polk et al., *The Essential Guide to the ACT Matrix: A Step-by-Step Approach to Using the ACT Matrix Model in Clinical Practice* (Oakland, CA: New Harbinger Publications, 2016); Kevin L. Polk e Benjamin Schoendorff, *The ACT Matrix: A New Approach to Building Psychological Flexibility across Settings and Populations* (Oakland, CA: New Harbinger Publications, 2014). Outros colegas construíram o Choice Point Framework: Joseph Ciarrochi et al., "Measures That Make a Difference: A Functional Contextualistic Approach to Optimizing Psychological Measurement in Clinical Research and Practice", em *The Wiley Handbook of Contextual Behavioral Science*, ed. Robert D. Zettle et al. (Chichester, Reino Unido: Wiley, 2016), 320-46; Russ Harris, *ACT Made Simple: An Easy-to-Read Primer on Acceptance and Commitment Therapy* (Oakland, CA: New Harbinger Publications, 2019). Meus colegas criaram esses modelos para terapeutas e profissionais de saúde. Meu objetivo é descrever esse modelo para que um leigo possa usar por conta própria.
12. Yoona Kang et al., "Purpose in Life and Conflict-Related Neural Responses during Health Decision-Making", *Health Psychology 388*, no. 6 (2019): 545-52; Patrick E. McKnight e Todd B. Kashdan, "Purpose in Life as a System That Creates and Sustains Health and Well-Being: An Integrative, Testable Theory", *Review of General Psychology 13*, no. 3 (2009): 242-51.
13. Anthony L. Burrow e Nicolette Rainone, "How Many Likes Did I Get?: Purpose Moderates Links between Positive Social Media Feedback and Self-Esteem", *Journal of Experimental Social Psychology 69* (2017) : 232-36.
14. Brian J. Cox, Norman S. Endler e Richard P. Swinson, "Anxiety Sensitivity and Panic Attack Symptomatology", *Behaviour Research and Therapy 33*, no. 7 (1995): 833-36.

15. Do Programa de História Pública do Museu Chandler sobre Mulheres Líderes e Ativistas, Chandler, Arizona.
16. Jennifer Crocker, Yu Niiya e Dominik Mischkowski, "Why Does Writing about Important Values Reduce Defensiveness? Self-Affirmation and the Role of Positive Other-Directed Feelings", *Psychological Science 19*, no. 7 (2008): 740-47; Amber S. Emanuel et al., "Spontaneous Self-Affirmation Is Associated with Psychological Well-Being: Evidence from a US National Adult Survey Sample", *Journal of Health Psychology 23*, no. 1 (2018): 95-102; Rebecca A. Ferrer e Geoffrey L. Cohen, "Reconceptualizing Self-Affirmation with the Trigger and Channel Framework: Lessons from the Health Domain", *Personality and Social Psychology Review 23*, no. 3 (2019): 285-304; Philine S. Harris, Peter R. Harris e Eleanor Miles, "Self-Affirmation Improves Performance on Tasks Related to Executive Functioning", *Journal of Experimental Social Psychology 70* (2017): 281-85; Kristin Layous et al., "Feeling Left Out, but Affirmed: Protecting against the Negative Effects of Low Belonging in College", *Journal of Experimental Social Psychology 69* (2017): 227-31.
17. Os itens 1 e 2, e variantes dos itens 3 e 9, são extraídos de uma atividade nesse estudo: Virginia R. Hash, "An Evaluation of a Value Clarification Seminar in the Preservice Education of Teachers", diss. de doutorado, *Iowa State University*, 1975.
18. Aqui estão algumas revisões de pesquisas empíricas que detalham a importância de identificar as experiências sentidas como um primeiro passo para ser capaz de se envolver em uma autorregulação saudável (a capacidade de ser de alterar o que acontece a seguir): Pablo Briñol e Kenneth G DeMarree, "Social Metacognition: Thinking about Thinking in Social Psychology", em *Frontiers of Social Psychology: Social Metacognition*, ed. Pablo Briñol e Kenneth G. DeMarree (Nova York: Psychology Press, 2012); Brett Q. Ford e James J. Gross, "Emotion Regulation: Why Beliefs Matter", *Canadian Psychology/Psychologie Canadienne 59*, no. 1 (2018): 1-14; Richard G. Tedeschi e Lawrence G. Calhoun, "Posttraumatic Growth: Conceptual Foundations and Empirical Evidence", *Psychological Inquiry 15*, no. 1 (2004): 1-18.
19. Todd B. Kashdan, Lisa Feldman Barrett e Patrick E. McKnight, "Unpacking Emotion Differentiation: Transforming Unpleasant Experience by Perceiving Distinctions in Negativity", *Current Directions in Psychological Science 24*, no. 1 (2015): 10-16.
20. Todd B. Kashdan et al., "Emotion Differentiation as Resilience against Excessive Alcohol Use: An Ecological Momentary Assessment in Underage Social Drinkers", *Psychological Science 21*, no. 9 (2010): 1341-47.
21. Richard S. Pond et al., "Emotion Differentiation Buffers Aggressive Behavior in Angered People: A Daily Diary Analysis", *Emotion 12*, no. 2 (2011): 326-37.
22. Todd B. Kashdan et al., "Who Is Most Vulnerable to Social Rejection? The Toxic Combination of Low Self-Esteem and Lack of Negative Emotion Differentiation on Neural Responses to Rejection", *PLoS One 9*, no. 3 (2014): e90651.
23. Brad A. Brown et al., "Does Negative Emotion Differentiation Influence Daily Self-Regulation After Stressful Events? A 4-Year Daily Diary Study", *Emotion* (no prelo).
24. Katharina Kircanski, Matthew D. Lieberman e Michelle G. Craske, "Feelings into Words: Contributions of Language to Exposure Therapy", *Psychological Science 23*, no. 10 (2012): 1086-91.
25. Todd B. Kashdan, William E. Breen e Terri Julian, "Everyday Strivings in War Veterans with Posttraumatic Stress Disorder: Suffering from a Hyper-Focus on Avoidance and Emotion Regulation", *Behavior Therapy 41*, no. 3 (2010): 350-63. Para uma

extensão desse trabalho com adultos que sofrem de transtorno de ansiedade social, ver Fallon R. Goodman et al., "Personal Strivings to Understanding Anxiety Disorders: Social Anxiety as an Exemplar", *Clinical Psychological Science 7*, no. 2 (2019): 283-301.

26. De uma variedade de fontes: Robert Plutchik, *Emotions and Life: Perspectives from Psychology, Biology, and Evolution* (Washington, DC: APA Press, 2003); Phillip Shaver et al., "Emotion Knowledge: Further Exploration of a Prototype Approach", *Journal of Personality and Social Psychology 52*, no. 6 (1987): 1061-86.

27. Steven C. Hayes, Kirk D. Strosahl e Kenneth G. Wilson, *Review of Acceptance and Commitment Therapy: An Experiential Approach to Behavior Change* (Nova York: Guilford Press, 2002).

28. Pablo Briñol et al., "Treating Thoughts as Material Objects Can Increase or Decrease Their Impact on Evaluation", *Psychological Science 24*, no. 1 (2013): 41-47.

29. Akihiko Masuda et al., "The Effects of Cognitive Defusion and Thought Distraction on Emotional Discomfort and Believability of Negative Self-Referential Thoughts", *Journal of Behavior Therapy and Experimental Psychiatry 41*, no. 1 (2010): 11-17. Para replicações e extensões, ver Chloe Brandrick et al., "A Comparison of Ultra-Brief Cognitive Defusion and Positive Affirmation Interventions on the Reduction of Public Speaking Anxiety", *Psychological Record* (2020): 1-9; Brett J. Deacon, "Cognitive Defusion versus Cognitive Restructuring in the Treatment of Negative Self-Referential Thoughts: An Investigation of Process and Outcome", *Journal of Cognitive Psychotherapy 25*, no. 3 (2011): 218-32; Maria Karekla et al., "Cognitive Restructuring vs. Defusion: Impact on Craving, Healthy and Unhealthy Food Intake", *Eating Behaviors 37* (2020), https://doi.org/10.1016/j.eatbeh.2020.101385.

30. Muitos deles são modificações de exercícios criados por praticantes de flexibilidade psicológica. Ver George H. Eifert e John P. Forsyth, *Acceptance and Commitment Therapy for Anxiety Disorders: A Practitioner's Treatment Guide to Using Mindfulness, Acceptance, and Values-Based Behavior Change Strategies* (Oakland, CA: New Harbinger, 2005); Hayes, Strosahl e Wilson, *Review of Acceptance and Commitment Therapy; Russ Harris, The Happiness Trap: How to Stop Struggling and Start Living* (Boston: Trumpeter, 2008).

·31. Rollo May, *Freedom and Responsibility Re- Examined* (New York: Bureau of Publications, Columbia University, 1963): 101-2. Essa declaração provavelmente inspirou a citação amplamente usada atribuída ao sobrevivente do Holocausto Viktor Frankl: "Entre estímulo e resposta, há um espaço. Nesse espaço está nosso poder de escolher nossa resposta. Na nossa resposta está o nosso crescimento e a nossa liberdade". Curiosamente, muitas pessoas citam essa suposta citação de Viktor Frankl sem referência ou fonte. Não está claro quem inventou essas palavras. As palavras de Rollo May são igualmente, se não mais, profundas.

32. Goddard, "transcrição da entrevista com Marty Goddard".

33. Nos últimos sete anos, mantive um diário dos três momentos mais excepcionais de cada dia. Três é um número gerenciável. Momentos excepcionais podem ser saudáveis, insalubres ou apenas interessantes. Se alguém diz algo memorável, coloco citações literais. Não dá para reter muitos dos melhores momentos de sua vida porque eles são fugazes. Ao anotá-los, tenho uma catalogação contínua do que me inspira, o que me influencia, o que me faz rir e chorar, momentos pungentes e como mudei ou permaneci o mesmo. Na verdade, a vida nada mais é do que uma tapeçaria de momentos. Deixe de capturá-los e você não viverá. Isso foi abordado muito bem em uma palestra TEDx de 2014 do meu colaborador de longa data, Robert Biswas-Diener, intitulada "Seus dias mais felizes ficaram para trás". Tudo isso é relevante para insubordinados de princípios que podem facilmente se esquecer de saborear os marcos ao longo da jornada, pois erroneamente defendem a chamada finalidade de sua missão (o que raramente acontece, conforme detalhado no Capítulo 7). Ver Robert Biswas-Diener, "Your Happiest Days Are Behind You", *TEDxUNLV*, Las Vegas, 11 de abril de 2014, 13:18, https://www.youtube.com/watch?v=-QTVv9tAlIE.

34. Essa noção de que cada um de nós regularmente faz uma performance na frente de outros cara a cara, on-line, ou mesmo quando estamos sozinhos contemplando o que os outros podem pensar de nós é parte de uma metáfora da produção teatral para a vida humana. Ver Ervin Goffman, *The Presentation of Self in Everyday Life* (Garden City, NY: Doubleday Anchor Books, 1959).

35. Brian R. Little, "The Integrative Challenge in Personality Science: Personal Projects as Units of Analysis", *Journal of Research in Personality 56* (2015): 93-101; Dan P. McAdams, "Personality, Modernity, and the Storied Self: A Contemporary Framework for Studying Persons", *Psychological Inquiry 7*, no. 4 (1996): 295-321.

36. Para dois relatos modernos e abrangentes de traços de personalidade, ver Colin G. DeYoung, "Cybernetic Big Five Theory", *Journal of Research in Personality 56* (2015): 33-58; William Fleeson e Eranda Jayawickreme, "Whole Trait Theory", *Journal of Research in Personality 56* (2015): 82-92.

37. Robert A. Emmons, "Personal Strivings: An Approach to Personality and Subjective Well-Being", *Journal of Personality and Social Psychology 51*, no. 5 (1986): 1058-68; Brian R. Little, Katariina Salmela-Aro e Susan D. Phillips, eds., *Personal Project Pursuit: Goals, Action, and Human Flourishing* (Mahwah, NJ: Erlbaum, 2007).

38. Todd B. Kashdan e Patrick E. McKnight, "Commitment to a Purpose in Life: An Antidote to the Suffering by Individuals with Social Anxiety Disorder", *Emotion 13*, no. 6 (2013): 1150-59.

39. Caroline R. Richardson et al., "An Online Community Improves Adherence in an Internet-Mediated Walking Program. Part 1: Results of a Randomized Controlled Trial", *Journal of Medical Internet Research 12*, no. 4 (2010): e71. Aqui estão exemplos adicionais dos benefícios de compartilhar metas com outras pessoas como uma estratégia para aumentar o comprometimento comportamental e o uso do nosso esforço: Lorraine R. Buis et al., "Evaluating Active U: An Internet-Mediated Physical Activity Program", *BMC Public Health 9*, no. 331 (2009), https://doi.org/10.1186/1471-2458-9-331; Paul J. Resnick et al., "Adding an Online Community to an Internet-Mediated Walking Program. Part 2: Strategies for Encouraging Community Participation", *Journal of Medical Internet Research 12*, no. 4 (2010): e72.

40. Ver os detalhes metodológicos de todos os quatro estudos em: Howard J. Klein et al., "When Goals Are Known: The Effects of Audience Relative Status on Goal Commitment and Performance", *Journal of Applied Psychology 105*, no. 4 (2020): 372-89.

41. Klein et al., "When Goals Are Known".

42. Ahmet Altan, *I Will Never See the World Again: The Memoir of an Imprisoned Writer* (Nova York: Other Press, 2019).

43. Marcus Aurelius, *Meditations* (Chicago: Henry Regnery Company, 1949).

44. C. Richard Snyder, "Hope Theory: Rainbows in the Mind", *Psychological Inquiry 13*, no. 4 (2002): 249-75.

45. Julie K. Norem, "Defensive Pessimism, Anxiety, and the Complexity of Evaluating Self-Regulation", *Social and Personality Psychology Compass 2*, no. 1 (2008): 121-34;

Julie K. Norem, "Defensive Pessimism as a Positive Self-Critical Tool", em *Self-Criticism and Self-Enhancement: Theory, Research, and Clinical Implications*, ed. Edward C. Chang (Washington, DC: APA Press, 2008), 89-104.

46. James D. Doorley et al., "Psychological Flexibility: What We Know, What We Do Not Know, and What We Think We Know", *Social and Personality Psychology Compass 14*, no. 12 (2020): 1-11.

47. Todd B. Kashdan et al., "Understanding Psychological Flexibility: A Multimethod Exploration of Pursuing Valued Goals despite the Presence of Distress", *Psychological Assessment 32*, no. 9 (2020): 829-50; Kashdan e Rottenberg, "Psychological Flexibility as a Fundamental Aspect of Health".

CAPÍTULO 7: VENÇA COM RESPONSABILIDADE

1. A coca é o principal ingrediente da cocaína, daí a polêmica sobre proibir a planta e criminalizar o cultivo. Ver Martín Sivak, *Evo Morales: The Extraordinary Rise of the First Indigenous President of Bolivia* (Nova York: Macmillan, 2010). Para as propriedades medicinais da coca, ver Douglas H. Boucher, "Cocaine and the Coca Plant", *BioScience 41*, no. 2 (1991): 72-76.

2. Drugs and Democracy, "Human Rights Violations Stemming from the 'War on Drugs' in Bolivia", *Transnational Institute*, 23 de dezembro de 2005, https://www.tni.org/es/node/12035.

3. Isabella Gomez Sarmiento, "How Evo Morales Made Bolivia a Better Place... Before He Fled the Country", *NPR*, 26 de novembro de 2019, https://www.npr.org/sections/goatsandsoda/2019/11/26/781199250/how-evo-morales-made-bolivia-a-better-place-before-he-was-forced-to-flee; "Bolivia", *Social Security Programs Throughout the World: The Americas*, 2011, Social Security Administration, https://www.ssa.gov/policy/docs/progdesc/ssptw/2010-2011/americas/bolivia.html.

4. Stansfield Smith, "Eleven Years of the 'Process of Change' in Evo Morales' Bolivia", *Council on Hemispheric Affairs*, 3 de janeiro de 2018, http://www.coha.org/eleven-years-of-the-process-of-change-in-evo-morales-bolivia/.

5. José Miguel Vivanco, "Bolivia: Letter to President Evo Morales on Human Rights Legislation", *Human Rights Watch*, 15 de dezembro de 2014, https://www.hrw.org / news/2014/12/15/bolivia-letter-president-evo-morales-human-rights-legislation#_ftn3.

6. Mariano Castillo, "Bolivian Journalist's Family Wants to Know Who Was behind Attack", *CNN*, 1º de novembro de 2012, https://www.cnn.com/2012/11/01/world/americas/bolivia-journalist-attacked/index.html; John Otis, "Forced Out of Jobs and Sidelined, Bolivia's Independent Journalists See Their Audience Slipping Away", *Committee to Protect Journalists*, 10 de outubro de 2019, https://cpj.org/blog/2019/10/forced-out-of-jobs-and-sidelined-bolivias-independ.php.

7. Jon Lee Anderson, "The Fall of Evo Morales", *New Yorker*, 23 de março de 2020, https://www.newyorker.com/magazine/2020/03/23/the-fall-of-evo-morales.

8. Emily Achtenberg, "Police Attack on Tipnis Marches Roils Bolivia", North American Congress on Latin America, 28 de setembro de 2011, https://nacla.org/blog/2011/9/28/police-attack-tipnis-marchers-roils-bolivia.

9. Jim Shultz, "The Rise and Fall of Evo Morales", *New York Review of Books*, 21 de novembro de 2019, https://www.nybooks.com/daily/2019/11/21/the-rise-and-fall-of-evo-morales/.

10. Marilynn B. Brewer, "The Psychology of Prejudice: Ingroup Love and Outgroup Hate?", *Journal of Social Issues 55*, no. 3 (1999): 429-44. Para um estudo recente limitado aos esportes, ver Charles E. Hoogland et al., "The Joy of Pain and the Pain of Joy: In-group Identification Predicts Schadenfreude and Gluckschmerz Following Rival Groups' Fortunes", *Motivation and Emotion 39*, no. 2 (2015): 260-81.

11. Rachael Goodwin, Jesse Graham e Kristina A. Diekmann, "Good Intentions Aren't Good Enough: Moral Courage in Opposing Sexual Harassment", *Journal of Experimental Social Psychology 86* (2020): 103894; Aaron C. Weidman et al., "Punish or Protect? How Close Relationships Shape Responses to Moral Violations", *Personality and Social Psychology Bulletin 46*, no. 5 (2020): 693-708.

12. Os grupos geralmente se definem em relação a um antagonista. Pense nos democratas se levantando em oposição aos republicanos, ou nos veganos se identificando como a alternativa moral e saudável aos carnívoros sem coração. Identificar um inimigo é uma estratégia psicologicamente sólida para se unir como uma tribo, porque a presença de um inimigo motiva a tribo a construir, criar e manter um senso claro do que ela é e não é, o que representa e vai lutar contra. Ao contrário da sabedoria comum, um arqui-inimigo oferece algo além das histórias viciantes dos quadrinhos de super-heróis. Pesquisas mostram que em certas situações, como a experiência de desemprego prolongado ou a perda de um parceiro romântico, as pessoas evitam o pior de sua dor culpando alguém ou algo além de si mesmas. Bodes expiatórios viáveis ajudam as pessoas a recuperar o controle e a confiança. Infelizmente, ao tirar proveito de tais benefícios psicológicos, você inicia um conflito desnecessário, levando a baixas. Sem perceber, você forneceu justificativa para seu inimigo mirar em você no futuro. Ver Douglas, *Scapegoats*; Landau et al., "Deriving Solace from a Nemesis"; Sullivan, Landau e Rothschild, "An Existential Function of Enemyship".

13. Nigel P. Field e George A. Bonanno, "The Role of Blame in Adaptation in the First 5 Years Following the Death of a Spouse", *American Behavioral Scientist 44*, no. 5 (2001): 764-81; Michael V. Miller e Sue Keir Hoppe, "Attributions for Job Termination and Psychological Distress", *Human Relations 47*, no. 3 (1994): 307-27.

14. Martin Luther King Jr., *The Trumpet of Conscience* (Nova York: Harper & Row, 1967).

15. Acho incrível que cada um de seus artigos empíricos primários sobre a mudança de posições majoritárias e minoritárias dentro de um grupo tenha sido citado menos 75 vezes nos últimos vinte anos (conforme revelado pelo Google Scholar em 30 de março de 2021), embora Prislin tenha publicado seu trabalho no mais prestigiado veículo de psicologia social, o *Journal of Personality and Social Psychology*. Espero que minha discussão sobre suas descobertas e suas implicações traga mais atenção a esse estudioso subestimado e eminente. Ver "Radmila Prislin, Ph.D.", *San Diego State University*, https://psychology.sdsu.edu/people/radmila-prislin/.

16. Os estudos diferem em outros elementos do design. Por exemplo, a dra. Prislin muitas vezes manipula outra característica do grupo. Às vezes, as reações dos outros membros do grupo são feitas pública e imediatamente para que o participante saiba exatamente quem disse o quê. Às vezes, os participantes recebem razões pelas quais as pessoas apoiaram ou se opuseram à sua posição. As razões podem ser superficiais, não tendo nada a ver com os argumentos apresentados ("Eu só queria acabar com isso"), *versus* o apoio genuíno (eles "me fizeram repensar minha posição"). Às vezes, há outra tarefa após o debate ou campanha e há a opção de continuar trabalhando com as mesmas pessoas do grupo ou sair para trabalhar com estranhos. Às vezes, a nova maioria cria regras para uma segunda

tarefa e tem a oportunidade de mostrar favoritismo em relação aos apoiadores e criar regras que prejudicam os oponentes. Às vezes, há pressão dos pares aplicada pelos atores para serem amigáveis ou hostis às facções do grupo, ou serem igualitários. Às vezes, as interações do grupo ocorrem mais de uma vez, ao longo de dias ou semanas. Como eu disse, ela é uma cientista criativa tentando reproduzir o que faz com que as pessoas se comportem de várias maneiras.

17. Radmila Prislin e P. Niels Christensen, "The Effects of Social Change within a Group on Membership Preferences: To Leave or Not to Leave?", *Personality and Social Psychology Bulletin 31*, no. 5 (2005): 595-609.

18. Prislin e Christensen, "The Effects of Social Change". Um resumo de suas descobertas é fornecido aqui: Radmila Prislin e P. Niels Christensen, "Social Change in the Aftermath of Successful Minority Influence", *European Review of Social Psychology 16*, no. 1 (2005): 43-73.

19. Andy Mulvihill, com Jake Rossen, *Action Park: Fast Times, Wild Rides, and the Untold Story of America's Most Dangerous Amusement Park* (Nova York: Penguin, 2020).

20. King, Jr., *The Trumpet of Conscience*.

21. Para ter acesso ao arquivo de documentos sobre o cinquentenário da entrada das mulheres em Yale, ver "History of Women at Yale", *Yale University*, https://celebratewomen.yale.edu/ history-women-yale.

22. Para entrevistas com a primeira turma de mulheres de Yale, para capturar seus relatos em primeira mão, ver "First-Person Stories: Yale Men", *Yale Alumni Magazine*, set./out. 2019, https://yalealumnimagazine.com/articles/4967-first-person--stories-yale-men. Confira-os. Você encontrará uma ampla mistura de memórias negativas, positivas, ambíguas e neutras de seu tempo como estudantes de Yale. Ver Anne Gardiner Perkins, *Yale Needs Women: How the First Group of Girls Rewrote the Rules of an Ivy League Giant* (Naperville, IL: Sourcebooks, 2019).

23. Radmila Prislin, Wendy M. Limbert e Evamarie Bauer, "From Majority to Minority and Vice Versa: The Asymmetrical Effects of Losing and Gaining Majority Position within a Group", *Journal of Personality and Social Psychology 79*, no. 3 (2000): 385-97.

24. Anne Gardiner Perkins, "Unescorted Guests: Yale's First Women Undergraduates and the Quest for Equity, 1969-1973", diss. de doutorado, *University of Massachusetts Boston*, 2018, https://scholarworks.umb.edu/doctoral_dissertations/389/.

25. Perkins, "Unescorted Guests".

26. Prislin e Christensen, "The Effects of Social Change".

27. Não há um número exato, mas este parece ser o mínimo confirmado por uma ampla gama de consultores e especialistas entre os editores da *Encyclopaedia Britannica* (1998): The Editors of Encyclopaedia Britannica, "Reign of Terror", *Encyclopaedia Britannica*, acesso em: 8 maio 2020, https://www.britannica.com/event/Reign-of-Terror.

28. Maximilien Robespierre, "On the Death Penalty", 22 de junho de 1791, trad. Mitch Abidor, https://www.marxists.org/history/france/revolution/robespierre/1791/death--penalty.htm.

29. Rebecca Abrams, "The Monstrous Puzzle of the Revolution", *Guardian*, 19 de maio de 2006, https://www.theguardian.com/books/2006/may/20/featuresreviews.guardianreview4.

30. John Kekes, "Why Robespierre Chose Terror: The Lessons of the First Totalitarian Revolution", *City Journal*, primavera de 2006, https://www.city-journal.org/html/why-robespierre-chose-terror-12935.html.

31. Kekes, "Why Robespierre Chose Terror".

32. Kekes, "Why Robespierre Chose Terror".

33. Radmila Prislin, Vanessa Sawicki e Kipling Williams, "New Majorities' Abuse of Power: Effects of Perceived Control and Social Support", *Group Processes and Intergroup Relations 14*, no. 4 (2011): 489-504.

34. Prislin, Sawicki e Williams, "New Majorities' Abuse of Power". Para uma replicação e extensão, ver Radmila Prislin, John M. Levine e P. Niels Christensen, "When Reasons Matter: Quality of Support Affects Reactions to Growth and Consistent Agreement", *Journal of Experimental Social Psychology 42*, no. 5 (2006): 593-601.

35. George Bernard Shaw, *Man and Superman* (Cambridge, MA: The University Press, 1903).

36. Maureen A. Craig, Julian M. Rucker e Jennifer A. Richeson, "Racial and Political Dynamics of an Approaching 'Majority-Minority' United States", *ANNALS of the American Academy of Political and Social Science 677*, no. 1 (2018): 204-14.

37. Chris Churchill, "Churchill: At Skidmore, Curiosity Might Get You Canceled", *Times Union*, 10 de setembro de 2020, https://www.timesunion.com/news/article/Churchill-At-Skidmore-curiosity-might-get-you-15553968.php.

38. Samantha Sasenarine, "The Petersons & 'Blue Lives Matter': Students Reveal a Pattern of Racism between Skidmore Faculty and Staff", *Skidmore News*, 31 de agosto de 2020, http://skidmorenews.com/new-blog/2020/8/31/opinion-the-petersons-amp--blue-lives-matter-students-reveal-a-pattern-of- racism-among-skidmore-faculty--and-staff.

39. Chris Cillizza, "This Is the Most Controversial Speech at the Correspondents' Dinner Ever. But Nobody Knew It at the Time", *Washington Post*, 24 de abril de 2015, https://www.washingtonpost.com/news/the-fix/wp/2015/04/24/this-is-the-most-controversial-speech-ever-at-the-correspondents-dinner-and-i-was-there/.

40. Jacques Steinberg, "After Press Dinner, the Blogosphere Is Alive with the Sound of Colbert Chatter", *New York Times*, 3 de maio de 2006, https://www.nytimes.com/2006/05/03/arts/03colb.html.

41. Capa da edição de 13 de março de 2014 da *revista Time*, Keegan-Michael Key e Jordan Peele, "Make Fun of Everything", *Time*, 13 de março de 2014, https://time.com/22993/key-and-peele-make-fun-of-everything/.

42. Bill Burr: *Paper Tiger*, dirigido por Mike Binder, escrito por Bill Burr, com Bill Burr, exibido em 10 de setembro de 2019, na Netflix, https://www.netflix.com/title/81060174.

43. Essas frases são de um famoso discurso que o presidente Theodore Roosevelt fez em 23 de abril de 1910, que recebeu o título não oficial de "The Man in the Arena" (O Homem na Arena). Acho que Teddy ficaria honrado com o fato de Brené Brown ter se inspirado o suficiente por esse discurso para fazer referência a ele no título de seu livro *A coragem de ser imperfeito: como aceitar a própria vulnerabilidade, vencer a vergonha e ousar ser quem você é* (Rio de Janeiro: Sextante, 2016). Restam dúvidas sobre como Teddy se sentiria sobre um trecho incompleto de seu discurso aparecendo como uma tatuagem no braço da atriz Miley Cyrus apenas para ser completado por uma continuação no braço do ator e ex--marido Liam Hemsworth. Em vez de remover a tinta, cada um pode encontrar novos parceiros que possam completar as frases em seus braços. A referência à sua obra-prima de oratória em um comercial de televisão para carros Cadillac pode ter sido ainda mais perturbadora para Teddy. Ver US Weekly Staff, "Liam Hemsworth Gets Tattoo to Match Miley Cyrus' Theodore Roosevelt Quote!", *US Weekly*, 12 de outubro de 2012, https://www.usmagazine.com/celebrity-news/

news/liam-hemsworth-gets-tattoo-to-match-miley-cyrus-theodore-roosevel-t-quote-20121210/; David Gianatasio, "Ad of the Day: Cadillac's 'Dare Greatly' Launch Spot Has Teddy Roosevelt but No Car", *Adweek*, 18 de fevereiro de 2015, https://www.adweek.com/brand-marketing/ad-day-cadillacs-dare-greatly-launch-spot-has-teddy-roosevelt-no-car-163017/. A admiração por Teddy levou meu coautor Robert Biswas-Diener e eu a escrever uma ode às forças incomuns de sua personalidade em nosso livro anterior, *A força boa do lado obscuro: o aspecto positivo das emoções negativas* (São Paulo: Bicicleta Amarela, 2016): ver o Capítulo 6, "The Teddy Effect".

PARTE III | CANALIZANDO A DESOBEDIÊNCIA

CAPÍTULO 8: ENGAJE O ULTRAJANTE

1. Trabalhei com Fals-Stewart em vários projetos, dois deles levando a publicações científicas. Ver William Fals-Stewart et al., "Behavioral Couples Therapy for Drug--Abusing Patients: Effects on Partner Violence", *Journal of Substance Abuse Treatment 22*, no. 2 (2002): 87-96. Meu outro artigo de pesquisa com ele é: William Fals-Stewart et al., "An Examination of Indirect Risk of Exposure to HIV between Wives of Substance-Abusing Men", *Drug and Alcohol Dependence 70*, no. 1 (2003): 65-76. Um de nossos estudos perguntou qual intervenção – terapia de casais ou individual – impedia de maneira mais eficaz homens viciados de abusar fisicamente de suas parceiras românticas. Nossa resposta provisória: terapia de casais. Digo provisória porque a história que compartilho levanta questões sobre a integridade de nossa pesquisa.

2. Cheryl Kennedy, entrevista por telefone com o autor, 22 de julho de 2019; Cheryl Kennedy, e-mail com o autor, 22 a 23 de julho de 2020.

3. Dan Herbeck, "Researcher Accused of Using Actors at Hearing Testimony at UB Led to Misconduct Acquittal", *Buffalo News*, 17 de fevereiro de 2010, https://buffalonews.com/2010/02/16/researcher-accused-of- using-actors-at-hearing-testimony--at-ub-led-to-misconduct-acquittal/; "AG Charges Ex-UB Researcher in Fraud", *Business Journals*, 16 de fevereiro de 2010, https://www.bizjournals.com/buffalo/stories/2010/02/15/daily10.hml.

4. Jan-Willem van Prooijen e André P. M. Krouwel, "Psychological Features of Extreme Political Ideologies", *Current Directions in Psychological Science 28*, no. 2 (2019): 159-63.

5. Uma mensagem alinhada com o trabalho da minha brilhante colega dra. Susan David: Susan David, *Emotional Agility: Get Unstuck, Embrace Change, and Thrive in Work and Life* (Londres: Penguin, 2016).

6. Young Soo Lee, Jae Yoon Chang e Jin Nam Choi, "Why Reject Creative Ideas? Fear as a Driver of Implicit Bias against Creativity", *Creativity Research Journal 29*, no. 3 (2017): 225-35; Jennifer S. Mueller, Shimul Melwani e Jack A. Goncalo, "The Bias against Creativity: Why People Desire but Reject Creative Ideas", *Psychological Science 23*, no. 1 (2012): 13-17.

7. Ellis Paul Torrance, "The Creative Personality and the Ideal Pupil", *Teachers College Record 65*, (1963): 220-26; Erik L. Westby e V. L. Dawson, "Creativity: Asset or Burden in the Classroom?", *Creativity Research Journal 8*, no. 1 (1995): 1-10.

8. Ethan Kross e Özlem Ayduk, "Self-Distancing: Theory, Research, and Current Directions", em *Advances in Experimental Social Psychology*, vol. 55, ed. James M. Olson (Cambridge, MA: Academic Press, 2017), 81-136.

9. Steven C. Hayes e Stefan G. Hofmann, *Process-Based CBT: The Science and Core Clinical Competencies of Cognitive Behavioral Therapy* (Oakland, CA: New Harbinger, 2018); Steven C. Hayes e Stefan G. Hofmann, "The Future of Intervention Science: Process-Based Therapy", *Clinical Psychological Science 7*, no. 1 (2019): 37-50; Michael E. Levin et al., "The Impact of Treatment Components Suggested by the Psychological Flexibility Model: A Meta-Analysis of Laboratory-Based Component Studies", *Behavior Therapy 43*, no. 4 (2012): 741-56.

10. Igor Grossmann, "Wisdom in Context", *Perspectives on Psychological Science 12*, no. 2 (2017): 233-57; Ethan Kross e Özlem Ayduk, "Making Meaning Out of Negative Experiences by Self-Distancing", *Current Directions in Psychological Science 20*, no. 3 (2011): 187-91.

11. Kanye West, bilionário do hip-hop, se sai melhor em entrevistas com repórteres. Aqui estão alguns trechos: "Tenho certeza de que até um Steve Jobs se comprometeu. Até um Rick Owens se comprometeu. Você sabe, até um *Kanye West* se comprometeu [...] A ideia de *Kanye* e vaidade são como sinônimos [...] Eu acho que o que *Kanye West* vai significar é algo semelhante ao que Steve Jobs significa" (grifo nosso). Ver Jon Caramanica, "Behind Kanye's Mask", *New York Times*, 11 de junho de 2013, https://www.nytimes.com/2013/06/16/arts/music/kanye-west-talks-about--his-career-and-album-yeezus.html.

12. Modificação e extensão das instruções comumente usadas em Ethan Kross et al., "Self-Talk as a Regulatory Mechanism: How You Do It Matters", *Journal of Personality and Social Psychology 106*, no. 2 (2014): 304-24.

13. Igor Grossmann e Ethan Kross, "Exploring Solomon's Paradox: Self-Distancing Eliminates the Self-Other Asymmetry in Wise Reasoning about Close Relationships in Younger and Older Adults", *Psychological Science 25*, no. 8 (2014): 1571-80. Notavelmente, diferentes cientistas foram capazes de replicar essas descobertas. Ver Alex C. Huynh et al., "The Wisdom in Virtue: Pursuit of Virtue Predicts Wise Reasoning about Personal Conflicts", *Psychological Science 28*, no. 12 (2017): 1848-56.

14. Eli J. Finkel et al., "A Brief Intervention to Promote Conflict Reappraisal Preserves Marital Quality over Time", *Psychological Science 24*, no. 8 (2013): 1595-1601.

15. Um tenente-general que deseja permanecer anônimo, comunicações pessoais com o autor, julho de 2019 a maio de 2020. As equipes geralmente riem ao fazer "revisões pós-ação" ("after action reviews" – AAR). Com a prática, elas se tornam um hábito arraigado. A estranheza e a eficácia são uma combinação que une oficiais e soldados alistados.

16. Para modificação e extensão de instruções que são amplamente usadas na literatura de distância psicológica, ver Emma Bruehlman-Senecal, Özlem Ayduk e Oliver P. John, "Taking the Long View: Implications of Individual Differences in Temporal Distancing for Affect, Stress Reactivity, and Well-Being", *Journal of Personality and Social Psychology 111*, no. 4 (2016): 610-35.

17. Ariana Orvell et al., "Linguistic Shifts: A Relatively Effortless Route to Emotion Regulation?", *Current Directions in Psychological Science 28*, no. 6 (2019): 567-73.

18. Aqui está uma amostra de estudos que apoiam essas afirmações: Özlem Ayduk e Ethan Kross, "From a Distance: Implications of Spontaneous Self-Distancing for Adaptive Self-Reflection", *Journal of Personality and Social Psychology 98*, no. 5 (2010): 809-29; Özlem Ayduk e Ethan Kross, "Enhancing the Pace of Recovery: Self-Distanced Analysis of Negative Experiences Reduces Blood Pressure Reactivity", *Psychological Science 19*, no. 3 (2008): 229-31; Anna Dorfman et al., "Self Distancing Promotes Positive Emotional Change After Adversity: Evidence from a Micro-Longitudinal

Field Experiment", *Journal of Personality 89*, no. 1 (2021): 132-44; Ethan Kross, Özlem Ayduk e Walter Mischel, "When Asking 'Why' Does Not Hurt Distinguishing Rumination from Reflective Processing of Negative Emotions", *Psychological Science 16*, no. 9 (2005): 709-15; Jason S. Moser et al., "Third-Person Self-Talk Facilitates Emotion Regulation without Engaging Cognitive Control: Converging Evidence from ERP and fMRI", *Scientific Reports 7*, no. 1 (2017): 1-9.

19. Ethan Kross e Igor Grossmann, "Boosting Wisdom: Distance from the Self Enhances Wise Reasoning, Attitudes, and Behavior", *Journal of Experimental Psychology: General 141*, no. 1 (2012): 43-48.

20. Izzy Gainsburg e Ethan Kross, "Distanced Self-Talk Changes How People Conceptualize the Self", *Journal of Experimental Social Psychology 88* (2020) 103969, https://doi.org/10.1016/j.jesp. 2020.103969.

21. Ethan Zell e Zlatan Krizan, "Do People Have Insight into Their Abilities? A Metasynthesis", *Perspectives on Psychological Science 9*, no. 2 (2014): 111-25.

22. Dan M. Kahan et al., "Motivated Numeracy and Enlightened Self-Government", *Behavioural Public Policy 1*, no. 1 (2017): 54-86.

23. Ian G. Anson, "Partisanship, Political Knowledge, and the Dunning-Kruger Effect", *Political Psychology 39*, no. 5 (2018): 1173-92.

24. David Dunning, "The Dunning-Kruger Effect: On Being Ignorant of One's Own Ignorance", em *Advances in Experimental Social Psychology*, vol. 44, ed. Mark Zanna e James Olson (San Diego, CA: Elsevier, 2011), 247-96; Joyce Ehrlinger et al., "Why the Unskilled Are Unaware: Further Explorations of (Absent) Self-Insight among the Incompetent", *Organizational Behavior and Human Decision Processes 105*, no. 1 (2008): 98-121.

25. Rachit Dubey e Thomas L. Griffiths, "Reconciling Novelty and Complexity through a Rational Analysis of Curiosity", *Psychological Review 127*, no. 3 (2020): 455-76; Todd B. Kashdan et al., "The Five-Dimensional Curiosity Scale Revised (5DCR): Briefer Subscales While Separating Overt and Covert Social Curiosity", *Personality and Individual Differences 157* (2020) 109836, https://doi.org/10.31219 /osf.io/pu8f3; Todd B. Kashdan e Paul J. Silvia, "Curiosity and Interest: The Benefits of Thriving on Novelty and Challenge", *in Handbook of Positive Psychology*, vol. 2, ed. Charles R. Synder e Shane J. Lopez (Nova York: Oxford University Press, 2009), 367-74; Todd B. Kashdan et al., "The Five-Dimensional Curiosity Scale: Capturing the Bandwidth of Curiosity and Identifying Four Unique Subgroups of Curious People", *Journal of Research in Personality 73* (2018): 130-49; Celeste Kidd e Benjamin Y. Hayden, "The Psychology and Neuroscience of Curiosity", *Neuron 88*, no. 3 (2015): 449-60.

26. Há um paradoxo nessa descoberta – ser curioso exige esforço e concentração intensa, mas nos sentimos mais energizados depois de exercer esse esforço. Uma injeção forte de positividade não é tão útil para reabastecer nosso suprimento de energia quanto momentos de curiosidade. A linha inferior: se você quer coragem, seja curioso. Ver Dustin B. Thoman, Jessi L. Smith e Paul J. Silvia, "The Resource Replenishment Function of Interest", *Social Psychological and Personality Science 2*, no. 6 (2011): 592-99.

27. Julia A. Minson, Varda Liberman e Lee Ross, "Two to Tango: Effects of Collaboration and Disagreement on Dyadic Judgment", *Personality and Social Psychology Bulletin 37*, no. 10 (2011): 1325-38.

28. Philip M. Fernbach et al., "Explanation Fiends and Foes: How Mechanistic Detail Determines Understanding and Preference", *Journal of Consumer Research 39*, no. 5 (2013): 1115-31.

29. De Botton, *The School of Life*.
30. Frances S. Chen, Julia A. Minson e Zakary L. Tormala, "Tell Me More: The Effects of Expressed Interest on Receptiveness during Dialog", *Journal of Experimental Social Psychology 46*, no. 5 (2010): 850-53.
31. Hanne Collins et al., "Why Won't You Learn about Me? Self-Other Differences in Conversational Goals", apresentação, *Society for Personality and Social Psychology Virtual Convention*, on-line, 9 de fevereiro de 2021.
32. Collins et al., "Why Won't You Learn about Me?".
33. Karen Huang et al., "It Doesn't Hurt to Ask: Question-Asking Increases Liking", *Journal of Personality and Social Psychology 113*, no. 3 (2017): 430-52.
34. Para um livro verdadeiramente profundo sobre a arte de fazer perguntas, consulte um dos meus professores favoritos: Stanier, *The Coaching Habit*.
35. New York State Office of the Attorney General, release de imprensa, "The New York State Attorney General Andrew M. Cuomo Announces Charges against Former UB Researcher for Hiring Actors to Testify during Misconduct Hearing and Attempting to Siphon $4 Million in Taxpayer Funds", 16 de fevereiro de 2010, https://ag.ny.gov/press-release/2010/new-york-state-attorney-general-andrew-m-cuomo-announces-charges-against-former.
36. Um conceito que um grande número de afro-americanos nem pode aceitar. Ver Renée Graham, "Memo to Black Men: Stop Voting Republican", *Boston Globe*, 8 de novembro de 2018, https://www.bostonglobe.com/opinion/2018/11/08/memo-black-men-stop-voting-republican/v9kJPzVMQcdr0szp78gumJ/story.html; Vanessa Williams, "What's Up with All Those Black Men Who Voted for the Republican in the Georgia Governor's Race?", *Washington Post*, 23 de novembro de 2018, https://www.washingtonpost.com/politics/2018/11/23/whats-up-with-all-those-black-men-who-voted-republican-georgia-governors-race/; Kenya Evelyn, "How Black Republicans Are Debunking the Myth of a Voter Monolith", *Guardian*, 12 de março de 2020, https://www.theguardian.com/us-news/2020/mar/12/black-republicans-african-american-voters.
37. Maggie Astor, "Trump Pushes Young Republicans Away. Abortion Pulls Them Back", *New York Times*, 6 de maio de 2020, https://www.nytimes.com/2020/05/06/us/politics/young-republicans-trump.html.
38. Kashdan et al., "The Five-Dimensional Curiosity Scale"; Todd B. Kashdan, "The Five Dimensions of Curiosity", *Harvard Business Review* (setembro a outubro de 2018): 47-61; Todd B. Kashdan et al., "Curiosity Has Comprehensive Benefits in the Workplace: Developing and Validating a Multidimensional Workplace Curiosity Scale in United States and German Employees", *Personality and Individual Differences 155* (2020) 109717, https://doi.org /10.1016/j.paid.2019.109717.
39. Todd B. Kashdan et al., "How Are Curious People Viewed and How Do They Behave in Social Situations? From the Perspectives of Self, Friends, Parents, and Unacquainted Observers", *Journal of Personality 81*, no. 2 (2013): 142-54.
40. Benoît Monin, Pamela J. Sawyer e Matthew J. Marquez, "The Rejection of Moral Rebels: Resenting Those Who Do the Right Thing", *Journal of Personality and Social Psychology 95*, no. 1 (2008): 76-93. Para uma replicação desse estudo, ver Kieran O'Connor e Benoît Monin, "When Principled Deviance Becomes Moral Threat: Testing Alternative Mechanisms for the Rejection of Moral Rebels", *Group Processes and Intergroup Relations 19*, no. 5 (2016): 676-93.
41. Monin, Sawyer e Marquez, "The Rejection of Moral Rebels".

42. Para definições de humildade intelectual, ver Elizabeth J. Krumrei-Mancuso e Steven V. Rouse, "The Development and Validation of the Comprehensive Intellectual Humility Scale", *Journal of Personality Assessment 98*, no. 2 (2016): 209-21; Mark R. Leary et al., "Cognitive and Interpersonal Features of Intellectual Humility", *Personality and Social Psychology Bulletin 43*, no. 6 (2017): 793-813; Benjamin R. Meagher et al., "Contrasting Self-Report and Consensus Ratings of Intellectual Humility and Arrogance", *Journal of Research in Personality 58* (2015): 35-45; Stacey E. McElroy-Heltzel et al., "Embarrassment of Riches in the Measurement of Humility: A Critical Review of 22 Measures", *Journal of Positive Psychology 14*, no. 3 (2019): 393-404.

43. Grossmann, "Wisdom in Context"; Henri C. Santos, Alex C. Huynh e Igor Grossmann, "Wisdom in a Complex World: A Situated Account of Wise Reasoning and Its Development", *Social and Personality Psychology Compass 11*, no. 10 (2017): e12341, https://doi.org/10.1111/spc3.12341.

44. Do livro de exercícios PROVE, que se mostrou uma intervenção eficaz. PROVE é um acrônimo para os passos: primeiro, escolha (*PICK*) um momento em que você mostrou falta de humildade. Segundo, lembre-se (*REMEMBER*) de situar seus conhecimentos, habilidades e realizações dentro de um quadro maior – você não é tão importante ou significativo quanto pensa. Terceiro, abra-se (*OPEN*) para a sabedoria de estar perto de pessoas que pensam de maneira diferente e seja adaptável (substituindo maneiras testadas e comprovadas por outras quando for relevante). Quarto, valorize (*VALUE*) o que está acontecendo que não está diretamente envolvendo ou ligado a você. Quinto, examine (*EXAMINE*) suas limitações e comprometa-se com uma abordagem humilde para se comunicar com os outros. Ver Caroline R. Lavelock et al., "The Quiet Virtue Speaks: An Intervention to Promote Humility", *Journal of Psychology and Theology 42*, no. 1 (2014): 99-110.

45. As descobertas de Lavelock et al., "The Quiet Virtue Speaks", foram estendidas e replicadas. Ver Caroline R. Lavelock et al., "Still Waters Run Deep: Humility as a Master Virtue", *Journal of Psychology and Theology 45*, no. 4 (2017): 286-303. Existem achados semelhantes na tentativa de aumentar a humildade intelectual quando há um conflito entre dois grupos que diferem em crenças culturais. Ver Benjamin R. Meagher et al., "An Intellectually Humbling Experience: Changes in Interpersonal Perception and Cultural Reasoning across a Five-Week Course", *Journal of Psychology and Theology 47*, no. 3 (2019): 217-29.

46. Elizabeth J. Krumrei-Mancuso et al., "Links between Intellectual Humility and Acquiring Knowledge", *Journal of Positive Psychology 15*, no. 2 (2020): 155-70.

CAPÍTULO 9: EXTRAIA SABEDORIA DOS "ESQUISITÕES"

1. Kristy N. Kamarck, *Women in Combat: Issues for Congress* (Washington, DC: Congressional Research Service Report Prepared for Members and Committees of Congress, 13 de dezembro de 2016), https://fas.org/sgp/crs/natsec/R42075.pdf; Eric Schmitt, "Senate Votes to Remove Ban on Women as Combat Pilots", *New York Times*, 1º de agosto de 1991.

2. Victoria L. Sadler, "Military Reports and the Problem with Technological Agency", *Discourse and Writing/ Rédactologie 22*, no. 1 (2008): 72-85.

3. De um caso do Tribunal Distrital dos Estados Unidos em 2002 no Distrito de Colúmbia entre Carey Dunai LOHRENZ Autor *v*. Elaine DONNELLY et al. Réus. Ver Royce C. Lamberth, "Lohrenz *v*. Donnelly, 223 F. Supp. 2d 25 (D.D.C. 2002)", *Court Listener*,

16 de agosto de 2002, https://www.courtlistener.com/opinion/2345633/lohrenz-v-donnelly/.

4. H. G. Reza, "Navy Pilot's Errors Contributed to Fatal Crash, Report Says", *Los Angeles Times*, 22 de março de 1995, https://www.latimes.com/archives/la-xpm-1995-03-22-mn-45801-story.html; Philip Kaplan, *Naval Air: Celebrating a Century of Naval Flying* (South Yorkshire, Reino Unido: Pen and Sword, 2013).

5. Center for Military Readiness, "Double Standards in Naval Aviation", *CMR Report*, junho de 1995, https://www.cmrlink.org/data/Sites/85/CMRDocuments/CMRRPT09-0695.pdf; William H. McMichael, "A Question of Standards", *Daily Press*, 14 de dezembro de 1997, https://www.dailypress.com/news/dp-xpm-19971214-1997-12-14-9712140060-story.html.

6. Alice W. W. Parham, "The Quiet Revolution: Repeal of the Exclusionary Statutes in Combat Aviation – What We Have Learned from a Decade of Integration", *William & Mary Journal of Women and the Law 12* (2006): 377-40.

7. NCD Risk Factor Collaboration, "A Century of Trends in Adult Human Height", *eLife 5* (2016), https://doi.org/10.7554/eLife.13410; Caroline Criado-Perez, *Invisible Women: Exposing Data Bias in a World Designed for Men* (Londres: Chatto & Windus, 2019); Todd Rose, *The End of Average: How We Succeed in a World That Values Sameness* (Nova York: HarperCollins, 2015).

8. Michael Kirk, dir., "The Navy Blues", *Frontline*, programa #1502, PBS, exibido em 15 de outubro de 1996, transcrição, https://www.pbs.org/wgbh/pages/frontline/shows/navy/script.html.

9. New York Times News Service, "Female Combat Pilot's Death Sparks Debate", *Chicago Tribune*, 30 de outubro de 1994, https://www.chicagotribune.com/news/ct-xpm-1994-10-30-9410300206-story.html.

10. R. Greiner, "Navy Whistle-blower Leaked Records of Female-pilot Errors", 1997, https://www.questia.com/read/1G1-20000517/navy-whistle-blower-leaked-records-of-female-pilot.

11. Greiner, "Navy Whistle-blower Leaked".

12. Suzanne T. Bell et al., "Getting Specific about Demographic Diversity Variable and Team Performance Relationships: A Meta-Analysis", *Journal of Management 37*, no. 3 (2011): 709-43; Clint A. Bowers, James A. Pharmer e Eduardo Salas, "When Member Homogeneity Is Needed in Work Teams: A Meta-Analysis", *Small Group Research 31*, no. 3 (2000): 305-27; Sujin K. Horwitz e Irwin B. Horwitz, "The Effects of Team Diversity on Team Outcomes: A Meta-Analytic Review of Team Demography", *Journal of Management 33*, no. 6 (2007): 987-1015; Sheila Simsarian Webber e Lisa M. Donahue, "Impact of Highly and Less Job-Related Diversity on Work Group Cohesion and Performance: A Meta-Analysis", *Journal of Management 27*, no. 2 (2001): 141-62.

13. Hans Van Dijk, Marloes L. Van Engen e Daan Van Knippenberg, "Defying Conventional Wisdom: A Meta-Analytical Examination of the Differences between Demographic and Job-Related Diversity Relationships with Performance", *Organizational Behavior and Human Decision Processes 119*, no. 1 (2012): 38-53.

14. Dominic J. Packer, Christopher T. H. Miners e Nick D. Ungson, "Benefiting from Diversity: How Groups' Coordinating Mechanisms Affect Leadership Opportunities for Marginalized Individuals", *Journal of Social Issues 74*, no. 1 (2018): 56-74.

15. Elizabeth Mannix e Margaret A. Neale, "What Differences Make a Difference", p. 31-55.

16. Para o modelo Leading Diversity (Liderando a Diversidade) ou LeaD, ver Astrid C. Homan et al., "Leading Diversity: Towards a Theory of Functional Leadership in Diverse Teams", *Journal of Applied Psychology 105*, no. 10 (2020): 1101-28.

17. Essas ideias vêm da Estrutura Intelectual Teórica do dr. Patrick Mussel, que oferece percepções sobre o processo e a operação da criatividade. O *processo* é a parte motivacional do desempenho criativo que depende de dois componentes: buscar e conquistar. *Buscar* refere-se às emoções que surgem em situações intelectualmente desafiadoras e à abertura geral para abordar em vez de evitar essas situações. *Conquistar* refere-se ao esforço e à perseverança necessários para superar a incerteza, a complexidade e as incongruências para dominar um desafio intelectual. A *operação* é a parte da habilidade do desempenho criativo em que há *pensamento* (raciocínio, sintetize e chegar a conclusões), *aprendizado* (obter informações, fazer perguntas, testar hipóteses, preencher lacunas de conhecimento) e *criação* (que é colocar todos esses processos e habilidades a serviço do desenvolvimento de novas ideias, estratégias e produtos). Com essa estrutura, é fácil argumentar sobre os benefícios de uma equipe composta de pessoas com perfis motivacionais e de habilidades complementares trabalhando juntas em direção a um objetivo criativo comum (em oposição a uma equipe com perfis geralmente idênticos). Ver Patrick Mussel, "Intellect: A Theoretical Framework for Personality Traits Related to Intellectual Achievements", *Journal of Personality and Social Psychology 104*, no. 5 (2013): 885-906.

18. Carsten K. W. de Dreu et al., "Group Creativity and Innovation: A Motivated Information Processing Perspective", *Psychology of Aesthetics, Creativity, and the Arts 5*, no. 1 (2011): 81-89.

19. Ver os estudos 1 e 2 para uma replicação das descobertas, em Matthew J. Hornsey et al., "The Impact of Individualist and Collectivist Group Norms on Evaluations of Dissenting Group Members", *Journal of Experimental Social Psychology 42*, no. 1 (2006): 57-68.

20. Para descobertas sobre o valor de internalizar normas explícitas de grupo para ser um pensador independente e crítico, ver Myriam N. Bechtoldt et al., "Motivated Information Processing, Social Tuning, and Group Creativity", *Journal of Personality and Social Psychology 99*, no. 4 (2010): 622-37; Jolanda Jetten, Tom Postmes e Brendan J. McAuliffe, "'We're All Individuals': Group Norms of Individualism and Collectivism, Levels of Identification and Identity Threat", *European Journal of Social Psychology 32*, no. 2 (2002): 189-207; Brendan J. McAuliffe et al., "Individualist and Collectivist Norms: When It's OK to Go Your Own Way", *European Journal of Social Psychology 33*, no. 1 (2003): 57-70; Charlan J. Nemeth et al., "The Liberating Role of Conflict in Group Creativity: A Study in Two Countries", *European Journal of Social Psychology 34*, no. 4 (2004): 365-74; Tom Postmes, Russell Spears e Sezgin Cihangir, "Quality of Decision Making and Group Norms", *Journal of Personality and Social Psychology 80*, no. 6 (2001): 918-30; Lotte Scholten et al., "Motivated Information Processing and Group Decision-Making: Effects of Process Accountability on Information Processing and Decision Quality", *Journal of Experimental Social Psychology 43*, no. 4 (2007): 539-52; Mark D. Seery et al., "Alone against the Group: A Unanimously Disagreeing Group Leads to Conformity, but Cardiovascular Threat Depends on One's Goals", *Psychophysiology 53*, no. 8 (2016): 1263-71.

21. Com base na Tabela 1 em Carsten K. W. de Dreu, Bernard A. Nijstad e Daan Van Knippenberg, "Motivated Information Processing in Group Judgment and Decision Making", *Personality and Social Psychology Review 12*, no. 1 (2008): 22-49.

22. Susan Cain levanta pontos semelhantes sobre os desafios enfrentados por introvertidos em ambientes dominados por pessoas mais barulhentas, agressivas e que buscam atenção: Susan Cain, *Quiet: The Power of Introverts in a World That Can't Stop Talking* (Nova York: Crown, 2013). Ver também pesquisas sobre diferenças entre introvertidos e extrovertidos: Michael C. Ashton, Kibeom Lee e Sampo V. Paunonen, "What Is the Central Feature of Extraversion? Social Attention versus Reward Sensitivity", *Journal of Personality and Social Psychology 83*, no. 1 (2002): 245-52.
23. Robert B. Cialdini e Noah J. Goldstein, "Social Influence: Compliance and Conformity", *Annual Review of Psychology 55* (2004): 591-621.
24. Lauren E. Coursey et al., "Linking the Divergent and Convergent Process of Collaborative Creativity: The Impact of Expertise Levels and Elaboration Processes", *Frontiers in Psychology 10* (2019): 699.
25. Um grupo ou organização que acolhe rebeldes de princípios é focado em fins ou resultados em vez de meios. Com clareza de missão, não importa quem produz as melhores ideias. Qualquer pessoa que faça perguntas, ofereça críticas e contra-argumentos úteis e aponte soluções que escaparam melhora a equipe. Se você está focado nos meios, então ser um bom soldado que segue ordens e a hierarquia de comando e se conforma se torna valorizado; cada um desses comportamentos é a métrica errada, a menos que facilite em vez de frustrar o fim do jogo. O problema com a maioria das iniciativas de diversidade é que elas são focadas em meios em vez de fins. Conheça os detalhes de por que a diversidade é importante para convencer os descrentes. Ver Packer, Miners e Ungson, "Benefiting from Diversity".
26. Bechtoldt et al., "Motivated Information Processing".
27. Michelle Daniel et al., "Cognitive Debiasing Strategies: A Faculty Development Workshop for Clinical Teachers in Emergency Medicine", *MedEdPORTAL 13* (2017).
28. Inga J. Hoever et al., "Fostering Team Creativity: Perspective Taking as Key to Unlocking Diversity's Potential", *Journal of Applied Psychology 97*, no. 5 (2012): 982-96.
29. Amit Goldenberg et al., "Testing the Impact and Durability of a Group Malleability Intervention in the Context of the Israeli-Palestinian Conflict", *Proceedings of the National Academy of Sciences 115*, no. 4 (2018): 696-701.
30. Mark Snyder e William B. Swann, "Hypothesis-Testing Processes in Social Interaction", *Journal of Personality and Social Psychology 36*, no. 11 (1978): 1202-12.
31. Anne-Laure Sellier, Irene Scopelliti e Carey K. Morewedge, "Debiasing Training Improves Decision Making in the Field", *Psychological Science 30*, no. 9 (2019): 1371-79.
32. A. V. Yader, "The Deadly Consequences of Feminist Propaganda in the US Navy", ensaio, *Return of Kings*, 11 de julho de 2014, https://www.returnofkings.com/39218/the-deadly-consequences-of-feminist-propaganda-in-the-us-navy.
33. "Talk: Kara Hultgreen", Wikiwand, *Wikipedia: The Free Encyclopedia*, https://www.wikiwand.com/en/Talk:Kara_Hultgreen#/%22she_crashed%22.
34. Descrito como uma das muitas falhas lógicas que impedem o raciocínio sólido no Capítulo 3.
35. Eran Halperin et al., "Can Emotion Regulation Change Political Attitudes in Intractable Conflicts? From the Laboratory to the Field", *Psychological Science 24*, no. 2 (2013): 106-11.

CAPÍTULO 10: CRIANDO FILHOS INSUBORDINADOS

1. Madeline Holcombe, "Georgia Student Who Posted Photo of a Crowded School Hallway and Called It 'Good and Necessary Trouble' Is No Longer Suspended, Her

Mom Says", *CNN*, 7 de agosto de 2020, https://www.cnn.com/2020/08/07/us/georgia-teen-photo-crowded-school-hallway-trnd/index.html.

2. Lauren Strapagiel, "Two Students Say They Were Suspended from Their Georgia High School for Posting Photos of Crowded Hallways", *Buzzfeed News*, 6 de agosto de 2020, https://www.buzzfeednews.com/article/laurenstrapagiel/north-paulding-high-school-suspensions-for-hallway-photos.

3. Holcombe, "Estudante da Geórgia".

4. Holcombe, "Estudante da Geórgia".

5. Na lista de desejos dos pais, queremos que as crianças sejam felizes, inteligentes, fisicamente saudáveis e funcionalmente independentes, com uma ampla gama de virtudes. Quero acrescentar o ponto muitas vezes esquecido da lista: permanecer forte e comprometido quando em posição minoritária. Queremos que as crianças sejam motivadas a tornar suas vidas – e as daqueles ao seu redor – melhores. A conformidade tem seu lugar quando os grupos e a sociedade estão funcionando bem. Há um tempo e lugar, no entanto, para o espírito de dissidência.

6. Para uma revisão, ver Geoffrey L. Cohen e David K. Sherman, "The Psychology of Change: Self-Affirmation and Social Psychological Intervention", *Annual Review of Psychology 65* (2014): 333-71. Para um modelo conceitual, ver Gregory M. Walton e Timothy D. Wilson, "Wise Interventions: Psychological Remedies for Social and Personal Problems", *Psychological Review 125*, no. 5 (2018): 617-55. Para um exemplo de uma intervenção eficaz para melhorar o desempenho, ver David Scott Yeager et al., "Breaking the Cycle of Mistrust: Wise Interventions to Provide Critical Feedback across the Racial Divide", *Journal of Experimental Psychology: General 143*, no. 2 (2014): 804-24.

7. Gregory M. Walton e Geoffrey L. Cohen, "A Question of Belonging: Race, Social Fit, and Achievement", *Journal of Personality and Social Psychology 92*, no. 1 (2007): 82-96.

8. Mark R. Leary e Katrina P. Jongman-Sereno, "Social Anxiety as an Early Warning System: A Refinement and Extension of the Self-Presentation Theory of Social Anxiety", em *From Social Anxiety to Social Fobia: Multiple Perspectives*, ed. Stefan G. Hofmann e Patricia Marten DiBartolo (Boston: Allyn & Bacon, 2001), 579-97; Mark R. Leary, "Sociometer Theory", em *Handbook of Theories of Social Psychology*, ed. Paul A. Van Lange, Arie M. Kruglanski e E. Tory Higgins (Thousand Oaks, CA: Sage, 2012), 141-59.

9. Gregory M. Walton e Shane T. Brady, "The Social-Belonging Intervention", em *Handbook of Wise Interventions: How Social Psychology Can Help People Change*, ed. Gregory M. Walton e Alia J. Crum (Nova York: Guilford Press, 2020).

10. Roy F. Baumeister et al., "Does High Self-Esteem Cause Better Performance, Interpersonal Success, Happiness, or Healthier Lifestyles?", *Psychological Science in the Public Interest 4*, no. 1 (2003): 1-44.

11. Das várias entrevistas do autor com Mark Murphy em 2019-2020 enquanto trabalhava com ele como coordenador de pesquisa da GripTape.

12. Como alguns jovens ficam perplexos tentando articular seus pensamentos por escrito, existe a opção de enviar vídeos como alternativa. Entrevistas com jovens anteriores no programa (não adultos) permitem que os candidatos tenham outra oportunidade de se expressar da maneira mais otimizada possível.

13. Judith M. Harackiewicz, Jessi L. Smith e Stacy J. Priniski, "Interest Matters: The Importance of Promoting Interest in Education", *Policy Insights from the Behavioral*

and Brain Sciences 3, no. 2 (2016): 220-27; Chris S. Hulleman et al., "Task Values, Achievement Goals, and Interest: An Integrative Analysis", *Journal of Educational Psychology 100*, no. 2 (2008): 398-416; Jennifer Teramoto Pedrotti, Lisa M. Edwards e Shane J. Lopez, "Promoting Hope: Suggestions for School Counselors", *Professional School Counseling 12*, no. 2 (2008): 100-107.

14. Maria Avetria et al., "In the Driver's Seat: Learning Report", GripTape, *Youth Driving Learning*, dezembro de 2018, Nova York, NY, https://griptape.org/wp-content/uploads /2018/12/2018-Learning-Report.pdf. O relatório é baseado em pesquisas e entrevistas com 450 jovens (e seus pais) de trinta estados:
    - 91% dos jovens disseram que "a experiência mudou a maneira como eles abordarão o aprendizado no futuro".
    - 89% dos jovens concordaram firmemente que "participar do Desafio GripTape me ajudou a descobrir um propósito ou direção em minha vida".
    - Jovens com notas baixas (Cs e Ds) e de ambientes socialmente desfavorecidos eram tão propensos a completar o Desafio de Aprendizagem de dez semanas quanto jovens com notas altas (As e Bs).
    - 98% dos jovens disseram firmemente que "sabem mais sobre suas próprias áreas de força e onde precisam continuar aprendendo ou melhorando".
    - 97% dos jovens "estavam mais confiantes de que poderiam melhorar em situações desafiadoras se trabalhassem com afinco".
    - 81% recrutaram amigos e colegas para se inscreverem no Desafio de Aprendizagem.
    - Uma única intervenção oferece aos adolescentes uma maior consciência dos seus pontos fortes, uma mentalidade de curiosidade e humildade intelectual e uma mentalidade de aprendizagem ao longo da vida, ao mesmo tempo que os ajuda a descobrir um sentido de propósito na vida. Com base em entrevistas de seis meses a dois anos após o término do Desafio de Aprendizagem, 91% sempre ou frequentemente avaliavam a qualidade de seu trabalho e faziam melhorias, se necessário, e 89% sempre ou frequentemente ajustavam seus planos ou metas com base em seus aprendizados ou experiências. Os adolescentes ganharam em termos de ação e mostraram evidências de responder ao feedback e contratempos com a mente aberta. As mudanças não são de curto prazo.

15. Andrew J. Elliot e Harry T. Reis, "Attachment and Exploration in Adulthood", *Journal of Personality and Social Psychology 85*, no. 2 (2003): 317-31; Jeffrey D. Green e W. Keith Campbell, "Attachment and Exploration in Adults: Chronic and Contextual Accessibility", *Personality and Social Psychology Bulletin 26*, no. 4 (2000): 452-61; Mario Mikulincer, "Adult Attachment Style and Information Processing: Individual Differences in Curiosity and Cognitive Closure", *Journal of Personality and Social Psychology 72*, no. 5 (1997): 1217-30.

16. Evan M. Kleiman et al., "Perceived Responsiveness during an Initial Social Interaction with a Stranger Predicts a Positive Memory Bias One Week Later", *Cognition and Emotion 29*, no. 2 (2015): 332-41; Samuel S. Monfort et al., "Capitalizing on the Success of Romantic Partners: A Laboratory Investigation on Subjective, Facial, and Physiological Emotional Processing", *Personality and Individual Differences 68* (2014): 149-53.

17. Brooke C. Feeney e Nancy L. Collins, "A New Look at Social Support: A Theoretical Perspective on Thriving through Relationships", *Personality and Social Psychology Review 19*, no. 2 (2015): 113-47; Shelly L. Gable e Harry T. Reis, "Good News! Capitalizing on Positive Events in an Interpersonal Contextl", em *Advances in*

Experimental Social Psychology, vol. 42, ed. Mark Zanna (Cambridge, Reino Unido: Academic Press, 2010), 195-257; Harry T. Reis, "The Interpersonal Process Model of Intimacy: Maintaining Intimacy Through Self-Disclosure and Responsiveness" em *Foundations for Couples' Therapy: Research for the Real World*, ed. J. Fitzgerald (Nova York: Routledge, 2017), 216-25.

18. Extraído de meus escritos anteriores sobre este assunto: Todd B. Kashdan, "Six Ways for Parents to Cultivate Strong, Curious, Creative Children", *Huffington Post*, 3 de setembro de 2009, https://www.huffpost.com/entry/six-ways-for-parents-to--c_b_249031.

19. Deena Skolnick Weisberg, Kathy Hirsh-Pasek e Roberta Michnick Golinkoff, "Guided Play: Where Curricular Goals Meet a Playful Pedagogy", *Mind, Brain, and Education 7*, no. 2 (2013): 104-12.

20. Considere um exemplo do que acontece quando o aprendizado é livre de restrições, como orientações e expectativas dos adultos: Aiyana K. Willard et al., "Explain This, Explore That: A Study of Parent–Child Interaction in a Children's Museum", *Child Development 90*, no. 5 (2019): e598-e617. Os pais de crianças de 4 a 6 anos receberam instruções mínimas sobre como orientar o aprendizado de seus filhos por meio de uma exposição de máquinas de engrenagens em um museu local. Quinze engrenagens de diferentes tamanhos estavam desmontadas sobre uma mesa. Os participantes tiveram que conectá-las a uma máquina de diferentes maneiras para que distintas funções fossem iniciadas. Alguns pais receberam um único cartão de índice com instruções para controlar a experiência de aprendizagem, como "Experimente pedir que expliquem como as engrenagens funcionam", "Peça que falem sobre as engrenagens ou que descrevam o que acontece quando interagem com elas de maneiras diferentes". Outros pais receberam um único cartão de índice com instruções para incentivar a exploração curiosa, como "Peça-lhes que experimentem coisas novas com as engrenagens. Incentive-os a interagir com as engrenagens de diferentes maneiras. Sugira que eles descubram como as engrenagens funcionam ou o que acontecerá quando uma se mover. Incentive-os a experimentar como as engrenagens funcionam". Os pesquisadores observaram disfarçadamente a criança e os pais, documentando o comportamento e a conversa. Quando a exploração era incentivada, as crianças passavam mais tempo fazendo perguntas, conectando engrenagens às máquinas e solucionando problemas quando as engrenagens não giravam ou se separavam, e os pais ofereciam mais incentivo e passavam menos tempo dizendo a elas o que fazer. Quando o controle dos pais foi incentivado, em contraste, as crianças gastaram seis vezes mais tempo falando sobre máquinas e os pais gastaram quatro vezes mais tempo resolvendo problemas para fazer a máquina funcionar. Essencialmente, os pais assumiram a parte de descoberta e solução de problemas da exposição. Mais importante, o comportamento dos pais autoritários não se traduziu em ganhos educacionais discerníveis: crianças em ambas as condições se saíram igualmente bem em lembrar o que aprenderam e em generalizar sua compreensão de como as engrenagens funcionam ao recriar uma máquina novinha em folha em outra sala. Ver Claire Cook, Noah D. Goodman e Laura E. Schulz, "Where Science Starts: Spontaneous Experiments in Preschoolers' Exploratory Play", *Cognition 120*, no. 3 (2011): 341-49; Daniel L. Schwartz et al., "Practicing versus Inventing with Contrasting Cases: The Effects of Telling First on Learning and Transfer", *Journal of Educational Psychology 103*, no. 4 (2011): 759-75; David Sobel e Jessica Sommerville, "The Importance of Discovery in Children's Causal Learning from Interventions", *Frontiers in Psychology*

1 (2010): 176. Para uma revisão, ver Tamara Spiewak Toub et al., "Guided Play: A Solution to the Play versus Discovery Learning Dichotomy", em *Evolutionary Perspectives on Education and Child Development*, ed. David C. Geary e Daniel B. Berch (Nova York: Springer, 2016), 117-41.

21. David Duran, "Learning-by-Teaching: Evidence and Implications as a Pedagogical Mechanism", *Innovations in Education and Teaching International 54*, no. 5 (2017): 476-84; Logan Fiorella e Richard E. Mayer, "Eight Ways to Promote Generative Learning", *Educational Psychology Review 28*, no. 4 (2016): 717-41; Logan Fiorella e Richard E. Mayer, "The Relative Benefits of Learning by Teaching and Teaching Expectancy", *Contemporary Educational Psychology 38*, no. 4 (2013): 281-88.

22. Os pesquisadores descobriram que os comportamentos dos adultos nesta lista são os mais fortemente associados a crianças e adolescentes se sentirem autônomos durante uma atividade de aprendizagem. Esses comportamentos também produziram jovens mais curiosos, atentos e persistentes durante uma atividade de aprendizagem, e que se dedicam mais, se divertem e aumentam o desempenho. Ver Johnmarshall Reeve e Hyungshim Jang, "What Teachers Say and Do to Support Students' Autonomy during a Learning Activity", *Journal of Educational Psychology 98,* no. 1 (2006): 209-18. Os adultos podem ser efetivamente treinados para abandonar sua agenda de controle e apoiar pensadores e realizadores independentes. Ver Johnmarshall Reeve, "Autonomy Support as an Interpersonal Motivating Style: Is It Teachable?", *Contemporary Educational Psychology 23*, no. 3 (1998): 312-30.

23. As perguntas são variantes modificadas e apropriadas ao desenvolvimento das nove "ferramentas para o pensamento cético" no capítulo 12 de "The Fine Art of Baloney Detection" de Carl Sagan e Ann Druyan, *The Demon-Haunted World: Science as a Candle in the Dark* (Nova York: Random House, 1995).

24. Steven J. Frenda et al., "False Memories of Fabricated Political Events", *Journal of Experimental Social Psychology 49*, no. 2 (2013): 280-86.

25. Yannis Hadzigeorgiou e Vassilios Garganourakis, "Using Nikola Tesla's Story and His Experiments as Presented in the Film 'The Prestige' to Promote Scientific Inquiry: A Report of an Action Research Project", *Interchange 41*, no. 4 (2010): 363-78; Yannis Hadzigeorgiou, Stephen Klassen e Cathrine Froese Klassen, "Encouraging a 'Romantic Understanding' of Science: The Effect of the Nikola Tesla Story", *Science & Education 21*, no. 8 (2012): 1111-38.

26. Hadzigeorgiou, Klassen e Klassen, "Encouraging a 'Romantic Understanding' of Science".

27. Katherine Perrotta, "Pedagogical Conditions That Promote Historical Empathy with 'the Elizabeth Jennings Project'", *Social Studies Research and Practice 13*, no. 2 (2018): 129-46.

28. Shane J. Lopez et al., "Folk Conceptualizations of Courage", em *Psychology of Courage: Modern Research on an Ancient Virtue*, ed. Cynthia L. S. Pury e Shane J. Lopez (Washington, DC: APA Press, 2010), 23-45; Christopher R. Rate, "Implicit Theories of Courage", *Journal of Positive Psychology 2*, no. 2 (2007): 80-98.

29. Cynthia L. S. Pury, Robin M. Kowalski e Jana Spearman, "Distinctions between General and Personal Courage", *Journal of Positive Psychology 2*, no. 2 (2007): 99-114.

30. Stanley J. Rachman, "Fear and Courage", *Behavior Therapy 15*, no. 1 (1984): 109-20; Cooper R. Woodard e Cynthia L. S. Pury, "The Construct of Courage: Categorization and Measurement", *Consulting Psychology Journal: Practice and Research 59*, no. 2 (2007): 135-47.

31. A fórmula listada com outras percepções pode ser encontrada nesta joia pouco apreciada: Robert Biswas-Diener, *The Courage Quotient: How Science Can Make You Braver* (Nova York: John Wiley, 2012). Quanto ao denominador, o medo é apenas um obstáculo mental que nos inibe de falar ou levantar por uma razão válida. Outros obstáculos mentais incluem energia mental ou física esgotada, sensação de dúvida, falta de consciência, egocentrismo e preocupação insuficiente com os outros. Essa lista incompleta de obstáculos mentais influencia nossa percepção de risco e perigo. Enfrentá-los pode nos capacitar a agir deliberadamente, apesar do alto risco percebido e dos sentimentos de medo.

32. James A. Dungan, Liane Young e Adam Waytz, "The Power of Moral Concerns in Predicting Whistleblowing Decisions", *Journal of Experimental Social Psychology 85* (2019): 103848.

33. Wanda Cassidy, Margaret Jackson e Karen N. Brown, "Sticks and Stones Can Break My Bones, but How Can Pixels Hurt Me? Students' Experiences with Cyber-Bullying", *School Psychology International 30*, no. 4 (2009): 383-402.

34. Harris, *ACT Made Simple*.

35. Elisabeth K. Heiner, "Fostering Heroism in Fourth-and Fifth-Grade Students", *Journal of Humanistic Psychology 59*, no. 4 (2019): 596-616.

36. Peter Fischer et al., "The Bystander-Effect: A Meta-Analytic Review on Bystander Intervention in Dangerous and Non-Dangerous Emergencies", *Psychological Bulletin 137*, no. 4 (2011): 517-37.

37. Stephane Bouchard et al., "Considerations in the Use of Exposure with Children", *Cognitive and Behavioral Practice 11*, no. 1 (2004): 56-65.

EPÍLOGO

1. Kate Cavanagh et al., "Can Mindfulness and Acceptance Be Learned by Self-Help?: A Systematic Review and Meta-Analysis of Mindfulness and Acceptance-Based Self-Help Interventions", *Clinical Psychology Review 34*, no. 2 (2014): 118-29; Thomas Haug et al., "Self-Help Treatment of Anxiety Disorders: A Meta-Analysis and Meta-Regression of Effects and Potential Moderators", *Clinical Psychology Review 32*, no. 5 (2012): 425-45.

**Acreditamos
nos livros**

Este livro foi composto em Spectral e
impresso pela Gráfica Santa Marta para a
Editora Planeta do Brasil em março de 2025.